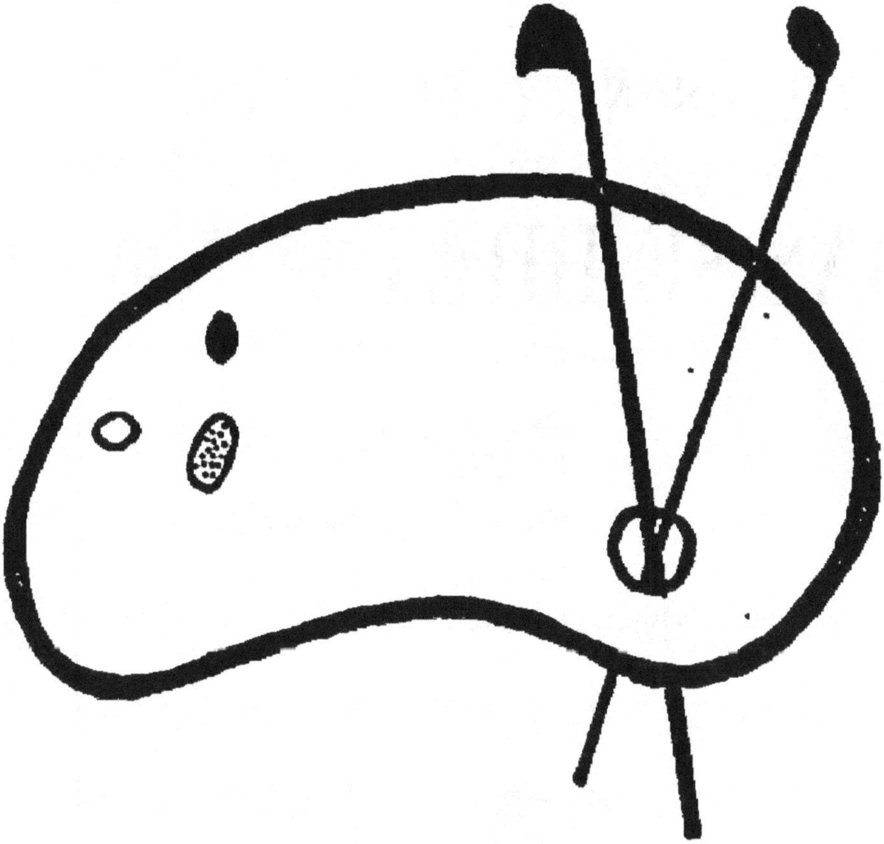

DEBUT D'UNE SERIE DE DOCUMENTS EN COULEUR

SONIOU BREIZ-IZEL

CHANSONS POPULAIRES
DE LA
BASSE-BRETAGNE

RECUEILLIES ET TRADUITES

PAR

F.-M. LUZEL

AVEC LA COLLABORATION DE A. LE BRAZ

SONIOU

(POÉSIES LYRIQUES)

TOME PREMIER

PARIS
ÉMILE BOUILLON, ÉDITEUR
67, RUE RICHELIEU, 67

1890

A LA MÊME LIBRAIRIE

Revue Celtique, recueil trimestriel, fondé par **H. Gaidoz**, 1870-1885, publié sous la direction de **H. d'Arbois de Jubainville**, membre de l'Institut, professeur au Collège de France, avec le concours de **J. Loth**, professeur à la Faculté des lettres de Rennes et **E. Ernault**, professeur à la Faculté des lettres de Poitiers.
Prix d'abonnement : Paris, 20 fr. — France et Union postale, 22 fr.
Prix de la Collection, tomes I à X, 1870 à 1889, inclus . . . . . 150 fr.

Arbois de Jubainville, H. d'. — *Études grammaticales sur les langues Celtiques*, 1re partie, introduction, phonétique et dérivation bretonnes, 1 vol. gr. in-8 . . . . 8 fr.

Du Rusquec, H. — *Dictionnaire breton français*, gr. in-8 . . . 20 fr.

Ernault, E. — *Étude sur le dialecte breton de la presqu'île de Batz*, gr. in-8 . . . . 1 fr. 50

— *Études comparatives sur le grec, le latin et le celtique*, I. La voyelle brève *ou*, gr. in-8 . . . . 1 fr.

Griffith Roberts — *A Welsh grammar* (Dosparth byrr ar y rhann gynt af i ramadeg cymraeg le cair lauer o bynciau anhepcor i un a chuennychai na doedyd y cymraeg yn dilediaith, nai scrifennusniaun). 1 vol. in-18 . . . . 15 fr.
Réimpression page pour page de la célèbre grammaire galloise de Griffith Roberts publiée à Milan en 1567.

Gwerziou Breiz-Izel. — *Chants populaires de la Basse-Bretagne*, recueillis et traduits par F. M. Luzel. T. I et II Gwerz, 2 vol. in-8. 18 fr.

Le Men. — *Monographie de la cathédrale de Quimper* (XIIIe-XVe siècle), avec un plan, 1 vol. in-8 . . . . 6 fr.

Loth. J. — *Chrestomathie bretonne* (Armoricain, Gallois, Cornique). Première partie : Breton-Armoricain. 1 vol. gr. in-8 . . . . . . 10 fr.
Ouvrage qui a obtenu de l'Institut de France l'accessit du prix Volney en 1890.

— *Vocabulaire vieux-breton* avec commentaire contenant toutes les gloses en vieux-breton, gallois, cornique, armoricain connues. Précédé d'une introduction sur la phonétique du vieux-breton et sur l'âge et la provenance des gloses. 1 vol. gr. in-8 . . . . 10 fr.

Luzel, F. M. — *De l'authenticité des Chants du Barzaz-Breiz* de M. de la Villemarqué. In-8 . . . . 1 fr.

Mémoires de la Société de Linguistique de Paris. Tomes I à VI (1868 à 1889), gr. in-8 . . . . 144 fr.
Se continue. Tous les fascicules, à l'exception du 1er et du 2e du tome I, se vendent séparément. Pour le détail du contenu de chaque fascicule, voir notre catalogue général.

Romania, recueil trimestriel consacré à l'étude des langues et des littératures romanes, publié par **MM. P. Meyer** et **G. Paris**, membres de l'Institut.
Prix d'abonnement : Paris, 20 fr. — France et Union postale, 22 fr.

Revue de Philologie Française et Provençale (ancienne revue des Patois), recueil trimestriel, publié par M. **Clédat**, professeur à la Faculté des lettres de Lyon.
Prix d'abonnement : Paris, 15 fr. — Union postale, 17 fr.

Chrestomathie de l'ancien français. (IX-XVe siècle), précédée d'un tableau sommaire de la littérature française au moyen âge et suivie d'un glossaire étymologique détaillé. Nouvelle édition soigneusement revue et notablement augmentée, avec le supplément refondu, par **L. Constant**, professeur à la faculté des lettres d'Aix. 1 fort vol. in-8, cart. . . . 7 fr.
Ouvrage couronné par l'Académie française.

Dictionnaire de l'ancienne langue française et de tous ses dialectes du IXe au XVe siècle, composé d'après le dépouillement de tous les plus importants documents manuscrits ou imprimés qui se trouvent dans les grandes bibliothèques de la France et de l'Étranger et dans les principales archives départementales, municipales, hospitalières ou privées, par **F. Godefroy**. 10 vol. in-4, imprimés en petit texte sur trois colonnes. Chaque volume se compose de 10 fascicules de 80 pages chacun.
Prix du fascicule . . . . 5 fr.
Les tomes I à VI sont en vente, le volume . . . . 50 fr.

Dictionnaire d'Étymologie française, d'après le résultat de la science moderne, par **A. Scheler**, 3e édition, revue et augmentée. 1 volume. grand in 8 . . . . 18 fr.

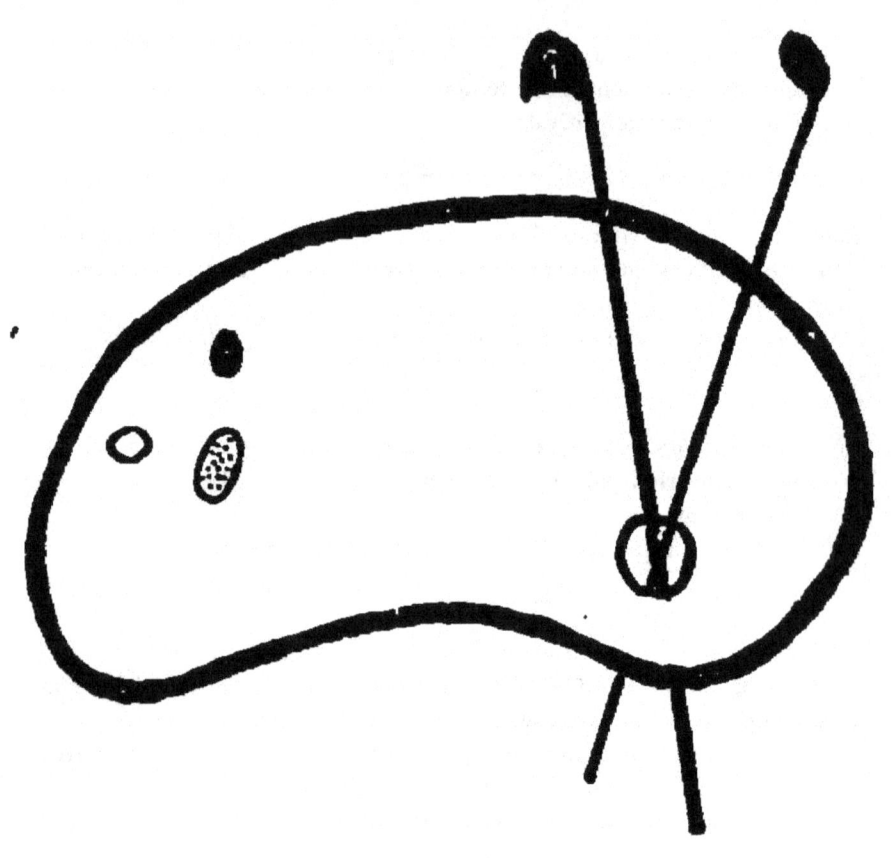

FIN D'UNE SERIE DE DOCUMENTS EN COULEUR

Renan,
Memor et gratus.—
Bien affectueusement
F.-M. Luzel

Quimper, le 28 octobre 1890.

SONIOU BREIZ-IZEL

Tous droits réservés

SONIOU BREIZ-IZEL

CHANSONS POPULAIRES

DE LA

BASSE-BRETAGNE

RECUEILLIES ET TRADUITES

PAR

F.-M. LUZEL

AVEC LA COLLABORATION DE A. LE BRAZ

SONIOU

(POÉSIES LYRIQUES)

TOME PREMIER

PARIS

ÉMILE BOUILLON, ÉDITEUR

67, RUE RICHELIEU, 67

1890

INTRODUCTION

Dans l'avant-propos du tome II de ses « Gwerziou », M. Luzel écrivait en 1874 :

« J'en ai fini avec les *Gwerziou* ou chants sombres, fantastiques, tragiques, racontant des apparitions surnaturelles, des infanticides, des duels à mort, des trahisons, des enlèvements et des violences de toute sorte : mœurs féodales et à demi barbares qui rappellent les onzième, douzième et treizième siècles, et qui se sont continuées en Bretagne jusqu'au dix-huitième.

« J'arrive à présent aux *Sonniou*, où respire un autre ordre d'idées et de sentiments plus tendres et plus humains : chants d'amour, douces élégies, illusions et désillusions, refrains de danse, jeux et rondes enfantines etc... Ce sera, si l'on veut, après les chênes antiques de nos forêts, les rochers de nos rivages et les vieux châteaux ruinés où vit encore le souvenir des rudes seigneurs féodaux, — les danses des pardons, aux sons des binious et des bombardes[1], les fleurs printanières des champs et des prés, et les bruyères des landes bretonnes.

« Tel sera l'objet d'un troisième volume. Les matériaux en sont tout prêts. »

Ce n'est pas un volume, c'est deux volumes de *Son-*

---

[1] La *bombarde* est une espèce de hautbois qui forme l'accompagnement obligé du biniou.

niou que nous présentons aujourd'hui au public. Ils formeront, pensons-nous, un digne pendant aux *Gwerziou*.

La distinction que M. Luzel établit plus haut entre l'une et l'autre catégorie de chants est l'expression fidèle de la réalité. Le peuple lui-même les sépare nettement, et c'est avec grande raison que tous ceux qui ont traité de la littérature populaire bretonne insistent, sinon sur leur opposition absolue, du moins sur leurs différences essentielles. Mais, à M. Luzel revient l'honneur d'avoir le premier groupé, en deux séries compactes, qui se correspondent et se complètent l'une l'autre, les *Gwerziou* d'abord, et maintenant les *Sonniou*.

I

Dès 1794, un Lorientais, Cambry, alors président du district de Quimperlé, avait été frappé, — au cours d'une mission dans le Finistère, — du caractère vraiment original que revêtait volontiers la poésie populaire, dans les campagnes bretonnes. Il ne dédaigna pas de lui ménager une place, dans son Rapport[1] au Directoire. C'est ainsi, par exemple, qu'on y peut lire tout au long un intéressant dialogue de « demande en mariage » recueilli dans le pays de Scaër, et auquel est joint un commentaire précis et substantiel. Mais, Cambry ne savait pas le breton ou ne le savait que médiocrement. Il nous donne des traductions, jamais de textes, en sorte qu'il serait difficile de déterminer dans quelle mesure ses traductions sont exactes et quel degré de foi l'on y peut ajouter.

Les premiers textes de chants populaires bretons se rencontrent, croyons-nous, dans l'ouvrage du chevalier de Fréminville[2]. Ce sont surtout des *Gwerziou*, telles

[1] *Voyage dans le Finistère*, rapport sur l'état matériel et moral des populations de ce département.
[2] *Antiquités de la Bretagne*, 1832-1837, 4 vol. in-8. — Cepen-

que la complainte de Fontenelle, le siège de Guingamp et
la délicieuse élégie de l'Héritière de Keroulaz, toutes trois
encore en vogue chez nos paysans. Vers le même temps,
Souvestre publiait ses « Derniers Bretons. » Ce livre fit
époque dans l'histoire de nos mœurs, de nos traditions et
de nos chants. De nos jours encore, on le consulte avec
fruit. L'auteur apportait, dans l'accomplissement de sa
tâche, une honnêteté, une probité d'esprit dont les pages de son œuvre, quoique vieillies, ont gardé le péné-
trant parfum. Il eut le mérite de révéler la Bretagne à la
France, d'appeler l'attention sur la plus originale des
provinces françaises. Il écrivit en particulier, sur notre
littérature orale et sur nos Mystères, des chapitres presque définitifs. Il suffirait de quelques retouches pour les
remettre au point. Force gens qui, depuis, se sont oc-
cupés de choses bretonnes, ont emprunté à Souvestre, —
sans le nommer, il est vrai, — le meilleur de leurs ouvrages. Mais, toute justice une fois rendue à ce précur-
seur de nos études, il importe de faire observer qu'en
composant son livre il avait surtout en vue de plaire
au gros du public, qu'il vivait en pleine fièvre du

dant, il conviendrait de mentionner d'abord les textes bretons
qui figurent dans l'appendice du roman intitulé *Guionvarc'h*, et
qu'on a longtemps attribué à la jeunesse de M. Jules Simon.
Cette œuvre n'est pas de l'illustre académicien, mais elle a été
écrite par un homme dont il vénère fort la mémoire, M. Du-
filhol, ancien principal du collège de Rennes. De 1833 à 1839, cet
homme estimable dirigea en outre une Revue de Bretagne, où parurent, sur notre pays, des études d'une haute valeur. Les traditions de cette Revue ont été reprises de nos jours, au point de
vue scientifique, par les « Annales de Bretagne, » publiées sous
les auspices de la Faculté, et, au point de vue littéraire, par l'Her-
mine, sous la direction de MM. Tiercelin et Beaufils.
Puisque je parle des écrivains qui se sont le plus intéressés à la
recherche des vieilles chansons populaires, je ne saurais passer
sous silence les deux Le Jean, l'un célèbre surtout comme voyageur, l'autre, plus connu sous son pseudonyme d'*Eostik Coat-an
Noz* « le Rossignol du Bois-de-la-Nuit, » dont il a signé plus
d'un gracieux poème en langue bretonne.

Romantisme, et qu'il faisait enfin œuvre de littérateur plutôt que de savant. De là, chez lui, des soucis de forme et de mise en scène, une recherche de l'effet, que la critique moderne réprouve et contre lesquels elle ne saurait trop se prémunir. Des nombreux chants qu'il a traduits, la plupart ont été corrigés, remaniés, et qu'on me pardonne, le mot — *littérarisés*. En procédant ainsi, il croyait certes agir pour le mieux. Il n'en est pas moins avéré qu'il a enté plus d'une greffe sur le sauvageon populaire. Je suis convaincu que, s'il était encore de ce monde, sa belle droiture n'hésiterait pas à en tomber d'accord. D'ailleurs, Souvestre, comme Cambry, ne nous a donné que des traductions, ce qui rend impossible tout contrôle. Pour trouver le premier recueil de textes qui fasse figure, il faut arriver à l'année 1839 et à l'apparition du *Barzaz-Breiz*.

C'est ici le cas de m'écrier avec le Paysan du Danube :

Veuillent les Immortels, conducteurs de ma langue
Que je ne dise rien qui doive être repris !

Non que j'aie l'intention de ranimer une vieille querelle, aujourd'hui éteinte, ni de discuter derechef une à une les pièces d'un procès qui a été jugé en dernier ressort par les plus illustres d'entre les celtisants contemporains. Je renvoie le lecteur à leurs conclusions. Libre à lui de les rejeter ou de les admettre [1]. En ce qui me con-

[1] V. Le Men in *Athenæum*, 11 avril 1868 ; — D'Arbois de Jubainville in *Bibliothèque de l'École des Chartes*, t. III et V; *Revue archéologique*, t. XVII, *Revue critique*, 16 février et 23 novembre 1867, 3 oct. 1868 ; — Liebrecht in *göttingische gelehrte Anzeigen*, 7 avril 1869. — V. aussi le travail de M. Luzel intitulé : *De l'authenticité des chants du Barzaz-Breiz*, et les notes des *Guerziou*. — Consulter enfin la remarquable étude que M. L. Havet a publiée dans le n° du 1ᵉʳ mars 1873, de la *Revue politique et littéraire*, et qui a été

cerne, je professe pour le talent de M. de la Villemarqué et pour les signalés services qu'il a rendus, qu'il continue de rendre à la cause des lettres bretonnes, la plus sincère et la plus profonde des vénérations. Mais, je ne puis qu'être de l'avis de ceux qui contestent aux chants du Barzaz-Breiz les caractères d'une authenticité complète. J'ignore comment M. de la Villemarqué s'y est pris pour recueillir ces chants. Ce que j'affirme, c'est que le peuple, — du moins dans les régions que j'ai parcourues, — non seulement ne les chante plus tels que M. de la Villemarqué les donne, mais même en a désappris les plus parfaits, en supposant qu'il les ait jamais connus. J'ai souvent répété l'expérience que voici et que chacun peut recommencer, pour son propre compte. Après avoir réuni autour de moi des chanteurs et des chanteuses, réputés pour la richesse et la sûreté de leur mémoire, je leur lisais quelque morceau du Barzaz-Breiz. Comme j'opérais en pays trégorrois, je choisissais de préférence les pièces qui portaient l'indication : *ies Treguer*, dialecte de Tréguier, — et qui, vraisemblablement recueillis dans la contrée de ce nom, devaient par suite éveiller le plus de souvenirs dans l'esprit de mes auditeurs. Ceux-ci reconnaissaient bien au passage, de ci de là, quelques vers qui leur étaient familiers, mais rarement un tout couplet, jamais une pièce entière. Tantôt, ils gardaient un silence désappointé, quand surgissaient dans ma lecture des locutions, des tournures, des membres de phrases incompréhensibles pour eux et qui avaient, en effet, physionomie galloise ou goélique, plutôt que bretonne. Tantôt, ils protestaient bruyamment, invoquaient le témoignage l'un de l'autre, et se récriaient : « Non, non, Monsieur, ce n'est pas ainsi ! » Lorsque je leur demandais de rétablir le texte, ils fauchaient, hélas ! sans

---

rééditée en brochure, chez Corfmat, à Lorient. On y trouvera tout l'historique de la question à laquelle je ne fais que toucher.

pitié les plus gracieuses fleurs du Barzaz-Breiz. Et que dire de tant de chants, les plus beaux du volume, dont nul d'entre eux n'avait ouï parler[1] ?

Un des meilleurs folkloristes de notre temps, M. Sauvé, eut un jour une surprise qui, tout d'abord, le remplit de joie. Comme il voyageait dans le nord du Finistère, il vint à passer près d'un lavoir, et il entendit une des lavandières qui chantait. Il s'arrêta pour écouter. « Hé,

---

[1] On me dira « Ces chants, auxquels vous faites allusion, ont pu se transformer ou disparaître, depuis le temps où M. de la Villemarqué et ses collaborateurs les ont recueillis. » Certes les chansons populaires, comme toute création humaine, sont sujettes à périr. Mais, elles ne s'éteignent que très lentement, et dans un pays conservateur comme la Bretagne, elles ont la vie encore plus dure que partout ailleurs. Des *gwerziou* que M. Luzel collectionnait il y a plus de quarante-cinq ans, il n'en est pas une qu'on ne puisse entendre chanter aujourd'hui, dans son intégrité. Quelle fatalité spéciale aurait donc frappé de mort subite, dès le lendemain de leur publication, les chefs-d'œuvre du Barzaz-Breiz ? M. Quellien dit, dans l'ouvrage dont il est parlé plus loin, « qu'il appartient toujours au peuple de transmettre les chansons populaires ou de les vouer à l'oubli. » C'est trop évident. Mais, il resterait à savoir si le peuple opère, par pur caprice, cette sorte de sélection, ou si sa mémoire, soit en perpétuant, soit en laissant mourir ses chansons, n'obéit pas à des lois fixes, possibles à déterminer. Je ne crois pas qu'il soit permis d'hésiter entre les deux hypothèses, pour peu que l'on se soit rendu compte de ce que la vie intellectuelle du peuple a d'inconscient et de routinier.

M. Quellien pense aussi que les chansons populaires « ne sauraient avoir une *authenticité*. » Il se fonde sur ce fait que « l'auteur en est anonyme. » Il faut cependant s'entendre. Quand on parle de l'*authenticité* d'un chant populaire, cela ne veut pas dire qu'on sait exactement à quel auteur l'attribuer. Cela veut dire que ce chant, quel que soit son auteur, a été adopté par le peuple, qui se l'est approprié, l'a rendu sien.

Qu'on se trompe parfois en affirmant que tel chant est d'origine populaire ou que tel autre ne l'est pas, j'en conviens ; il y a des pasticheurs très adroits. Mais, de là à conclure que les chants populaires *ne sauraient avoir une authenticité*, la distance est belle.

mais ! pensa-t-il, ou je me trompe fort, ou ce que chante là cette femme n'est rien moins qu'une des ballades du Barzaz-Breiz, et l'une de celles dont l'origine populaire est le plus contestée. »... Il engage la conversation : « De qui tenez-vous cette jolie *gwerz* ? — Ma foi, Monsieur, elle est chez nous. — Pourriez-vous me la faire voir ? — Si vous le désirez... » M. Sauvé accompagne la jeune paysanne, qui le conduit jusqu'à son *manoir* et lui met sous les yeux une feuille de papier jauni. Il la prend, la regarde. Elle avait été arrachée... au livre de M. de la Villemarqué. M. Sauvé se trouva déçu. Que d'autres le furent, avant lui !

Témoin cet excellent M. de Penguern, si désolé de ne jamais découvrir, malgré l'activité passionnée de ses recherches, un seul document populaire qui pût soutenir la comparaison avec les admirables poèmes du Barzaz-Breiz. Cette désolation chez lui touchait au désespoir. Il ne faut pas oublier, en effet, que l'apparition du Barzaz-Breiz fut, en Bretagne, le signal d'une renaissance, analogue à celle dont le Romantisme venait de doter la France. L'œuvre de M. de la Villemarqué exerça, à ce point de vue, une influence salutaire. Il n'est que juste de lui en tenir compte. Un réveil se fit alors dans les esprits : un souffle de renouveau traversa le ciel breton. Puisque le génie local avait cependant pu produire une telle œuvre, c'est que la vieille âme de l'Armorique non seulement n'était pas morte, mais aspirait à revivre. On crut sérieusement à la possibilité de cette résurrection. On rêva de rebâtir en terre bretonnante l'idéale cité d'Artur. On se préoccupa de l'épilogue qui siérait le mieux à la magnifique « histoire » nationale que M. de la Villemarqué avait reconstituée, pour ainsi dire, page à page. On ne jura plus que par Gwenc'hlan et Merlin. On vit se dresser leurs grandes ombres sacrées sur le fond des horizons armoricains. Tout le monde se mit à l'œuvre, clergé en tête. C'était à qui apporterait sa pierre au panthéon des gloires celtiques. On commença par reconstruire une littérature nouvelle sur les débris de l'ancienne. Une académie bretonne se fonda, et, naturellement, prit M. de la Villemarqué pour président, ou plutôt pour pilote (*penn-sturier*). Des nobles, des prêtres, des bourgeois enthousiastes, et même des maîtres d'école en furent les *marc'hek*, par un K, c'est-à-dire les chevaliers. A chacun on distribuait un diplôme. Ce fut une véritable croisade. L' « Akademi Vreiz » ne faillit pas au titre qu'elle s'était décerné. Son premier soin fut d'expurger la langue et de réformer l'orthographe. Elle proscrivit impitoyablement tout vocable qui, de près ou de loin, sentait son origine française, et y substitua des termes empruntés à nos congénères d'Irlande ou du pays de Galles. Les mots bretons conservés se hérissèrent de tant de K, qu'ils auraient pu rendre des points à leurs ancêtres les plus barbares. Évidemment, il y eut dans tout cela quelque puérilité. La tentative avorta. Peut-être en a-t-on trop raillé les promoteurs. Les belles illusions ont toujours un caractère de générosité, qui devrait en imposer au sarcasme. De plus, elles sont généralement fécondes. A la suite de ce mouvement de rénovation bretonne, dont j'ai tâché de fixer quelques traits, des « enquêteurs » consciencieux, stimulés par le succès du Barzaz-Breiz, se mirent en devoir de glaner, derrière M. de la Villemarqué, dans ce vaste champ de la poésie populaire, dont il s'était contenté, pensaient-ils, d'engranger les meilleures gerbes. L'un des plus vaillants d'entre eux fut précisément M. de Penguern.

Il était juge de paix à Perros-Guirec, mais habitait à Lannion, au centre d'un pays fertile en traditions de toute nature. Il consacra à les recueillir tous les loisirs que lui laissait sa charge. Sa passion, en ces recherches, n'eut d'égale que sa sincérité. Toutefois, n'ayant qu'une connaissance imparfaite du breton, il dut faire appel à des collaborateurs. Le plus infatigable fut un nommé Le Dantec, de Lannion, vrai batteur de routes par métier (il était porteur de contraintes). D'autre part, M. de Penguern trouva dans Madame de Saint-Prix une auxiliaire précieuse. Elle fouilla pour lui, par des gens à elle, la région de Morlaix, où elle avait sa maison de ville, et celle de Callac, où était située sa résidence de campagne. La collection de M. de Penguern absorba ainsi, du moins en partie, le trésor populaire de trois arrondissements. Son auteur n'eut pas la joie, si bien gagnée cependant, de la pouvoir publier. Il mourut, avant d'avoir réalisé ce vœu suprême. Les matériaux épars de son œuvre lui ont survécu. Après avoir passé par bien des vicissitudes, ils sont aujourd'hui déposés à la Bibliothèque Nationale, où ils forment un respectable ensemble. M. Luzel, qui en fut momentanément acquéreur, avec MM. Du Cleuziou et Halléguen, a gardé copie de quelques-uns des chants qui y sont compris. On en retrouvera un ou deux, dans le présent ouvrage. J'ai dit que M. de Penguern était un collecteur sincère. Il ne faudrait pas en conclure que toute sa collection est authentique, surtout en ce qui a trait aux chants du peuple. Lorsque M. de Penguern voulut classer ses documents et les traduire, il s'adjoignit un ancien étudiant en droit, alors en rupture de ban, René Kerambrun, de Prat. C'était un Breton de talent que ce René Kerambrun, et qui possédait pleinement sa langue. Mais, un peu besoigneux, et pour prendre M. de Penguern par son faible, il crut pouvoir, sans forfaire, lui glisser en mains, comme choses frappées à l'estampille du peuple, certaines pièces qu'il avait lui-même fabriquées[1]. Tels les chants intitulés *Menec'h ann Enezen C'hlaz* (les Moines

---

[1] Il ne faudrait pas croire, d'après ce que je dis, que René Kerambrun n'était qu'un vulgaire mystificateur. C'était une nature très douce, et très droite, et de tous points sympathique. Il regardait ses innocents mensonges poétiques comme suffisamment ex-

de l'Ile Verte) et *Argad ar Saozon* (la déconfiture des Anglais). Ils charmèrent d'autant plus M. de Penguern que, par la perfection de la forme, ils rappelaient les morceaux les plus achevés du Barzaz-Breiz... Il y avait, à cette époque, bien des années déjà que M. Luzel cheminait de bourg en bourg, à la recherche des vieux chants et des antiques traditions. Il lui arrivait parfois de se croiser avec Kerambrun. — Eh bien ! interrogeait malicieusement celui-ci, as-tu recueilli la ballade des *Moines de l'Ile Verte ?* — Pas encore ! répondait M. Luzel, non sans dépit. — Allons ! tu la trouveras, un jour ou l'autre, faisait Kerambrun, en manière de consolation narquoise. Il va sans dire que M. Luzel n'a jamais trouvé.

M. Luzel a toujours été en ces matières d'une probité poussée jusqu'au scrupule. Quand parurent ses *Gwerziou*, on eut enfin un recueil de textes bretons d'une authenticité populaire absolue. On put se faire une idée exacte de la poésie du peuple, en Armorique. D'aucuns en éprouvèrent comme une désillusion. Ils avaient encore dans l'oreille les strophes si artistiques du Barzaz-Breiz, où sonnaient fièrement les plus grands noms de notre histoire. On fut longtemps avant de comprendre que la véritable beauté de ces sortes de chants est dans leur barbarie et leur rusticité mêmes. D'ailleurs, à toutes ces récriminations M. Luzel ne pouvait rien. Interprète fidèle, il reproduisait ce que le peuple lui avait dit. Qu'avait-on à lui demander de plus ?

Le tome premier des *Gwerziou* est de 1868, le second de 1874. M. Luzel, — on l'a vu, — comptait y adjoindre, sans plus tarder, un troisième volume, qui eût été consacré aux *Sonniou*. M. de la Villemarqué n'avait fait à cette catégorie de chants qu'une part très restreinte. Son livre en renferme tout au plus une dizaine. M. Lu-

cusés par la joie qu'ils causaient au bon M. de Penguern. De son temps, d'ailleurs, c'étaient là fautes vénielles, et il aurait pu s'autoriser d'illustres exemples.

zel était en droit d'espérer que, de ce côté du moins, son œuvre semblerait plus riche, sinon aussi parfaite, que celle de son devancier. Mais, son activité dut s'exercer dans un autre champ. Les *Sonniou* furent ajournées, pour laisser place libre aux *Contes*, dont cinq volumes ont été publiés, dans un espace de douze années. C'est pourquoi, elles ne paraissent qu'aujourd'hui.

Elles ont été précédées, voici plus d'un an, par l'ouvrage de M. Quellien, intitulé : *chansons et danses des Bretons*. J'ai eu occasion de dire ailleurs ce que je pensais de ce recueil. Je n'ai pas à revenir sur mon opinion première. Cependant, à y regarder de plus près, il semble que M. Quellien ait été surtout préoccupé de l'air, non du texte de la chanson. Aussi, donne-t-il pêle-mêle, indistinctement, *Sonniou* et *Gwerziou*. Il s'accommode volontiers de documents publiés de longue date, soit par M. Luzel, dans ses œuvres antérieures, soit par des imprimeurs bretons, sur feuilles volantes. Il ne s'applique pas à produire des documents nouveaux. Une chose seule l'intéresse : la mélodie. Il en a excellemment édité plusieurs, au dire des gens compétents. C'est de quoi il faut lui savoir grand gré ; mais son livre, dès lors, n'a que des rapports très lointains avec le nôtre, et ces deux volumes de *Sonniou* peuvent être considérés, — ainsi que les *Gwerziou* naguère, dans leur genre, — comme la première collection à peu près complète des chansons enfantines, sentimentales ou satiriques, qui ont persisté jusqu'à nos jours, dans la mémoire du peuple breton.

II

C'est un art souvent difficile à pratiquer que la maïeutique de la mémoire populaire. M. Luzel y fut initié de bonne heure et en connut rapidement tous les secrets. Le manoir de Keramborgne, où s'écoula son enfance, nous est représenté par lui comme un rendez-vous de chanteurs [1]. Durant les soirs d'hiver, les veillées s'y prolongeaient fort avant dans la nuit. Les *grâces* récitées en commun, et une fois lue la vie du Saint du jour, les hommes de la maison, — tous de rudes laboureurs, — se groupaient autour de l'âtre. Les enfants se faufilaient entre leurs jambes ou s'accroupissaient aux deux angles du foyer. Alors, tandis que séchaient les habits, laissant évaporer en vagues fumées la pluie ou la neige dont ils avaient été trempés, depuis le matin, les langues se réveillaient peu à peu. On devisait des travaux du domaine, des nouvelles locales ; puis, ces sujets épuisés, venait le tour des récits merveilleux ou terrifiants. Les femmes cependant, au bas bout de la vaste cuisine, s'étaient assises à leurs rouets. Ce n'était d'abord, dans leur parage, qu'un ronron plaintif et monotone. Mais, soudain une voix, — de jeune fille ou de vieille servante, — entonnait le premier couplet d'une *sôn* ou d'une *gwerz* [2]. Les hommes aussitôt s'arrêtaient de causer et demeuraient attentifs, la pipe aux lèvres. M. Luzel doit à ces exquises soirées, non seulement les émotions qui lui

---

[1] Et de conteurs. M. Luzel y a recueilli la plus grande partie de ses légendes. Le patriarche de ces réunions était le vieux Garandel, surnommé *Compagnonn-Dall*, Compagnon-l'aveugle. Tous les manoirs de la région se le disputaient. On le retenait souvent pendant des huit jours. C'était un maître chanteur, mais surtout un maître conteur. Il avait *le don*. La magie de ses récits captivait les âmes. Citons encore parmi les gloires populaires de Keramborgne Pipi Gourio, Barbe Tassel.

Mais le groupe ne serait pas complet, si nous ne placions au-dessus la figure vénérée de la mère de M. Luzel, qui chantait elle-même volontiers et qui a fourni à son fils plus d'un document.

[2] Au Congrès celtique de 1867, à Saint-Brieuc, M. Luzel se fit accompagner d'une de ses servantes, Catô Maho. Quand il la pria de chanter devant les membres du Congrès réunis, elle le fit sans fausse honte ni gaucherie, et d'une voix si juste, avec un timbre si pur, qu'elle charma toute l'assistance.

sont restées le plus chères, mais encore les plus beaux chants qu'il ait recueillis.

Parfois, la porte retentissait, à la « demande d'ouver-« ture » d'un passant. Keramborgne, comme toutes les demeures bretonnes, était une maison hospitalière. On faisait entrer le *baléer-bro*, le « chemineur de pays », — colporteur ou mendiant. Les rangs se desserraient pour lui faire une place. Il prenait sa part du feu et de la chandelle, et la payait en étalant devant les yeux de l'assistance des images coloriées de couleurs vives, — en rapportant la chronique des contrées voisines, — ou en détaillant son répertoire, toujours très garni, de chansons et de récits de toute sorte.

Le plus étrange de ces nomades fut Ervoanic Hélary. Il arrivait de préférence à la belle saison. C'était un *innocent*, un pauvre d'esprit, mais robuste de corps, et qui travaillait comme quatre, quand on fanait les foins ou qu'on fauchait les blés. Le soir venu, il adoptait pour lit une auge de pierre, accotée au puits du manoir. Jadis, c'est en des auges semblables, avec des ailes d'anges pour voiles, que les saints de la légende bretonne avaient traversé la mer. Par un singulier privilège, Hélary ne paraissait jamais las. Il passait souvent des nuits entières, les claires et tièdes nuits de juin ou d'août, à contempler, allongé dans sa dure couche, la procession des étoiles, au-dessus de sa tête, et à leur chanter sur un ton de mélopée ou d'hymne d'église, l'interminable litanie de vers que sa mémoire naïve avait retenus. C'était vraiment un étrange garçon, et qui avait une façon assez particulière de concevoir l'existence.

Dans un tel milieu et parmi de telles gens, comment M. Luzel n'eût-il pas appris à goûter tout le charme de la poésie populaire ? Comment n'eût-il pas senti l'intérêt qu'il pouvait y avoir à en recueillir les inspirations suprêmes, en voyant quelle action cette poésie continuait d'exercer autour de lui sur les imaginations, quel prestige souverain elle gardait ? N'oublions pas enfin que la famille même de M. Luzel comptait parmi ses membres des esprits distingués, assez en avance sur leur temps pour comprendre quelle importante contribution fournirait un jour à une histoire bien faite la connaissance des traditions et des chants du peuple. Je fais allusion surtout à son oncle, M. Le Huërou, le savant auteur des « Institutions Mérovingiennes », dont la mort prématurée fut un vrai deuil pour la science historique, alors naissante. En dehors de ses grands travaux, il s'occupait volontiers de folklore, comme on dit aujourd'hui. M. Luzel n'eut qu'à suivre ses traces. Il le fit, quarante-cinq années durant, et son ardeur n'est pas éteinte.

Pendant ces quarante-cinq ans, à quelques intervalles près, on a constamment vu M. Luzel pérégrinant par les routes bretonnes ; ses amis ont fini par le surnommer *Boudédéo Breiz-Izel*, le Juif-Errant de la Basse-Bretagne. Soit avec ses ressources personnelles, soit aidé par des subventions du ministère de l'Instruction publique, il a battu, si l'on peut dire, toutes les broussailles du pays d'Armor, pour en faire s'envoler les chants du peuple. Il s'est attablé aux auberges, les jours de pardon, alors que la vertu du cidre remue les vieilles choses, dans les cerveaux. Il a fréquenté les meuniers, les tisserands, les tailleurs et les pâtres. Il s'est fait bienvenir des couturières, dont la langue vibre comme l'aiguille. Il a passé de longues heures, accroupi sur des tas de copeaux, sous la hutte à forme gauloise des sabotiers. Il lui est même arrivé de coucher à la belle étoile, entre deux collectes de chansons [1]. Nul n'a plus payé de sa personne, pour rassembler les richesses éparses du trésor populaire. Bretons, mes amis, qui croyez autant à l'immortalité des

---

[1] Je regrette de n'avoir pas en ce moment sous la main une gracieuse composition, encore inédite, de M. Luzel et qui est précisément un hymne en l'honneur de cette « auberge sans rivale » qui a pour enseigne « à la Belle-Étoile ».

races qu'à celle des personnes, quelque chose, en effet, survivra de vous ; c'est à M. Luzel plus qu'à tout autre que vous le devrez. Il est probable, hélas ! que vous n'en saurez jamais rien...

M. Luzel, pour sa besogne, ne se fiait guère qu'à lui-même. Il trouva cependant quelques aides, qu'il serait injuste de passer sous silence. Ce furent : d'abord M. Lamer, instituteur, qui, prenant au sérieux les circulaires de M. de Fortoul relatives à la recherche des traditions du peuple, s'efforça de les appliquer, dans le district de Ploumilliau ; puis M. Vincent Coat, employé à la manufacture des tabacs de Morlaix ; enfin, un troisième auquel on me permettra de consacrer une mention spéciale, mon père. C'est à son nom plutôt qu'au mien qu'aurait dû revenir l'honneur de figurer sur la couverture de ce livre, à côté de celui de M. Luzel. Nul n'a eu plus que lui le culte ardent des choses bretonnes. Ses regards, qui ne se sont jamais risqués au delà de la terre natale, ne s'en sont non plus jamais distraits. Peu d'hommes, — M. Luzel mis à part, — ont plus vécu de l'amour de la petite patrie armoricaine. Ses plus belles années se sont écoulées tout là-haut, dans l'*Argoat*, dans la primitive et sauvage *Contrée-des-Bois*. On désigne ainsi la lisière de Cornouaille qui déborde par-dessus les monts d'Arrée jusque dans le département des Côtes-du-Nord. C'est une région accidentée, *noire* de forêts, avec quelques cônes dénudés et sinistres, comme le Ménez Mikèl. La population y est fruste et simple, même de nos jours, à cause de son éloignement des voies ferrées. Elle se compose surtout de charbonniers et de fabricants de sabots, qui égayent leur solitude en la peuplant de chansons. Au printemps, ces hommes dévalent vers Lannion, Tréguier, Guingamp, Paimpol. Alors scintillent, la nuit, par les routes du bas pays, les fanaux en fer-blanc de leurs charrettes, et on les entend, eux, les gars de l'Argoat, fredonner en somnolant des couplets que rythment les sonnailles de leurs bidets bretons. Mon père, que des migrations ultérieures ont fait descendre peu à peu vers la mer, ne voit jamais apparaître ces errants de la montagne cornouaillaise, sans que le cœur lui tressaille d'allégresse. Ils le savent et s'arrêtent volontiers à sa porte. Ils lui parlent de ce pays de Duault, qui lui est resté cher entre tous, où son souvenir subsiste encore, et dont il a transcrit les chants. Ce nom de « Duault », les lecteurs des Gwerziou le connaissent : ils le retrouveront plus d'une fois dans les Sonniou.

Dirai-je que le *Tréguer* et le *Goëlo* sont actuellement, en Bretagne, les derniers terroirs où s'épanouisse en sa vraie fleur la chanson populaire? — Par le Tréguer et le Goëlo, il faut entendre tout le pays qui s'étend de la rivière de Morlaix à la limite extrême de la langue bretonne, à l'Est du Trieux. Il semblerait, de prime abord, que la Cornouaille finistérienne et le Léon, qui sont restés plus attachés aux anciennes mœurs et aux vieux costumes, dussent avoir conservé de même le monopole des plus originales chansons d'autrefois. Il n'en est rien. Gaie, verte, avec de gracieuses vallées et des collines bondissantes, la Cornouaille a la lèvre volontiers rieuse et prompte aux gaudrioles. Elle aime à chanter, mais son insouciance s'accommode, en fait de chants, des médiocres et des pires. J'ai voyagé souvent avec des conscrits de Quimper, qui, sortis des campagnes avoisinantes, s'en retournaient passer le dimanche dans leurs familles. A peine installés dans le compartiment, ils entonnaient, non des refrains de chambrée, (certes un Breton du peuple, rendu à lui-même, ne parle ni ne chante que dans sa langue), mais des couplets informes, sans poésie et sans intérêt. Je n'ai jamais eu le courage d'en noter un seul [1]. Une des compositions les plus en vogue dans le

---

[1] M. Quellien dit avoir entendu chanter, à Quimperlé, près de la

Finistère a pour auteur un homme d'une trentaine d'années, qui habite Spézet, et que j'estime d'ailleurs beaucoup. Elle a été écrite et répandue, dans une excellente intention patriotique. Mais, on sera renseigné sur sa valeur littéraire, quand j'aurai dit qu'elle a pour titre « Ar Sergent-Major », pour refrain « Vive ar Republic Franç ! » et que tout le reste est à l'avenant. Platitude et médiocrité, telle est, malheureusement, la devise de nos aèdes modernes. C'est pourtant à eux que va le succès. Et nous avons le *Barzaz-Breiz*, de M. de la Villemarqué ! Nous avons le *Bombard-kerné*[1], de Prosper Proux ! Nous avons le *Bepred-Breizad* de M. Luzel ! Nous avons enfin, quoique dans une langue un peu byzantine, l'*Annaïc* de M. Quellien. Mais voilà : toutes ces belles choses ne sont pas imprimées sur feuilles volantes, et le paysan n'achète pas de livres.

Quant au Léon, l'on n'y chante guère. Toujours vêtu de noir, le Léonard a la dignité grave de son homonyme d'Espagne, je ne sais quelle solennité d'hidalgo. Par son entente des affaires, il est de ce temps-ci ; par ses habitudes morales, il est du moyen âge. C'est à la fois un spéculateur habile et un catholique sombre. Aussi, chez lui,

---

gare, les plus exquises, « sonn » d'amour qu'il ait jamais entendues. Il est à regretter qu'il n'ait pas cru les devoir donner dans son volume. En tout cas, le fait qu'il cite est exceptionnel. Ce pays de Quimperlé, de Bannalec, de Pont-Aven est un de ceux que j'ai le plus pratiqués ; les chansons qu'on y a chantées étaient toutes des élucubrations récentes et peu originales d'un poète d'Elliant, ou des couplets d'une origine populaire plus profonde, mais aussi d'une crudité d'inspiration absolument intraduisible. On peut dire, en effet, du peuple de Cornouaille, que...

    Sa verve trop souvent s'égaie en la licence.

Mais j'y songe : Quand M. Quellien parle de *sonn* exquises entendues en Cornouaille, il n'a peut-être en vue que la musique. Là, je me récuse.

[1] *Bombard-Kerné*, la Bombarde de Cornouailles ; *Bepred-Breizad*, Toujours Breton.

pas d'élans d'imagination. Il ne se plait guère qu'aux récits terrifiants. Saint-Pol, sa ville sainte, a presque plus d'églises que de maisons, et celles-ci ne semblent être qu'un prolongement de celles-là. Les gens y ont des allures de mystère. Un silence religieux plane sur toutes choses. Seul, le cimetière vit. Il produit une impression de terreur sacrée : c'est le Campo-Santo de la Basse-Bretagne.

Au pays trégorrois, la race est moins triste qu'en Léon, moins joyeuse qu'en Cornouaille, mais, plus affinée que dans l'une et l'autre région. Elle y a fait à la civilisation plus de concessions extérieures ; en revanche, elle est demeurée plus fidèle à l'âme profonde des aïeux [1]. On s'y nourrit encore des légendes merveilleuses, des chants épiques ou sentimentaux, qui alimentèrent le rêve des anciens Bretons. Là, survivent quelques représentants clairsemés de la congrégation, jadis si nombreuse, des mendiants chanteurs. Là aussi, l'on peut, sans trop de peine, ranimer au fond des mémoires les vieilles cendres de l'inspiration populaire.

[1] On remarquera que je ne dis rien du Morbihan. De ce que notre recueil ne contient qu'une chanson en dialecte vannetais, il ne s'ensuit pas que le Morbihan soit pauvre en chansons populaires. Il en a paru quelques-unes, très jolies, dans les Annales de Bretagne. Malheureusement, la prononciation usitée en pays de Vannes, et qui est trop coulante, trop rapide, oppose à qui n'a entendu parler que le breton de Tréguer ou de Cornouaille, un obstacle long à franchir. Lu, le breton Vannetais se comprend sans peine ; parlé, il semble une langue étrangère, lorsqu'on ne s'est pas familiarisé avec lui, et c'est notre cas, à M. Luzel et à moi. Nous avons trouvé au Guerlesquin un certain Dénès, qui a longtemps travaillé dans les fermes du Morbihan, et qui en a rapporté toute une collection de chansons. C'est une preuve que la chanson est en grand honneur, dans les veillées de là-bas, comme dans celles de chez nous. Espérons que le Morbihan aura son Luzel. Ah ! si M. Loth n'était si complètement pris par ses grands travaux de traduction des textes gallois ou de linguistique bretonne !... Qui sait ? Un jour ou l'autre, il trouvera peut-être quelques loisirs. Déjà, c'est à lui que nous devons la plupart des textes de chansons publiés en dialecte Vannetais. L'envie lui viendra, j'imagine, de compléter son œuvre. Nul autre ne le fera aussi bien que lui.

Dans une récente excursion faite avec M. Luzel, j'ai constaté *de visu* ce que j'avance. Nous avions choisi Le Guerlesquin pour première étape. Administrativement, Le Guerlesquin se rattache au Finistère ; ethnographiquement, il est trégorrois. Nous y arrivions à un mauvais moment, dans le grand coup de feu de la moisson... Pas un chat, dans le bourg : les rues sont vides, la plupart des maisons, closes. A l'auberge où nous sommes descendus, l'hôtesse, informée de ce pour quoi nous venons, ne pense pas que nous ayons chance de rien trouver. Nous nous mettons cependant en quête ; dans toute notre après-midi, nous finissons par dénicher deux chanteuses. Mais, le soir vient, les moissonneurs rentrent. Le bruit a couru que nous sommes là. Un homme m'aborde : « Vous voulez des chansons ? J'en sais ! » Il a donné l'exemple ; maintenant c'est à qui s'empressera... J'ai encore ce spectacle devant les yeux : la salle encombrée de monde : M. Luzel et moi, chacun à notre table. Autour de nous, un groupe compact, mais respectueux. Pendant que l'un débite sa *sôn*, les autres se recueillent. Quelques femmes ont sur les bras leurs enfants, qui s'endorment, bercés par toutes ces chansons. Dehors, dans la sereine nuit de septembre, la foule qui n'a pu pénétrer à l'intérieur s'est tassée contre le mur de l'auberge, et, par instants, on voit surgir, dans le cadre des fenêtres ouvertes, des têtes éveillées de gamins. Je n'oublierai jamais cette soirée. Que n'y assistiez-vous, ô Prosper [1], poète du Guerlesquin, dont le souvenir voltige toujours sur ces campagnes ! Quand on prononce votre nom devant les vieilles de cette bourgade, qui furent jeunes de votre

---

[1] Prosper Proux, l'auteur de *Kanaouennou eur C'hernewod*, et de *Bombard Kerne*. On ne le connait là-bas que sous son prénom. Il y passa toute sa jeunesse. Peu de Bretons ont eu, au même degré que lui, le don de la poésie gaie, *bonne enfant*, pleine de verve, de piquant et d'humour. Ses vers enchantèrent les hommes de sa génération. Au Guerlesquin, on les redit toujours. Ils ont la saveur franche, le pétillement lumineux du cidre armoricain.

temps, elles ont aux yeux des larmes attendries, et, sur les lèvres, un reconnaissant sourire...

Si, dès la lisière du Tréguer, la récolte de chants populaires est à ce point fructueuse, que dire du cœur même du pays et de la zone maritime ! Je signalerai plus particulièrement aux amateurs de folklorisme breton les *quartiers* de Ploumilliau, de Plouaret, de Pluzunet, de Buhulien, de Pédernec, de Plourivo, de Pleudaniel et de Kerbors. Je mentionne surtout ceux-là, parce que ce sont ceux que je connais le mieux. Je ne saurais donner ici une liste complète des chanteurs ou chanteuses, à la mémoire desquels M. Luzel ou moi avons eu recours. On me permettra néanmoins d'insister sur quelques noms. Je recommanderai d'abord Couillec, tailleur au Guerlesquin, mais plus encore, la veuve Peutite, à Kerbors, et la femme Mao, à Pleudaniel. La première est cardeuse d'étoupes à la fabrique de mèches pour les chandelles de résine dont se servent nos paysans. Elle chante avec beaucoup de justesse et de verve : elle m'a même avoué qu'elle composait, à ses heures. « Que voulez-vous, Monsieur, me disait-elle, je ne suis qu'une pauvresse, et mon mari est mort en mer. Je ne suis jamais gaie, mais je chante quand même : cela fait paraître le temps plus court et la vie moins mauvaise. » La femme Mao, elle, a encore son mari, qui est cordonnier. Elle l'aide, dans son état, en ravaudant les vieilles chaussures. Je ne sais pas de type breton plus pur. Elle a encore, malgré ses cinquante ans, une grâce singulière. Très intelligente avec cela, et chanteuse émérite. Tout vibre dans sa personne, quand elle chante : elle a des gestes qui miment merveilleusement. On lira, plus loin, la *sôn* de la fileuse dont le fils se destine à la prêtrise. Ce fut la fileuse même qui la « rima », au bruit de son rouet, en caressant son rêve de mère, de bretonne. Elle s'appelait Nann Boënz, de Lézardrieux. C'est d'elle que François Mao, qui, tout enfant, l'avait connue, tenait cette courte et délicieuse improvisation. Pour me la

— XXI —

chanter, elle imitait, de la tête et de la main, l'attitude de la vieille Nann, et reproduisait jusqu'à l'accent de sa voix[1].

Mais, tous ces noms que je viens de citer pâlissent à côté de celui de Marguerite Philippe. Pluzunet, la commune où elle réside, mérite dans nos annales une place à part. La population y est fine, vive d'esprit, appliquée à notre littérature nationale. Des fermiers, comme Claude Le Bihan, des *Daniel mil-micher* (Daniel aux mille métiers), comme cet original de Lestic, des serruriers, joyeux compagnons, comme Bertrand Le Ménager, y consacraient jadis leurs soirées à transcrire de leurs robustes mains les manuscrits bretons de nos Mystères. Le dimanche, après vêpres, ils se réunissaient, avec leurs disciples, dans quelque auberge ; et c'étaient alors, jusqu'à la nuit bien close, de véritables auditions dramatiques, dont le souvenir a survécu à ceux qui s'en faisaient à la fois les *impressarii* et les acteurs. Ils étaient parvenus à fonder ainsi une école de déclamation, une sorte de Conservatoire armoricain. Ils ont laissé des élèves, qui, sans égaler leurs maîtres, ne se sont pas trop départis des saines traditions.

Les *comediancher* qui ont donné un lustre local à l'inauguration du théâtre de Morlaix, en 1888, et qui y ont représenté Sainte-Tryphine, d'après le texte publié par M. Luzel, sortaient pour la plupart de Pluzunet ou de sa banlieue. Ce pays est peut-être le dernier de Basse-Bretagne où l'on entende encore, le soir, par les routes, des hommes de labour, qui rentrent avec leurs chevaux et leurs outils, débiter de leurs voix rudes de longues tirades empruntées à la vie naïvement dramatisée de nos Saints. Les silhouettes, agrandies par le crépuscule, prennent des proportions fantastiques, de sorte qu'avec un peu

---

[1] Puisque je parle de Pleudaniel et de Kerbors, je tiens à dire ici quelles obligations j'ai à MM. Guennebaud et Feutrès, instituteurs, qui m'ont été d'un bien précieux secours.

d'imagination, on croirait voir passer, non de simples rustres, mais les personnages mêmes, les êtres surhumains de la légende. Ces allées et venues des vieux saints d'Hibernie, à travers les campagnes bretonnes ou sur les eaux de la Manche, nos marins et nos paysans les *voient* en réalité. Saint Gonéry, par exemple, va régulièrement rendre visite à Sainte Liboubane, sa mère, à l'île Loaven, sur les côtes de Plougrescant. On vous le montrera, marchant sur les flots, comme Jésus. Marguerite Philippe a gardé une foi profonde dans ces superstitions surannées et délicieuses [1].

Elle en vit moralement, matériellement aussi. Le peu d'argent qu'elle gagne, c'est moins son métier de fileuse que sa réputation de *pèlerine* qui le lui rapporte. Son principal gain consiste, en effet, à faire des pèlerinages par procuration. Dès qu'on tombe malade, dans la contrée, vite on a recours à Marguerite Philippe. Elle s'entend de même à accomplir les vœux faits par les défunts. Elle sait à merveille le domicile favori, l'histoire et la spécialité de chaque Saint. C'est une science très compliquée, où nous nous perdrions. Marguerite m'a énuméré six espèces de furoncles; l'un a pour guérisseur attitré Saint Clet; l'autre, Saint Eloi; le troisième, Saint Spej; le quatrième, Saint Men; le cinquième, Saint Cadô; le sixième, Saint Iéned. Il est indispensable de ne pas confondre. Elle sait encore quelle offrande plaît à celui-ci, quelle autre à celui-là. Au grand Saint Yves, elle présente du pain de seigle; à Saint Sylvestre, du blé noir. Quant à Saint Idunet, qui a l'oreille dure, elle le fouette trois fois avec une branche de genêt, pour le

---

[1] Un jour, à Port-Blanc, petit port de pêche situé entre Tréguier et Perros-Guirec, un pêcheur me dit, me montrant, au fond de l'horizon, la grande barre claire laissée sur le couchant par le soleil disparu : « Voyez là-bas cette lumière; c'est Notre-Dame de Port-Blanc qui va rendre visite à Notre-Dame de la Clarté, la veille de son pardon ! »

rendre attentif. S'il s'agit d'aller en pèlerinage aux lieu et place d'un mort, elle se traîne sur ses genoux nus, à l'entour de la chapelle votive, en ayant soin de procéder à l'encontre du soleil, car le tour dans le sens de l'astre ne se fait que pour des vivants. Mais, c'est un volume qu'il faudrait écrire, si l'on voulait consigner toutes les pratiques étranges dont Marguerite Philippe possède la clef. Voyageant sans cesse, de sanctuaire en sanctuaire, elle chemine dans toutes les directions, fait la navette entre le littoral du Nord et les monts d'Arrée. Elle s'arrête aux fermes proches des divonnes, cause en route avec les gens qui passent, et constamment se renseigne, surtout depuis que M. Luzel l'a élevée au titre, dont elle est très fière, de collaboratrice. Périodiquement, elle le rejoint, à l'endroit où il lui donne rendez-vous. C'est ainsi que j'ai eu le plaisir de faire connaissance avec elle, à Kercabin, en Plouëc, dans une grave châtellenie moderne, hantée de souvenirs féodaux et peuplée, la nuit, dit-on, de spectres gracieux ou terribles. Il paraît qu'un de mes ancêtres habita jadis cette demeure, un de ces ancêtres dont on ne se vante pas. Une bonne m'a affirmé qu'on entend encore parfois le pas de son cheval sonner sur le pavé de la cour [1]. Le manoir est aujourd'hui oc-

---

[1] Il s'appelait le Margéot. Je ne résiste pas au plaisir de citer, à propos de ce personnage, une page d'un volume peu connu de M. Luzel, et qui mériterait beaucoup de l'être. Ce livre intitulé « Veillées Bretonnes » a paru chez Mauger, à Morlaix. Voici cet extrait : « Margéot avait habité le château de Kercabin, il y avait de cela cinquante ou soixante ans. C'était un homme d'une grande force physique, violent et emporté, craint et redouté comme la peste, dans tout le pays, et sur lequel il courait d'étranges bruits. On disait qu'il avait vendu son âme au diable, pour avoir de l'argent, et qu'il égorgeait quelquefois des petits enfants, enlevés dans les campagnes, quand il les trouvait seuls. Aujourd'hui encore, dans les environs de Pontrieux, quand les mères veulent faire taire les enfants qui pleurent, ou réprimer chez eux un acte d'indocilité, elles les menacent de Margéot, comme ailleurs on les menace de Croquemitaine ou

cupé par deux *gentilshommes fermiers*, au sens qu'on attache à cette qualification, en Angleterre, deux membres de ce clan des Le Huërou, dont j'ai déjà eu occasion de mentionner un des représentants les plus regrettés. Au jour et à l'heure qui lui avaient été fixés, malgré la pluie, qui tombait à verse, Marguerite Philippe arriva. Je m'attendais à trouver une femme âgée, en vertu de cette conception qui veut que les conteuses soient vieilles, qu'elles aient le chef branlant, comme celui de la Mère l'Oie. Mais point. Marguerite Philippe a quarante ans au plus. Elle zézaie un peu, en parlant, mais le zézaiement disparaît, dès qu'elle chante... Je la contemplai, je l'avoue avec une curiosité respectueuse. C'était dans le salon du château. Sur le parquet, des peaux de loups abattus par nos hôtes ; çà et là, quelques terres cuites, un Arlequin, gouailleur et cambré, sa batte sous le bras. Au pied des fenêtres, de vastes corbeilles de fleurs laissaient tomber leurs pétales et monter ces « odeurs fines » dont parlent

de Barbe-Bleue. Entr'autres crimes, on l'accusait de la mort d'un douanier. Je ne sais quelle raison on donne du meurtre, si Margéot faisait de la contrebande, ou s'il avait quelqu'autre sujet de haine et de vengeance contre le douanier ; mais aussitôt le crime commis, il monta, dit-on, sur un excellent cheval qu'il avait, et que l'on disait aussi être un présent de l'enfer, et se rendit à Saint-Brieuc, bride abattue. C'était de nuit ; Saint-Brieuc est à douze ou treize lieues de Kercabin. La justice informa, fit une enquête, et sur quelques indices et de nombreuses présomptions, Margéot fut mis en accusation. Mais, grâce à la rapidité et aux jarrets de fer de son cheval, il parvint à établir un alibi, et fut acquitté. Il mourut peu de temps après, à la grande joie de tout le pays, et quelques vieilles femmes prétendent que deux diables rouges enlevèrent son corps, pendant la veillée de mort, et que le cercueil que l'on enterra, dans le cimetière de Plouëc, était vide. Depuis lors, la nuit, on entend souvent un cheval arriver bride abattue dans la cour de Kercabin ; et quand les domestiques se présentent pour recevoir le voyageur attardé et mettre son cheval à l'écurie, ne trouvant ni cavalier, ni cheval, ils rentrent en maugréant et en disant : « C'est encore ce diable de Margéot ! »

les *sonniou*. Tout en écoutant Marguerite Philippe, dans ce décor à la fois très primitif et très contemporain, je songeais aux choses disparues, dont cette femme évoquait l'image, à tout ce passé grave ou tendre du peuple breton, dont sa mémoire sera peut-être demain l'unique et suprême dépositaire... Et je me sentais vraiment pénétré envers elle d'une sorte de vénération attendrie...

III

J'ai souvent demandé à nos chanteurs ou chanteuses : « D'où vous vient cette chanson et qui, croyez-vous, l'a composée ? » Invariablement ils me répondaient : « Nous la tenons des *gens anciens* ; quant à savoir qui fut son auteur, c'est le secret de Dieu. » Sauf le cas de Nann Boënz (V. plus haut), je n'ai pas pu obtenir le moindre renseignement précis sur l'un quelconque de nos aèdes d'autrefois. Eux-mêmes étaient, sur leur personnalité, d'une discrétion absolue. Jamais ils ne se nomment. Ils font volontiers intervenir le « moi », mais ce « moi » peut être celui de n'importe qui. A ce point de vue, leur poésie est à proprement parler impersonnelle.

Par là, elle se distingue des créations plus récentes. Il semble, en effet, qu'à mesure que les productions populaires deviennent plus médiocres, leurs auteurs se font un devoir de conscience de les contresigner. Iann Ar Guenn n'y manque jamais. Chacune de ses chansons se termine par un couplet, dont la forme n'est pas toujours la même, mais, où toujours il prend soin d'encadrer son nom, sa parenté, et quelquefois son lieu d'origine. Il vaut qu'on lui consacre un mot, ce Iann Ar Guenn. Tout enfant, j'ai été accoutumé à l'entendre citer comme une des gloires du pays trégorrois. Je me suis enquis, depuis, de ce qu'il était, et j'ai lu de son œuvre les débris que j'en ai pu rassembler. Il naquit sur la pente orientale de ce grand morne déchiqueté qui porte les communes de Plouguiel et de Plougrescant, et qui est une des pointes extrêmes que pousse la Bretagne au cœur de la Manche. De bonne heure, il fut aveugle et fit des vers. Dieu me garde de le comparer à Homère ! Il n'eut avec le multiple poëte ionien que ces deux points de comparaison, et le second serait fort à son désavantage. Il a néanmoins fait imprimer de très jolies pièces, que le peuple accueillait avec plaisir. Il va sans dire qu'il ne les écrivait pas. En revanche, il les chantait bien. L'hiver, il s'enfermait dans sa chaumine de Kersuliet, près de la Roche-Jaune, au bord de la rivière de Tréguier. Là, assis au coin de son foyer, en compagnie de Marie Petibon, sa femme, tandis que s'harmonisaient au dehors les bruits de la marée et ceux du vent, il pratiquait son art et cousait des vers bretons l'un à l'autre. Le couplet terminé, il taillait dans un morceau de bois une coche, à la manière des boulangers. Chaque chanson avait tant de coches, c'est-à-dire tant de couplets. Le nombre n'était jamais le même. L'été venu, Iann ar Guenn et Marie Petibon émigraient côte à côte et se promenaient de bourg en bourg, au hasard des fêtes locales. Adossé au mur du cimetière, Iann prenait une de ses lattes, en parcourait du doigt les tailles, y lisait avec les yeux de l'âme la *sôn* qu'il y avait sculpté, et la chantait devant la foule. Ses pérégrinations aboutissaient toujours à Morlaix, ville des éditeurs bretons. On le voyait entrer chez Lédan. Quand il en sortait, la presse avait fixé, à l'usage du peuple, ses passagères inspirations. Grâce à ce *papier à chandelle*, Iann Ar Guenn eut la vogue et presque la gloire. Celui que les actes de l'État civil qualifiaient, au moment de son mariage, de « chanteur de chansons », était honoré par eux, au lendemain de sa mort, du titre de « poëte ». Il en était digne. Je n'en saurais affirmer autant d'autres « Iann » qui lui ont succédé, y compris Iann ar Minous. Leur muse essoufflée et loqueteuse quête de *pardons* en *pardons* une aumône qu'on ne leur verse qu'à regret. En cela, le peuple d'Armorique fait encore preuve de goût.

Les poètes d'autrefois chantaient, comme chante l'eau courante, sans vouloir en tirer profit. La poésie n'était pour eux que ce que devrait être toute poésie : une chose d'amusement ou de loisir. La plupart étaient gens de métier, non pas *avoué*, comme écrit M. Quellien, mais sédentaire ou, si l'on veut, domestique. Le sérieux de la la vie résidait, à leurs yeux, dans ce qui matériellement fait vivre. Tous, du moins, d'après les vagues indications qu'ils nous ont transmises, accomplissaient une besogne définie. Pour se distraire, ils composaient des vers, étant fils d'une race éprise de rêve, mais ils ne le confessaient pas. Les rares renseignements qu'ils nous fournissent n'ont trait qu'aux métiers qu'ils exercent.

Les uns étaient meuniers et « rimaient » en surveillant le tic tac de leur moulin ou en repiquant les meules. D'autres étaient tisserands, d'autres cordiers, d'autres sabotiers, d'autres tailleurs. Ils appartenaient, en un mot, aux corporations les plus diverses et, généralement, les moins estimées des anciens Bretons. Nos pères ne connaissaient, en effet, que deux états qui fussent dignes d'eux : celui de marin, sur les côtes, celui de laboureur, dans l'intérieur des terres. Pour toute autre condition sociale, le sacerdoce excepté, ils ne professaient que mépris. Aux meuniers ils reprochaient leur manque de probité. Un dicton populaire s'exprime ainsi :

> Miliner, gwenn he vec,
> Laër ar bleut ha laër ann ed.

« Meunier au museau blanchi — vole la farine et vole le blé. » Quant aux tailleurs, ils étaient honnis, et se vengeaient par de mordantes chansons. Mais, les plus maltraités par l'opinion publique étaient les cordiers. On les appelait *cacous* (caqueux)[1]. On s'éloignait d'eux, comme s'ils eussent eu la lèpre. Dans les églises, un endroit spécial, une sorte de *ghetto* minuscule, leur était réservé, et ils n'avaient pas le droit de se mêler aux autres fidèles. On les proscrivait même des bourgs. Ils ne pouvaient s'établir et exercer leur industrie qu'à distance des agglomérations. Aujourd'hui encore, bien que cette réprobation ne pèse plus sur eux, ils continuent d'habiter en pleine campagne, et tressent leur chanvre, le long des talus, dans de vieux chemins abandonnés. Leur corporation s'est d'ailleurs fort éclaircie, et ne tardera sans doute pas à disparaître.

Sans être un objet d'aversion, comme les cordiers, les sabotiers ne jouissaient guère non plus de la sympathie du peuple. A eux principalement s'appliquait l'épithète de « paotred Kernew » (gars de Cornouaille), qui, sur le littoral du Nord, équivaut presque à une injure. On les disait sauvages et de mœurs farouches. On leur prêtait des habitudes singulières, comme de frotter leurs nouveaux-nés, l'hiver, avec de la neige. Leurs huttes, faites de branchages entrelacés, et qu'on voyait fumer éternellement, sous le couvert des bois, inspiraient à l'imagination populaire une superstitieuse terreur. Enfin, — grief plus considérable, — on prétendait qu'ils n'étaient pas Bretons d'origine, qu'ils étaient venus du côté de l'aurore, que c'étaient des étrangers, des *Galls*[2]. Il est vrai

[1] « Quant à leur origine, dit Souvestre, la tradition était multiple et douteuse ; les uns les tenaient pour des Gypsians ou Bohèmes, les autres, pour des Juifs, quelques-uns, pour des Sarrasins emmenés captifs, à l'époque des croisades. Les Ducs de Bretagne leur avaient d'abord interdit l'agriculture et le commerce ; mais, au XVe siècle, voulant diminuer le nombre des mendiants, François II leur permit de prendre des fermes avec des baux de trois ans et de faire le trafic du fil et du chanvre, dans les lieux peu fréquentés. Ces nouveaux privilèges ne leur furent accordés qu'à la condition de porter une marque de drap rouge sur leurs vêtements. »

[2] On les appelle encore souvent de ce nom.

qu'ils vivaient entre eux, à l'écart des autres, formaient une espèce de confrérie, s'interpellaient du nom de « cousins » et ne tenaient aucun compte du reste de l'humanité. En revanche, ils donnaient l'exemple d'une solidarité peu commune. Quand un « cousin » était trop vieux pour manier désormais la tarière ou la hache, il endossait son havresac et se transportait de hutte en hutte, bien accueilli dans toutes, nourri, logé et gratifié, au départ, d'un léger viatique. L'hospitalité qu'il recevait, il la payait en pierres à affûter, qu'il allait chercher à la baie de Craca [1], mais le plus souvent en chansons, qu'il avait retenues ou qu'il avait lui-même composées... [2]

Tels furent les fervents de la muse populaire, en Armorique. Ils s'éclipsent tous devant l'imposante catégorie des *cloër*. A ceux-ci Souvestre a consacré des pages qui méritent qu'on les relise. L'école est longtemps restée, en Bretagne, ce qu'elle était au Moyen Âge, l'annexe d'une église cathédrale ou de quelque grande abbaye. Les jeunes gens qu'on y élevait étaient tous destinés à entrer dans les Ordres. On les appelait *clercs*. La plupart ne commençaient leurs études qu'assez tard, aux approches de la seizième ou même de la dix-huitième année. Le collège pour eux n'était qu'un stage, une préparation au sacerdoce. Ils ne quittaient les bancs de la classe que pour les marches de l'autel. Aux vacances toutefois, le *cloärec* ou clerc reparaissait parmi les siens. Issu d'ordinaire d'une famille de cultivateurs, il se refaisait paysan, au milieu d'eux, prenait part à leurs tra-

---

[1] Entre la baie de Paimpol et celle de Bréhec, sur la côte du pays de Goëlo, dans la commune de Plouézec.
[2] Peut-être eût-il été bon de mentionner encore les *tisserands*, les *chiffonniers* ou *pillawers*, les *ridellers* ou fabricants de tamis, enfin les *louoers* ou fabricants de cuillers en bois ; les hommes des trois dernières catégories parcouraient le pays breton en tous sens, colportaient les nouvelles et les chansons.

vaux et aussi à leurs plaisirs. On le retrouvait aux champs, on le retrouvait sur les routes fleuries des *pardons*. Souvent il y renouait *amitié* avec sa *douce* d'autrefois. Oh ! c'étaient de discrètes amours, sans racines bien profondes, une sorte d'idylle de vacances, sans cesse interrompue, sans cesse recommencée, et qui s'achevait sans éclat, — à moins que la jeune fille délaissée ne mourût de désespoir, comme cela se lit en quelques *gwerziou* ; et alors, le clerc, devenu prêtre, se donnait garde de lui survivre.

> On les couchait dans la même tombe,
> Puisqu'ils n'avaient couché dans le même lit.

Plus d'un clerc, d'ailleurs, s'arrêtait à mi-chemin de la prêtrise, et s'en retournait aux rustiques occupations de ses ancêtres. Mais, longtemps encore, ses mains restaient plus blanches que celles du commun. Il avait quelque chose de *distingué* dans la mine, et parlait une langue savante, émaillée de termes incompris du peuple. Il enchâssait dans ses discours des noms mythologiques, dont les illettrés s'ébahissaient. Il apparaissait à son entourage comme un être prestigieux. D'aucuns allaient jusqu'à lui prêter des connaissances occultes, jusqu'à voir en lui un thaumaturge. Dans mon enfance, il n'était bruit que d'un certain *clourec* Prat, qui, disait-on, ensorcelait les gens et passait par le trou de la serrure pour rejoindre ses maîtresses. Ces clercs rentrés dans la vie laïque continuaient à bénéficier, auprès de la foule, du commerce momentané qu'ils avaient eu jadis avec les prêtres. Comme ceux-ci, ils étaient censés posséder des livres de magie, des *Agrippas* (style de Tréguier) ou des *Vifs* (style de Cornouaille[1]). Les hommes

---

[1] Nos paysans désignent sous le nom d'*Agrippas* les traités d'occultisme attribués à Cornélius Agrippa de Nettesheim, qui naquit à Cologne en 1481, et mourut à Grenoble, en 1535. Comment la mémoire de cet Allemand du xvᵉ siècle est-elle devenue

leur témoignaient une crainte respectueuse, les filles les aimaient avec trouble. Elles les aimaient, d'abord parce qu'ils avaient une façon à eux de *conter fleurette*, parce qu'ils n'étaient ni rustres ni balourds, ensuite parce qu'ils savaient l'art de chanter leurs *douces*, en des vers où abondaient les métaphores. Nous devons, en effet, à ces *cloër* les meilleures de nos chansons d'amour, quand elles ne sont pas gâtées par une grotesque pédanterie. Nous avons donné telles quelles toutes celles que nous avons pu recueillir. Il n'en est pas une, si mauvaise soit-elle, qui ne contienne quelque perle.

Reste à dire un mot du paysan et du marin. Ces deux classes d'hommes, qui constituent le fonds solide de la race armoricaine, n'ont fourni à la chanson populaire qu'une assez maigre contribution. Il semble que leur

si populaire dans nos campagnes ? Comment s'y est-elle maintenue jusqu'à nos jours ? On l'ignore. D'après les Bas-Bretons, l'Agrippa est un livre doué d'une espèce de personnalité diabolique. Il ne consent à révéler les secrets qu'il contient, qu'après avoir été battu comme plâtre. On ne le dompte qu'au prix d'un effort acharné. Au dire du peuple, tous les prêtres possèdent un Agrippa. Ils le consultent, pour savoir lesquelles sont damnées de leurs ouailles défuntes. Grâce à lui, ils peuvent aussi évoquer les morts et les Esprits infernaux. Il ne se doit lire qu'à rebours. Des profanes en ont quelquefois entre les mains un exemplaire. Ceux-là, on les respecte, on les redoute, on vient faire appel, moyennant pécune, à leurs lumières surnaturelles. « Dans les foires et dans les pardons, raconte M. Luzel, on m'a souvent montré du doigt un vieillard pensif, à l'œil vif et intelligent, au teint hâlé, ordinairement solitaire dans la foule, et duquel on s'écartait, quand il passait. « Celui-là a un Agrippa ! » me disait-on à l'oreille. » C'était Mélo-Vraz, de Louargat ; il habitait au pied de la montagne de Bré.

Agrippa est le terme sous lequel on connaît en Tréguier le mystérieux livre. En Cornouaille finistérienne, on l'appelle *Ar Vif*. Mais, c'est toujours le même traité de sorcellerie, dangereux à manier et fécond en mésaventures pour qui ne sait pas l'art de s'en servir. J'en citerai quelques-unes, fort amusantes, dans un prochain volume sur « les légendes de la Mort en Basse-Bretagne. »

rude labeur les ait absorbés tout entiers. Le paysan, derrière sa charrue, le marin, dans sa barque, chantent parfois des couplets composés par autrui, mais n'en composent guère eux-mêmes. Il existe cependant un dialogue très intéressant et très agréablement conduit, où l'un et l'autre « disputent » entre eux des avantages et des inconvénients de leurs conditions réciproques. Cette *Dispute du laboureur et du matelot* est fort répandue ; si nous ne lui avons pas fait place dans cet ouvrage, c'est qu'elle est imprimée, et qu'on peut se la procurer, à Morlaix, chez le successeur de Lédan. Il n'en est pas de même de certaines « chansons de bord », qu'on trouvera plus loin, dans notre second volume. Elles sont rares ; mais, contrairement à ce qu'a cru M. Quellien, elles ne se sont pas complètement effacées de la mémoire du peuple. L'une d'elles, en particulier, — la jolie *sôn* des « filles de Kerity », — se chante beaucoup, au pays de Paimpol. Improvisée jadis par des pêcheurs de Terre-Neuve, elle m'a été chantée, à diverses reprises, chez Mme Foison[1], par des *Islandais* frais débarqués, qui en avaient fait retentir le grand silence brumeux des mers polaires.

IV

Après avoir passé en revue les diverses classes d'hommes où se recrutaient la plupart des chansonniers bretons, il n'eût pas été sans intérêt, peut-être même eût-il été nécessaire de fournir quelques éclaircissements sur certai-

[1] Mme Foison tient à Paimpol une auberge, qui est le grand rendez-vous des *Islandais*, et aussi des marins pêcheurs de la côte paimpolaise. Sa maison, dont les fenêtres donnent sur un admirable paysage de mer, est une de celles où l'on peut entendre les morceaux les plus étranges et les plus variés du répertoire cosmopolite des matelots bretons.

nes coutumes toutes locales auxquelles il est fait allusion dans les *sonniou*. La chanson du *Guidonné*, par exemple, met en scène les troupes de jeunes garçons et de jeunes filles qu'on voyait jadis errer de ferme en ferme, de maison en maison, aux approches de l'année nouvelle. Ils pénétraient dans les cuisines, en chantant, et sollicitaient la générosité des ménagères, les yeux fixés sur les solives, où des viandes salées séchaient suspendues, et le doigt tendu vers l'âtre, où s'enfumaient d'énormes andouilles. « Eguinannê ! Eguinannê ! » criaient-ils, ou encore « Donné, ar Guidonnê ! » La formule variait, suivant les pays. Ils repartaient, comblés de cadeaux en nature. A chaque halte, leurs bissacs s'alourdissaient. Tranches de lard, crêpes de sarrazin, tourtes d'oing ficelées, connues en Bretagne sous le nom de *blônec*, tout s'y entassait pêle-mêle. Enfant, j'ai accompagné bien des fois ces « théories » paysannes, à travers les sentiers nus, sous les coups de fouet de la bise de décembre. Le cri usité dans ma région était « Cuignaoua ! Cuignaoua ! », du mot *cuign*, qui signifie gâteau, et qui fait penser aux « étrennes » antiques. Cette coutume est aujourd'hui presque disparue. Je le regrette. Elle emplissait de vie, de bruyante gaîté, la tristesse grise et morte de l'hiver breton.

Un autre usage qui s'en va et qui, sous une forme plus burlesque, se rattachait sans doute à des origines non moins archaïques, est celui de « la soupe au lait ». M. de la Villemarqué a très joliment exposé, dans une des notes du Barzaz-Breiz, en quoi il consistait. J'ai eu la chance, désormais rare, de le voir pratiquer, à une noce. On avait dansé, sous la grange, jusqu'à une heure assez tardive. Soudain, les *ébats* s'interrompirent. Garçons et filles d'honneur entraînèrent les jeunes époux vers le lit nuptial, et les forcèrent de se coucher, pendant que le reste des invités attendait, au dehors. Puis, les portes de la chambre furent ouvertes, et tout le monde entra. Austôt parut la *soupe au lait*, fumante, dans une jatte de terre, que portaient en grande pompe, sur un brancard, quatre conviés, en manches de chemise. Les morceaux de pain de la soupe avaient été préalablement enfilés, comme les grains d'un chapelet. Les mariés se prêtèrent de bonne grâce à ce qu'on exigeait d'eux, affectèrent un appétit qu'ils n'avaient plus — et pour cause, — plongèrent dans la jatte les cuillers percées qu'on leur avait mises en main, et firent semblant de les élever jusqu'à leurs lèvres. Pendant ce temps, toute la noce se pressait autour du lit, brandissant, qui une poupée grossière, qui un ustensile de ménage. Un des assistants entonna la chanson de circonstance. On la trouvera ci-après. J'en recueillis à ce moment les couplets qu'il me fut donné d'entendre. Depuis, j'ai constaté qu'il y en avait d'autres, et cette constatation, je l'ai faite sur un texte imprimé. J'aurais dû me rendre compte qu'une pièce de ce genre, un chant en quelque sorte liturgique, ne pouvait avoir échappé au flair des éditeurs morlaisiens. On n'attribuera donc à la version incomplète que nous publions que l'importance qu'elle mérite.

D'autres chansons, en assez grand nombre, pour être goûtées dans toute leur saveur, auraient exigé force commentaires. Mais, en ce cas, ce n'est pas une introduction, c'est un volume préliminaire qu'il eût fallu écrire. Je me contenterai donc de renvoyer le lecteur qui voudra se renseigner, d'abord aux *Derniers Bretons*, puis aux notes du *Barzaz-Breiz* et à celles des *Gwerziou Breiz-Izel*, dont cet ouvrage, je l'ai dit, n'est que la suite et le complément.

D'ailleurs, les mœurs d'un pays, fût-il demeuré le plus particulariste de tous, comme la Basse-Bretagne, ne sont jamais à proprement parler originales, — pas plus que ses chansons. Notre peuple est resté fidèle à des rites qui, aujourd'hui, ont l'air d'être siens, parce qu'il est à peu près seul en France à les pratiquer encore avec autant de fidélité. Mais, il n'en a jamais eu le monopole. Il les a conservés, transformés, marqués à l'effigie de sa personnalité ; il ne les a pas créés de toutes pièces. L'Armorique, en tant que terre, a des parentés avec mille autres paysages ; comme race, elle est la sœur de toutes les races aryennes. Elle a vieilli, si l'on veut, sans chercher à se renouveler ; elle a gardé le plus intact possible sa part de l'héritage familial, elle en a vécu, sans prétention à l'accroître, sans désir de l'améliorer, mais, en somme, il n'y a rien dans ce patrimoine primitif qu'elle puisse revendiquer comme n'appartenant qu'à elle. Cela est vrai de ses mœurs, et vrai aussi de ses chansons. Celles-ci ont des ressemblances frappantes avec les chants des autres provinces de France, et, de façon générale, avec les chants populaires européens. Les idées et les sentiments qui y sont exprimés se retrouvent partout, identiques. L'expression seule diffère. A ce point de vue, on remarquera, je pense, combien est décent et délicat, dans les « sonniou », le poème de l'amour, le Cantique des Cantiques du peuple breton. Sur l'amour, tel qu'il se conçoit et tel qu'il se pratique chez nous, M. Renan a dit, lors de l'inauguration, à Lorient, de la statue de Brizeux, les choses les plus justes et naturellement les plus exquises. Chaque peuple a sa façon d'aimer. La femme trône dans le cœur du Celte, comme une souveraine mystique. Il a inventé pour elle cette délicieuse appellation : « ma douce ». Pour aller saluer la bien-aimée, il use jusqu'à trois paires de sabots, sans être plus avancé qu'au premier jour, sans même se préoccuper un instant s'il est aimé de celle qu'il aime. Oui vraiment, les Bretons sont une race d'idéalistes ! Notez qu'en aimant avec cette abnégation chevaleresque, ils savent hélas ! l'inanité de l'amour, et l'éternelle duperie dont il berce le monde ! On le voit, à tant de fins de pièces, qui s'exhalent en sanglots plaintifs.

Peut-être encore observera-t-on de quelle tendresse

bouddhiste nos paysans enveloppent la création, et plus spécialement les bêtes. M. Luzel a insisté sur ce point, dans la préface de ses contes. Le Breton est secourable et bienfaisant envers ces « frères inférieurs » de l'homme. Il se représente le monde comme hanté par des âmes. L'universelle « Psyché » lui apparaît dans les choses, à plus forte raison, dans les êtres. Les bêtes sont pour lui des *animaux*, au sens propre du terme. Il les tue par nécessité, mais en les plaignant. Il se fait leur exécuteur testamentaire. Il y a de l'ironie dans les « dernières volontés » qu'il leur prête, mais, il y a aussi je ne sais quelle tendresse compatissante. Pendant que la femme Mao me chantait le « Testament de la vieille jument », je ne pouvais m'empêcher de sourire, et pourtant je me sentais remué jusqu'au fond de l'âme.

Mais, ce que je fais là est presque de l'exégèse littéraire. D'autres s'en acquitteront, avec une plus entière compétence. J'arrive bien vite à la classification des « Sonniou » que M. Luzel et moi nous avons cru devoir adopter. Elle soulèvera, je suppose, plus d'une critique. Je n'essaierai pas de la justifier. Nous ne nous sommes arrêtés à celle-là qu'après en avoir tenté plusieurs autres. Les meilleures classifications sont toujours quelque peu arbitraires. On pourra faire à la nôtre ce reproche, que telle chanson, rangée sous tel chef, serait aussi bien à sa place dans une catégorie voisine. Nous n'en disconviendrons pas. Nous avons pensé que la méthode par nous suivie aurait pour elle, à défaut d'autre mérite, sa simplicité. Nous avons imaginé les « sonniou » comme escortant le Breton, à travers les étapes de sa vie, endormant ou amusant son enfance, célébrant ses amours et les plaisirs de sa jeunesse, assistant à son mariage, pour l'en féliciter, l'en railler, ou l'en plaindre, égayant ses soirées, après le rude labeur du jour, de récits facétieux ou de satiriques allégories, lui enseignant pour les cas de maladie des incantations naïves, lui donnant enfin des conseils moraux ou flattant son goût du surnaturel, avec des histoires de l'autre monde. Tout cela est artificiel, sans doute, mais il n'y a point de notre faute, si nous n'avons pas trouvé mieux.

Notre orthographe non plus ne paraîtra pas impeccable. Elle est hésitante, elle varie parfois d'une chanson à l'autre. Mais, on voudra bien tenir compte de ce fait, que la langue bretonne n'est pas fixée.

> Cent pays, cent modes,
> Cent paroisses, cent églises.

dit un proverbe du crû. On pourrait ajouter, en ce qui regarde la Basse-Bretrgne : « Cent paroisses, cent formes dialectales différentes ». Un exemple le fera voir. *Dites-lui* s'exprimera en Goélo : *lâret d'han* ; en Tréguier *lâret* ou *leret d'e-han* ; aux alentours de Morlaix : *lavarit* ou *leverit d'ez-han*. Le même pronom *lui* aura donc subi trois transformations, *han, e-han, ez-han*. Puisque je parle de ce pronom, j'ajouterai que M. Luzel a voulu lui donner, dans quelques textes, l'orthographe uniforme *hen*. Il faut reconnaître toutefois que la prononciation locale distingue nettement *hen*, sujet, de *han, e-han* ou *ez-han*, employé comme régime [1]. Sauf le cas que je viens de signaler, nous avons toujours respecté la prononciation des chanteurs ; nous avons été déférents même envers ses caprices. Chacun de nos chants porte ainsi l'estampille de son lieu d'origine. Confessons cependant qu'on y pourra relever certaines irrégularités d'écriture,

---

[1] On remarquera même que dans la locution *emez-hân*, (dit-il), c'est la forme *han* qui est toujours employée, bien qu'il s'agisse ici du pronom sujet. Il est vrai que, lorsque le pronom régime est placé avant le verbe, il affecte de même la forme *hen*. Ex.: *Hen hen lacas, il le mit...* Pronom régime et pronom sujet ne se distinguent pas ici l'un de l'autre. On pourrait dire que, chaque fois que le pronom de la troisième personne, soit sujet, soit régime, est placé avant le verbe, il s'écrit et se prononce *hen* ; chaque fois qu'il est placé après, *han*.

qu'aujourd'hui nous ne commettrions plus. Par exemple, nous écrivons l'article, tantôt *an* tantôt *ann*. Comme le Breton fait sonner fortement l'*n*, c'est, croyons-nous, à la dernière forme qu'il conviendrait de s'en tenir. Quant aux K, dont Le Gonidec et ses disciples hérissèrent jadis notre langue, nous les avons impitoyablement exclus, et nous sommes retournés aux traditions de la vieille orthographe. Nous n'avons maintenu le K que là où il était nécessaire, devant *e* et devant *i*. Encore aurait-il pu y être remplacé par le *q* des anciens textes. Pour ce qui est de la traduction, je crois être en droit d'affirmer que nous y avons apporté, non seulement la fidélité la plus scrupuleuse, mais, dans la mesure où cela était possible, une exactitude presque littérale. Nous nous sommes efforcés de conserver, dans le français, la naturelle saveur et même l'âpreté du texte breton. L'élégance y perd peut-être : qu'importe, si la vérité y gagne ! Nous avons respecté jusqu'à l'ordre des mots, en usant d'inversions que la chanson populaire française emploie elle-même volontiers. Les mots de la traduction et ceux du texte se correspondent ; tout lecteur, désireux de se familiariser avec la langue bretonne, trouvera ainsi, dans ces « sonniou » une sorte de vocabulaire fait de termes qui, sauf de rares exceptions, continuent de vivre dans notre pays et y sont facilement entendus de chacun...

J'arrête ici ces pages, où je me suis efforcé de présenter, dans son vrai cadre, la chanson populaire bretonne. J'ai essayé d'être aussi complet que le permettaient les limites d'une préface. J'aurais voulu pouvoir consacrer un dernier chapitre aux airs sur lesquels nous ont été chantées les *sonniou*, et dont on regrettera sans doute l'absence, à la fin de ces deux volumes, car une chanson sans son air est un peu comme Peter Schlemihl « l'homme qui avait perdu son ombre. » Hélas ! ni M. Luzel ni moi n'étions à même de les noter. Ce travail a d'ailleurs été fait, en partie, par MM. Bourgault-Ducoudray et

Quellien. Qu'on se reporte à leurs ouvrages. On ne trouvera dans celui-ci que des textes avec leurs traductions. Puissent-ils paraître dignes de l'intérêt que nous leur avons attribué ! Pour ma part, je ne saurais trop remercier M. Luzel d'avoir bien voulu m'associer à cette publication des *Sonniou,* qui est comme le couronnement de son œuvre. Je lui dois d'avoir vécu, trois années durant, en communion presque constante avec l'âme enfantine et charmeresse de la Bretagne d'autrefois. J'ignore ce que vaudra la Bretagne nouvelle. Elle ne s'est pas encore résignée à désapprendre tout à fait les chants de son passé ; mais, il est à craindre qu'on n'ait bientôt à lui appliquer ces vers mélancoliques qu'une vieille femme de Duault improvisa jadis, en réponse à mon père, qui lui réclamait des chansons :

> Siouaz ! ma lienou
> 'Zo èt da liboudennou,
> Ha ma c'hanaouennou
> Da huanadennou !

« Hélas ! mes linges — S'en sont allés en guenilles, — Et mes chansonnettes — En soupirs ».

A. le Braz.

Quimper, le 20 juillet 1890.

ERRATA ET ADDENDA

Page 1, dans le sous-titre, au lieu de *rondonnées* lisez *randonnées*.

Page 4, au lieu de *ar Grampœzerés*, lisez *ar Grampoezerés*, et, dans la même pièce, vers 7, au lieu de *aman*, lisez *amann*.

Page 6, v. 8, au lieu de *bouez*, lisez *bouez*.

Page 8, Sonic cawel, v. 10, au lieu de *Jogo*, lisez *Jego*.

Page 12, C'hoariel, v. 2, au lieu de *c'has*, lisez *c'haz*.

Page 16, v. 2, au lieu de *La bac'hado*, lisez *Ha bac'hado*.

Page 18, v. 3, au lieu de *goad*, lisez *goat*.

Page 18, Ar bichic, v. 2, au lieu de *c'hassas*, lisez *cassas*.

Page 20, note 3, vers 4, au lieu de *waran*, lisez *war ann*.

page 22, Ar logodenn er bod, v. 19, au lieu de *va*, lisez *vó*.

Page 26, ligne 2, au lieu de *rugale* lisez *vugale*, et ligne 3, au lieu de *bernou*, lisez *bennou*.

Page 36, au lieu de *Louar*, dans le titre, lisez *Louarn*, et v. 5 même pièce, au lieu de *Jann*, lisez *Iann*.

Page 46, Ar Gewier, v. 16, au lieu de *et tougje*, lisez *e tougje*.

Page 54, v. 2, au lieu de *Savet*, lisez *savet* et v. 5, au lieu de *Laxet*, lisez *laket*.

Page 58, v. 2, au lieu de *rabourinn*, lisez *tabourinn*.

Page 60, I, ligne 1, au lieu de *coont*, lisez *coant*.

Page 66, Ar parc caer, ligne 9, au lieu de *'z war*, lisez *'zo war*. A propos de ce morceau *Ar parc caer* (le champ joli), voir dans Mélusine, tome I, colonne 461, une autre version recueillie par M. E. Ernault, dans le pays de Goélo, sans indicationde la commune.

Page 68, ligne 7, au lieu de *carea*, lisez *caera*, et ligne 17, au lieu de *eum*, lisez *eun*.

Page 78. Dans la note, ligne 3, au lieu de *Couperou*, lisez *Gousperou*.

Page 90, ligne 9, au lieu de *c'h c'huech*, lisez *c'hucc'h* tout court.

Page 113, Le vers 3 dans la version de Scaer, « *sorial, disorial* » n'a pas été traduit, parce qu'il est incompréhensible.

Page 124, v. 2, au lieu de *ac'het*, lisez *ac'h et*. et v. 11, au lieu de *p'he*, lisez *p'hi* ; enfin, v. 15, au lieu de *genvidem* lisez *genvniden*.

Page 128, v. 15, au lieu de *feunteum* lisez *feunteun*, et v. 18, au lieu de *d'anr*, lisez *d'ann*.

Page 134, v. 5, au lieu de *mestès*, lisez *mestrès*, et v. 22, au lieu de *Montroulees*, lisez *Montroulès*.

Page 140, v. 9, au lieu de *ouzou*, lisez *ouzonn*, et v. 17, au lieu de *l'ec'h-ze*, lisez *lec'h-se*.

Page 140, v. 6, au lieu de *euteur*, lisez *entent*.

Page 157, v. 9, au lieu de *vrai*, lire *vraie*.

Page 158, v. 18, au lieu de *daoulagod*, lisez *daoulagad*.

Page 161, v. 22, au lieu de *Par mon serment*, lisez, *Par ma foi, la bergère*,...

Page 162, v. 2, au lieu de *plec'h*, lisez *pe-lec'h*, et v. 8, au lieu de *Done*, lisez *Douc*.

Page 168, v. 20, au lieu de *beleïn*, lisez *beleïen*.

Page 170, v. 3, au lieu de *consket*, lisez *cousket*.

Page 186, v. 6, au lieu de *seoed*, lisez *scoed*, et v. 24, au lieu de *zour*, lisez *zoug*.

Page 195, v. 5, au lieu de *désiriez*, lisez *désirez*.

Page 202, v. 4, au lieu de *broad*, lisez *droad*.

Page 230, v. 14, au lieu de *doucie*, lisez *dousic*.

Page 272, v. 12, au lieu de *roinn*, lisez *roñ*, et v. 19, au lieu de *ploujadenn*, lisez *plonjadenn*.

Page 274, v. 4, au lieu de *Bozenn*, lisez *Rozenn*. — Dans Pennerès Pennanec'h, v. 8 et 11, au lieu de *Rouc*, lisez *Roue*.

Page 276, v. 4, au lieu de *Mar mar-marw fried*, lisez *Mar marw ma fried*.

Page 278, v. 23, au lieu de *iananc*, lisez *iaouanc*.

Page 280, v. 10, au lieu de *squend*, lisez *squeud*.

Page 284, v. 5, au lieu de *garric*, lisez *garrie*.

Page 285, v. 23, au lieu de *à*, lisez *a*.
Page 288, v. 12, au lieu de *dinez*, lisez *dinz*.
Page 289, v, 1, au lieu de *Badic*, lisez *Radic*.
Page 292, v. 13, au lieu de *hirvonde*, lisez *hirvoude*.
Page 296, v. 10, au lieu de *Hu*, lisez *Ha*.
Page 301, v. 17, au lieu de *sa fille*, lisez *la fille*.
Page 304, v. 11, au lieu de *danez*, lisez *danz*.
Page 308, v. 24, au lieu de *enn dra*, lisez *eun dra*.
Page 312, v. 7, au lieu de *ze*, lisez *zo*.
Page 322, v. 11, au lieu de *dgoïo*, lisez *digoïo*.
Pages 330 et 331, au bas des pages, au lieu de *Lacmaria*, lisez *Locmaria*.
Page 332, v. 23, au lieu de *dólion*, lisez *dóliou*.
Page 335, v. 24, au lieu de *Tes*, lisez *Les*.

I

ENFANTINES

BERCEUSES — AMUSETTES — CHANSONS POUR DANSER
— HISTOIRES INVRAISEMBLABLES —
ORAISONS BURLESQUES — RONDONNÉES POUR DÉLIER LA
LANGUE ET EXERCER LA MÉMOIRE.

SONIC CAWEL

Couskit buhan, ma bugelic,
Ha me a gano d'eoc'h ;
Pa deuio d'ar gêr ho mammic,
E roio bronnic d'eoc'h.

Ho mamm a zo danserès,
Ho tad a zo mezvier ;
Ha me, ar vatès vihan,
A zo chomet er gêr.

C'hui zo mignonic d'in-me,
Me 'zo mignonic d'eoc'h,
C'hui roio menic d'in-me,
Me dorro pennic d'eoc'h.

SONIC CAWEL

Toutouic la la, va mabic,
Euz da luskellad, mignonic !

Da vamm a zo ama, coantic
Euz da luskellad, mignonic.

Da vamm a zo aman, oanic,
Dide o canan he zonic.

BERCEUSE

Dormez vite, mon petit enfant,
Et je vous chanterai ;
Quand votre mère reviendra à la maison,
Elle vous donnera son petit sein.

Votre mère est danseuse,
Votre père est buveur, [1]
Et moi, la petite servante,
Je suis restée à la maison.

Vous êtes mon petit ami,
Je suis votre petite amie ;
Vous me donnerez une petite pierre,
Je vous casserai votre petite tête. [2]

LA BERCEUSE

Toutouic la la, mon petit enfant,
Toutouic la la !

Ta mère est ici, mon bel enfant,
A te bercer, petit chéri.

Ta mère est ici, petit agneau,
Qui te chante une petite chanson.

---

[1] Votre mère est à la danse, votre père est au cabaret.
[2] Dans ce dernier couplet, si étrange, il semble voir percer le ressentiment de la petite servante ou bonne d'enfants d'avoir été laissée seule à la maison, avec un enfant au berceau, pendant que tout le monde est à la fête, sans doute au pardon d'une chapelle voisine.

En deiz all e voéle calzie,
Hac hirio e c'hoarz da vammie.

Toutouic la la, 'va bevie,
E creiz e creiz da rosennie.

Da nizal d'ann nef, va élie,
Na zispleg ket da askellie.

    Dastumet gant am abbad AB-GRALL.

AR GRAMPŒZERÈS
(SONIC CAWEL)

Eun daou pe tri dervez a zo
Ema va zoaz crampoez e go — Ac'han !
Ema va zoaz crampoez e go.

Rac va c'heuneud a zo er c'hoad,
Ha va bouc'hal a zo didroad — Ac'han !
Ha va bouc'hal a zo didroad.

Ha va aman zo er marc'had,
Ha va bleut zo c'hoaz o valad — Ac'han !
Ha va bleut zo c'hoaz o valad.

Ha va spanel e Montroulès,
Ha va rozel e Keraës — Ac'han !
Ha va rozel e Keraës.

Ha va zrebez e Landreger,
Ebars ar c'hovel oc'h ober — Ac'han !
Ebars ar c'hovel oc'h ober.

Ha va fillie zo e Perroz,
Allas ! setu deuet an noz — Ac'han !
Allas ! setu deuet an noz.

   [The cambrian quaterly magazine
    vol. II (1830) p. 40.]

L'autre jour, elle pleurait dru,
Aujourd'hui, elle sourit, ta petite mère.

Toutouie la la, mon petit oiseau,
Au beau milieu de ton rosier.

Pour l'envoler au ciel, mon petit ange,
Ne déploie pas ta petite aile.

Recueilli par l'abbé Au.-GRALL.

LA CRÊPIÈRE

(BERCEUSE)

Voici quelque deux ou trois jours
Que ma pâte à crêpes fermente — Ac'han !
Que ma pâte à crêpes fermente.

Car mes fagots sont dans le bois,
Et ma hache a perdu son manche — Ac'han !
Et ma hache a perdu son manche.

Et mon beurre est au marché,
Et ma farine est encore sous la meule — Ac'han !
Et ma farine est encore sous la meule.

Et mon éclisse est à Morlaix,
Et mon râteau à Carhaix — Ac'han !
Et mon râteau à Carhaix.

Et mon trépied est à Tréguier,
A la forge, en train de se faire — Ac'han
A la forge, en train de se faire.

Et ma crêpière est à Perros :
Hélas ! et voici venue la nuit — Ac'han !
Hélas ! et voici venue la nuit.

MARO AL LAOUENAN

(SONIC CAWEL)

Ann dez-all o vale oann bet,
Eul laouenan em boa tapet.

Pa oa tapet, tapet a oa,
Oa laket er c'hraou da larda.

Pa oa lardet, lardet a oa,
Clasket ar c'higer d'hen lac'ha.

Ar c'higer hac he vevelienn,
Holl crient forz, war bonez ho fenn ;

Na oant ket evit hen derc'hel,
Pa welas tont paotr ar gontel.

Pevar c'har hac hi houarnet
Zo èt d'gass he blun d'ann Naonet ;

Ha c'hoas a zo chomet er gêr,
D'accoutri pevar gwele caër.

O tistreï ac'hane d'ar gêr,
Me am boa gwelet c'hoari gaer ;

Gwelet ar fubu o torna,
Hac ar c'heillen o tiblousa ;

Ar c'hâz oc'h ober tro al leur,
Tric'houec'h logodenn euz he c'heul ;

Tric'houec'h logodenn hac eur raz,
Soudenn ho dò buhez ar c'hâz !

Couskit aze, ma mabic me,
Ken savo 'n heol en bec ar gwez.

Canet gant Mari CLECH, en *Loguivy-Plougraz.*
— ann 11 a viz duf 1863.

LA MORT DU ROITELET

(BERCEUSE)

L'autre jour, j'étais allé me promener,
(Et) J'avais pris un roitelet.

Quand il fut pris, il était pris, (de bonne prise,)
Il fut mis à l'étable pour engraisser.

Étant engraissé, il était engraissé,
On chercha boucher pour le tuer.

Le boucher et ses valets,
Tous criaient à tue-tête ;

Ils ne pouvaient le retenir,
Quand il vit venir l'homme au couteau.

Quatre charrettes, charrettes ferrées,
Sont allées porter ses plumes à Nantes ;

Et encore en est-il resté à la maison,
De quoi accoutrer quatre beaux lits.

En revenant de là (de Nantes) à la maison,
Je vis beau jeu (merveille ;)

Je vis les cousins (moucherons) qui battaient,
Et les mouches qui enlevaient la paille ;

Le chat faisait le tour de l'aire,
(Ayant) dix-huit souris à ses trousses ;

Dix-huit souris et un rat ;
Ils auront bientôt la vie du chat.

Dormez là, mon fils chéri,
Jusqu'à ce que le soleil soit au sommet des arbres.

Chanté par Marie CLECH, à *Loguivy-Plougras*.
— le 11 novembre 1863.

SONIC CAWEL

Bin baon cloho !
Marv ê Jego,
Gant re govad goadegenno,
Hac interret en toul ar pri,
Hac êt he bennie gant ar c'hi.
Eat ê Mari war he lerc'h,
Gant eur vichenn bara minus kerc'h :
— Deuit d'ar gêr, kiês keaz,
Dalit bara, dalit leaz,
List he benn gant Jogo geas.
Seiz torz vara hen doa debret,
Hac eur vanniad bara draillet,
Hac eur podad leaz caoulet,
Hac eur vichenn bara kerc'h,
C'hoas e selle war he lerc'h,
C'hoas a lâre Jego moan
N'hen devoa ket bet he goan !...

AR PEMP BIZ[1]

(C'HOARIEL)

Heman ê ar prad,
A oa peuret gant ar c'had.
Heman redas,
Heman dapas,

[1] Ceci est un jeu pour amuser les petits enfants. Voici comment on procède : On prend, de la main gauche, l'extrémité des doigts d'un des mains de l'enfant, on trace d'abord avec l'indicateur plusieurs cercles concentriques sur la paume de cette main, en disant lentement :
Ceci est le pré, où paissait le lièvre.
Puis, prenant successivement tous les doigts de l'enfant, qui sont

BERCEUSE

Bin baon de cloches !
Il est mort, Jégou,
D'une grande ventrée de boudins,
Et il a été enterré dans une mare d'argile,
Et sa tête a été emportée par le chien.
Marie est allée à sa poursuite,
Avec une miche de pain d'avoine :
— Chienne chérie, revenez à la maison,
Voici du pain, voici du lait,
Laissez sa tête au pauvre Jégou !
Sept tourtes de pain il avait mangé,
Plus une panerée de pain en morceaux,
Plus un pot de lait caillé,
Et une miche de pain d'avoine,
Et il regardait encore après lui,
Et il disait encore, Jégou le maigre,
Qu'il n'avait pas eu à souper !...

LES CINQ DOIGTS

(JEU)

Ceci est le pré,
Où paissait le lièvre ;
Celui-ci courut (le lièvre),
Celui-ci attrapa,

sensés représenter des chiens, et en commençant par le pouce, on dit, plus vite :
    Celui-ci courut (courut le lièvre),
    Celui-ci l'attrapa,
    Celui-ci l'écorcha,
    Celui-ci le mangea,
    Celui-ci, le petit doigt crochu, n'eut rien,
    Et il s'en alla à la maison s'en plaindre à sa mère.
    Cela amuse beaucoup les petits enfants, et ils disent toujours, quand c'est fini : encore ! — et l'on recommence.

Heman gignas,
Heman debras,
Heman 'r bizic bihan cam,
N'hen devoa bet tamm,
A oa èt d'ar gêr, da làret d'he vamm.

AN TRI VARC'H

Ho! Ho! marc'hic bihan gwenn,
Cass Pierric d'an oferenn!
Ho! Ho! marc'hic bihan griz,
Cass Pierric d'an ilis!
Ho! Ho! marc'hic bihan glaz,
Cass Pierric da wallas!

Fanchon BRIANT. — *Plourio.*

AR IARIC
(ZON MOUCHIC-DALL)

Ar iaric, ar iaric,
Pe-lec'h e-man he zi?
— 'N eur gampric, 'n eur gampric;
Alc'houéet è war-n-hi.

Celui-ci écorcha,
Celui-ci mangea,
Celui-ci (est) le petit doigt boiteux, (ou crochu),
Qui n'eut rien, et qui alla à la maison le dire (s'en plaindre.)
À sa mère.

LES TROIS CHEVAUX[1]

Ho ! Ho ! petit cheval blanc,
Porte Pierrot à la messe !
Ho ! Ho ! petit cheval gris,
Porte Pierrot à l'église !
Ho ! Ho ! petit cheval bleu,
Porte Pierrot à la promenade (balade).

Françoise BRIANT. — *Plouriro.*

LA POULETTE

(CHANSONNETTE DE COLIN-MAILLARD)

La poulette, la poulette,
Où est sa demeure ?
— Dans une chambrette, dans une chambrette ;
On a fermé à clef sur elle.

---

[1] Se chante en faisant sauter un enfant à califourchon sur le genou du chanteur.

— Mes me a dro,
Hac a zistro,
Ken am ô eât tri ;
Heman pe hennont deï ganin !

     Mac'harit Féjer. — *Plourio.*

MAOUT AR GO

Maout ar Gô ha maout ar Gall,
Oa 'n em dourtet en dé -all,

Hac a lare maout ar Gô :
« Maout ar Gall a-fad a scô ! »

Ha ma lare maout ar Gall :
« Maout ar Gô zo tourter fall ! »

     An Braz. — *Penvénan.*

C'HOARIEL

Dip ha dip, ha doup ha doup,
Man ma c'has o néa stoup,
Ha ma c'hi o tibunin ;
Met gwiader na vanc d'in.

— Mais, moi je tourne
Et retourne,
Jusqu'à ce que j'en aie trouvé trois ;
Celui-ci ou celui-là viendra avec moi.

Marguerite FÉJER. — *Flouriro*.

LE BÉLIER DE LE GOFF [1]

Le bélier de Le Goff et le bélier de Le Gall
Se sont *affrontés* l'autre jour ;
Et disait le bélier de Le Goff :
« Le bélier de Le Gall, fichtre, cogne dur ! »
Et disait le bélier de Le Gall :
« Le bélier de Le Goff est un failli tourteur. »

LE BRAZ. — *Penvénan*.

AMUSETTE [2]

Dip et dip, et doup et doup,
Mon chat est à filer de l'étoupe,
Et mon chien à dévider ;
Il ne me manque qu'un tisserand.

---

[1] On mime, en heurtant de front le front de l'enfant, la rencontre de deux béliers.
[2] Se chante en faisant sauter un enfant à cheval sur un genou.

— Gwiadéric traon ar woaz,
Deuit da vet-on warc'hoaz,
Da ober dillad d'am c'haz ;
Ha ma c'hi chommo en noaz.

Guillemette PLASSART. — *Er C'hloastr.*
(Finistère).

C'HOARIEL ALL

Dip ha Dipa, Dipadoup !
Man ma c'haz o néa stoup,
Ha ma iar o néa zéï,
Ha ma c'hog o cana dehi ;
Ann houidi dorn eus dorn
O cas toaz d'ann tiforn ;
Hac al louarn war leïnn ann ti,
Oc'h ober al lez d'ar gwaï.

PATER NOSTER DIBIDOUP

Pater noster dibidoup,
'Man ma c'haz o néa stoup,
Ha ma c'hi war leïnn an ti'
'C'h aoza boued d'ann houïdi ;
Ann houïdi dorn euz dorn
O cass ann toaz d'ann tiforn,
Ha ma mamm war greiz ann hent,
O crial forz war he dent ;
Ma zad coz, en tàl an tan,
'C'houll para a vò da goan :

— Petit tisserand du bas de la rivière,
Venez chez moi, demain,
Pour faire des habits à mon chat ;
Quant à mon chien, il restera tout nu.

Guillemette PLASSART. — AU CLOÎTRE.

(Finistère).

AUTRE AMUSETTE

Dip et dipa, dipadoup,
Mon chat est à filer de l'étoupe,
Et ma poule à filer de la soie,
Et mon coq à lui chanter.
Les canards main à main
A porter la pâte au fournil ;
Et le renard sur le fait de la maison,
A faire la cour aux oies

N. M. LEBRAZ.

PATER NOSTER DIBIDOUB

Pater noster dibidoup,
Mon chat file de l'étoupe,

Et'mon chien, sur le fait de la maison,
Prépare de la nourriture aux canards ;

Les canards, la main dans la main,
Portent la pâte au fournil,

Et ma mère, au beau milieu du chemin,
Tempête contre ses dents (qui lui font mal) ;

Mon grand-père, auprès du feu,
demande qu'est-ce qu'il y aura à souper :

Yod ed-du
ha bac'hado an daou du,

Yod minus kerc'h
La bac'hado war he lerc'h.

Ar C'harvec coz o vont d'he leïnn,
Eur c'hoz tramaillo war he geïnn,

Eur votes-coat euz toul he rêr,
D'ober d'ezhan hasta caër.

Itron Varia Coatnévélé,
Crampoes gwiniz ha jufféré,

Da viz mai, avalo glaz :
'N'hini oar a làro c'hoaz.

Tamtibidoujen, tamtibidei,
Ar C'harvec coz zo paotr anehi !

Canet gant Mari Feutren
Kerbors, 1888.

BIOC'HIC DOUE

Bioc'hic Doue, tolt ho goad,[1]
Pe me ho tolo dreist ar c'hoad,
Da glasc ho mamm hac ho tad :
Maint duhont, costez ar bod,
Ho daouarn gant-ho en ho god,
Prest da vervel gant ann anoued ;
E-maint duhont, costez al lenn,
Ha gant-ho peb a walie wenn.

[1]. Var : C'huilic Doue, tol da voad.

De la bouillie de blé-noir,
Et des bastonnades de tout côté ;
De la bouillie d'avoine,
et des bastonnades après elle.

Le vieux Le Carvec s'en va dîner,
Avec une vieille herse sur le dos,
Un sabot contre le trou de son derrière
Pour le faire hâter fort.

Notre-Dame de Coatnévélé,
Crêpes de froment et hydromel,
Au mois de mai, des pommes vertes.
Celui qui sait en dira plus long ;
Tamtibidoujen, tamtibidei !
Le vieux Le Carvec est un fier gars !

Chanté par Marie Feurren,
à Kerbors, 1888.

PETITE VACHE DU BON DIEU [1]

Petite vache du Bon Dieu, jetez (répandez) votre sang,
Ou je vous jetterai par dessus le bois,
Pour chercher votre mère et votre père ;
Ils sont là-bas, contre le buisson,
Leurs mains dans leurs poches,
Près de mourir de froid ;
Ils sont là-bas, près de l'étang,
Tenant chacun une baguette blanche

---

[1] C'est la coccinelle, petit coléoptère vulgairement appelé *bête du bon Dieu*, et dont les enfants font l'objet d'un jeu, qui consiste en ceci : l'insecte, placé dans un crachat, sur la paume de la main, colore le liquide légèrement en rouge, au bout de quelques minutes, par la dissolution du duvet qui recouvre ses ailes extérieures. Les enfants, chantent, pendant ce temps, les huit premiers vers de cette pièce, persuadés que c'est son sang que l'insecte répand. Le reste du morceau est une variante d'une version du Gousperou ar Raned.

Loudenn penn gwenn,
Du, du, dual,
O tont euz a goad Moial.

. . . .

Ar c'hleïer o sono,
Ho rochedo o c'hoado,
Ho c'hlezeier torret,
Ho rochedo goadet.
Eiz eujenn ha million,
Oc'h arad war ann andon ;
Seiz de ha seiz loar,
Seiz tol-troad digant he c'hoar ;
Peder igolenn,
Ter *gentifarinn* (?)
Diou rodenn ar vilinn.
Càn, càn, càn, ràn,
Ar gaera a daouzec ràn
A gement oufenn breman.

Canet gant Herri Olier, en *Kerdonnarz*
Scaër, miz duf. 1868.

AR BICHIC

Me 'm oa bet eur bichic bihan, ha n'hen doa nemet tri miz ;
Hac hen c'hassas d'ann davarnic, hac é varvas gant langiz.

Ann nozvez ma oa bet marvet, a difrette tu ha tu ;
— « Souchet aze, bichic bihan, pe m'ho tôlo el ludu. »

Bichic bihan a zeplore, a c'houlle soulajamant :
— « Ma carjac'h ma béza maget, me 'm boa grêt eul lònic coant !

« Ouspenn ma oun coant ma hunan, me 'mije bet kijer gwenn,
« Na da chasseal ar rac'hed, ha da baca logodenn ! »

Canet gant Mari Louis Ar Gô.
Loomaria-Kemper.

Bête à tête blanche,
Noire, noire, très noire,
Venant du bois de Moïal.
¹ . . . .

Les cloches sonnant,
Leurs chemises dégouttantes de sang, ²
Leurs épées rompues,
Leurs chemises sanglantes.
Huit bœufs et un million,
Labourant sur le sillon ;
Sept jours et sept lunes,
Sept coups de pied de sa sœur ;
Quatre pierres à aiguiser ;
Trois *gentifarinn* (?)
Les deux roues du moulin.
Chante, chante, chante, grenouille
Les plus belles douze grenouilles (?)
Que je connaisse, à présent . . . .

Chanté par Henri Olivier, à Kerdonnar,
en <i>Scaër</i>, Novembre 1838.</div>

LE BICHET
(LE PETIT CHAT)

J'avais eu un petit *bichet*, qui n'avait que trois mois ;
Et je le conduisis à l'auberge, et il mourut de langueur.
La nuit qu'il mourut, il se démenait de côté et d'autre : [dre ! »
— « Blottissez-vous là, petit bichet, où je vous jetterai dans la cen-
Petit Bichet se désolait, implorait soulagement :   [animal !
— « Si vous aviez voulu me nourrir, je serais devenu un joli
« Outre que j'étais joli moi-même, j'aurais eu des chats blancs,
« Pour faire la chasse aux rats et prendre (des) souris ! » ...

Chanté par Marie-Louise Le Goff.
Locmaria Quimper.

---

¹ Il doit y avoir ici une lacune d'un ou de deux vers.
² Cf. plus loin *Gousperou ar Raned*.

ZON AR C'HAZ

Me"m eus eur c'hazic bihan rouz
Ha na re ket nemeur a drouz.[1]

— Gant he dent a wigouro[2],
Jardi vilgo,
Calz a joa
Wigoura !

Me raïo gant he zaoulagad
Eul lunédo da berson Prat :[3]

Me a raïo gant he geïn
Eur c'har da charréad meïn ;

Me raïo gant he galon
Eur music da rei d'ann itron ;

Me raïo gant he eskern
Pemp cant bulzun 'wit ar stern ;

Me raï' gant he vouëllo
N' toullad mad a rubano,

Me raï' gant he dreid a-dren
Eur skeul da bignal en env ;

Me raï' gant he dreid araoc
Eur vaz iod hag eur vaz ribot ;

Me raïo gant he groc'henn
Bonet d'lacad war ma fenn ;

---

[1] Var : hac a zo tignouz ha picouz
[2] Gwigoura, c'est *grincer*, à la façon d'un essieu mal graissé.
[3] On ajoute quelquefois :

Me a raïo gant he fri
Eur c'huistellic da Herri ;

Me a raïo gant he dent
Eur porrastel waran hent.

Me raï gant he bewar droad
Péder vaz da daboulinad.

LA CHANSON DU CHAT

Moi, j'ai un tout petit chat roux,
Et qui ne fait guère de bruit[1].
   Avec ses dents il grincera,
     Jardi vilgo,
  Beaucoup de joie
     Wigoura !
  Je ferai avec ses yeux
Des lunettes pour le recteur de Prat ;
  Je ferai avec son dos
Une charrette à charroyer des pierres ;
  Je ferai avec son cœur
Une musique à donner à madame ;
  Je ferai avec ses os
Cinq cents navettes pour le métier (à tisser) ;
  Je ferai avec ses boyaux
Une bonne provision de rubans ;
  Je ferai avec ses pieds de derrière
Une échelle pour grimper au ciel ;
  Je ferai avec ses pieds de devant
Un bâton à bouillie et un bâton à baratter ;
  Je ferai avec sa peau
Un bonnet pour mettre sur ma tête ;

---

[1] Et qui est teigneux et chassieux.

  Je ferai avec son nez
Un petit sifflet à Henri.
  Je ferai avec ses dents
Une barrière sur la route.

  Je ferai avec ses quatre pieds
Quatre baguettes à tambouriner.

Me a raïo gant he deod
Eur falzic da droc'han icot ;

Me a raïo gaut he gof
Eul louar da voeta moc'h ;

Me raï gant he diou scouarn
Eur billic hac eur pot-houarn ;

Me a raïo gant he lost
Scubelen da fouetta tost,

Pôlic ar C'halvez, *Trévou.*

AR LOGODENN ER BOD

Ficha, ficha logodenn,
  Er bod, er bod,
Ficha, ficha logodenn
  Er voudenn !

War he c'hof ha war he c'heïnn
  Er bod, er bod,
War he c'hof ha war he cheïnn
  Er bod dreïnn !

War he zreid ha war he fenn,
  Er bod, er bod,
War he zraid ha war he fenn,
  Er voudenn !

Ober a ra calz a dreïnn,
  Er bod, er bod ;
Ober a ra calz a dreïnn
  Er bod dreïnn !

Tapet a vô gant ar c'haz,
  Er bod, er bod,
Tapet a va gant ar c'haz
  Er bod glaz !

Je ferai avec sa langue
Une faucille à couper de l'herbe ;

  Je ferai avec son ventre
Une auge à faire manger les cochons ;

  Je ferai avec ses deux oreilles
Un bassin et une marmite ;

  Je ferai avec sa queue
Un balai à fouetter de prés.

Paul le CALVEZ
Trévou, 1889.

LA SOURIS DANS LE BUISSON

Fourrer, fourrer la souris
  Dans le buisson, dans le buisson ;
Fourrer, fourrer la souris
  Dans le buisson !

Sur son ventre et sur son dos,
  Dans le buisson, dans le buisson ;
Sur son ventre et sur son dos,
  Dans le buisson d'épines !

Sur ses pieds et sur sa tête,
  Dans le buisson, dans le buisson ;
Sur ses pieds et sur sa tête,
  Dans le buisson !

Elle fait bien du train,
  Dans le buisson, dans le buisson ;
Elle fait bien du train
  Dans le buisson d'épines !

Elle sera attrapée par le chat,
  Dans le buisson, dans le buisson ;
Elle sera attrapée par le chat,
  Dans le buisson vert.

Gant ar c'haz a vô tapet,
　Er bod, er bod;
Gant ar c'haz a vô tapet,
　Mar n' dec'h ket!

Jannet PLASSART. — *Montroulés.*

PATER NOSTER DEBIDORE

Pater noster debidoré,
Marw è kiès ar Baloré,
Kement kiès 'zo 'r parlamant
'Zo bet hol en interramant,
Nemet kiès Iann ar Gô,
Honnès n'è ket bet wardro,
Ha kiès ar Chevalier,
A deus torret he gouzouc,
O lampad dreist eur scalier.

AN TER C'HADIC

Eur c'hadic, diou c'hadic, ter c'hadic rouz
A oa en noz-man er bern plouz;
Warc'hoaz da noz vefont arre,
Mar gallan, me dapo anhè.

Eur c'hadic, diou c'hadic, ter c'hadic wenn
A oa en noz-man er bern foenn;
Warc'hoaz da noz vefont arre,
Mar gallan, me dapo anhé.

Par le chat elle sera attrapée,
　Dans le buisson, dans le buisson ;
Par le chat elle sera attrapée,
　Si elle ne se sauve pas !

Jeannette Plassart.
Morlaix.

PATER NOSTER DEBIDORÉ

Pater noster *debidoré* [1]
Elle est morte, la chienne du Baloré.
Toutes les chiennes qui sont au Parlement
Ont été à l'enterrement,
A l'exception de la chienne de Jean Le Goff,
Celle-là n'a pas été autour,
Et de la chienne du Chevalier,
Qui s'est cassé le cou, en sautant un échalier.

LES TROIS LIÈVRES

Un lièvre, deux lièvres, trois lièvres au poil roux
Étaient, cette nuit, dans la meule de paille ;
Demain soir, ils y seront encore,
Et, si je puis, je les attraperai.

Un lièvre, deux lièvres, trois lièvres blancs
Étaient, cette nuit, dans la meule de foin ;
Demain soir, ils y seront encore,
Si je le puis, je les attraperai (les prendrai.)

---

[1] *Debidoré* est un mot sans signification, pour rimer richement avec Baloré, qui est un nom de lieu, de la commune du Trevou-Tréguignec, dans les Côtes-du-Nord.

Ha goude, eur c'hadic griz, hac eur c'hadic duf, hac eur c'hadic melenn etc. a ve canet d'ar rugale vihan, oc'h ober d'hé lammad war bernou-daoulinn ar c'haner.

ESTLAM

O va Doue binniget,
Pebeus torrad laboused !
Naontec vi em boa laket,
Ugent labouz 'meus cavet !

KI HA CAZ

Ma c'hi ha ma c'hâz, a oa dimêt dec'h ;
Calz a dud a fesson a oa war al lec'h :
Souric ha Mouric, marquis ann Tremeur,
Ha calz a liboudenno a oa deut da heul.

Puis, un lièvre gris, un lièvre noir, un lièvre jaune etc. et cela se chante aux petits enfants, en les faisant sauter sur les genoux du chanteur.

EXCLAMATION

O mon Dieu béni,
Quelle couvée d'oiseaux ! (poussins !)
J'avais mis dix-neuf œufs,
Et vingt oiseaux j'ai trouvé !

CHAT ET CHIEN

Mon chien et mon chat furent mariés, hier ;
Beaucoup d'honnêtes gens étaient sur le lieu (présents) :
Souric et Mouric, le marquis de Trémeur,
Et nombre de ribaudes, venues à sa suite.

ME N'AM EUS NEMET EUR BLANC

Me n'am eus nemet eur blanc,
Setu eno ma hol arc'hant ;
Comerret me pe lezet me ;
Setu eno ma hol danvé.

BAL

Ma douz coant, ho pedi a ran
D'ober eur bale vel ma ran,
Ma botou 'zo toul ma lezrou 'zo fall,
N'am eus ket arc'hant da gaout reou-all.

JE N'AI QU'UN SOU

Moi, je n'ai qu'un sou,
C'est tout mon argent ;
Prenez-moi ou laissez-moi,
Voilà toute ma fortune.

On répète cela, en dansant, autant de fois que l'on veut, en ajoutant un blanc (un sou), à chaque fois.

BAL[1]

Ma douce jolie, je vous prie,
De faire un pas (de danse) comme je fais ;
Mes sabots sont percés, mes bas le sont aussi,
(Et) je n'ai pas d'argent pour en avoir d'autres.

[1] Refrain de danse.

BAL

Me zavo eun ti war ar mès — la, la !
Hac a vo toët gant crampoès ;
  Leurenn ma zi uo fritet — la, la !
Hac he vogerio lèz caoulet.
  Ma zreusto a vo cass-muźo — la, la !
A vo lambruchet gant pâto.

BAL

Eur passe-pié newe zo deut a Werrand,
Hag an hini 'n graïo renco beza coant ;
  Eur passe-pié newe, eur passe-pié plén,
Hac an hini 'n graïo renco beza den.

BAL

Je bâtirai une maison à la campagne,
Et qui sera couverte avec des crêpes ;

L'aire de ma maison (sera faite) d'œufs frits,
Et ses murs seront de lait caillé ;

Mes poutres seront en gaufres,
Qui seront lambrissées de patates.

BAL

Un passe-pied nouveau est venu de Guerrand,
Et celle qui le dansera devra être jolie ;

Un passe-pied nouveau, un passe-pied uni,
Et celui qui le dansera devra être un homme.

N. M. Le Braz.
Penvénan.

BAL

Warléné, gant ar c'huignaoua — la, la !
Me 'm boa eur vestres ar c'hoanta.

he bleo, evel alumettès, — la, la !
A zo el liou d'ar chiffretès.

Eun daoulagad 'zo en he fenn — la, la !
'Vel eur bern coc'h en eul létern;

War he daouarn 'zo ivino — la, la !
Evel casketten eun ôtro ;

Dantet caer ec'h è ma mestres — la, la !
He dent zo keit ha percho piz :

Darn 'zo hirroc'h, darn 'zo berroc'h, — la, la !
Ar ré verra keit ha ma biz.

N. M. A. Braz.
Penvénan.

ANNAÏC

— Leret-hu d'in, Annaïc, pe-lec'h ez oc'h-hu bet ?
Wirlan ! — pe-lec'h ez oc'h-hu bet ?
— Nac en ti ar guiader, hac o steui ma neud,
Wirlan ! — hac o steui ma neud.
— Leret-hu d'in, Annaïc, ped gwalen 'c'h eus steuet ?
Wirlan ! — ped gwalen 'c'h eus steuet ?
— Ha na vane nemet trizec da vont da bevarzec,
Wirlau ! — da vont da bevarzec.

BAL

L'an dernier, aux étrennes,
J'avais une maîtresse des plus jolies.

Ses cheveux, pareils à des allumettes,
Sont de la couleur des crevettes.

Une paire d'yeux est dans sa tête,
Pareille à un tas d'excréments, dans une lanterne.

A ses mains il y a des ongles,
Qui ressemblent à (la visière de) la casquette d'un bourgeois.

Bien endentée est ma maîtresse ;
Ses dents sont aussi longues que des rames de pois ;

Il en est qui sont plus longues, d'autres plus courtes,
Les plus courtes (sont) aussi longues que mon doigt.

N. M. Le Braz
Penvénan.

ANNETTE

Dites-moi, Annette, où avez-vous été ?
 Wirlan ! — où avez-vous été ?

— Chez le tisserand, ourdir mon fil (ma trame),
 Wirlan ! — ourdir mon fil.

— Dites-moi, Annette, combien d'aunes avez-vous ourdies ?
 Wirlan ! — combien d'aunes avez-vous ourdies ?

— Il n'en manque que treize pour aller à quatorze,
 Wirlan ! — pour aller à quatorze.

— Leret-hu d'in, Annaïc, petra a vezo gret,
  Wirlan ! — petra vezo gret
Gant ar picolen gwiad, pa vezo dispennet,
  Wirlan ! — pa vezo dispennet ?
— Nac eun inviz d'an ozac'h, hac eur roched d'ar wreg,
  Wirlan ! — hac eur roched d'ar wreg,
Hac eun tammic bezgolc'had, mar màn tammic a-bed,
  Wirlan ! — mar màn tammic a-bed.
— Leret-hu d'in Annaïc, ha n'oc'h eus ket a geûn
  Wirlan ! — ha n'oc'h eus ket a geûn,
O welet ho tiou gavric o peuri deuz ar c'hleûn,
  Wirlan ! — o peuri deuz ar c'hleun ?
O welet ho tiou gavric, ho tiou danvadez-lès,
  Wirlan ! — ho tiou danvadez-lès ?
En ti ho tad, Annaïc, a zo tric'huec'h buc'h-lès,
  Wirlan ! — a zo tric'huec'h buc'h-lès !
— Me am eus pot ha pillic, neubeud a darbodou,
  Wirlan ! — neubeud a darbodou,
Hac eur c'hantelour mélen, da zerc'hel ar goulou,
  Wirlan ! — da zerc'hel ar goulou !

Mari-Anna Noan.
Duault.

ZON AR IAR

Êt ò ma iaric er wéenn,
  Landari !
Penos rin-me d'ezhi diskenn ?
Toudaritita, toudaritita, tra la la !
  ritila, tra la la !

Skeï bruzun bara 'n plass ann ti,
Laret d'ar iar : piti ! piti !

— Dites-moi, Annette, qu'est-ce qui sera fait,
  Wirlan ! — qu'est-ce qui sera fait

Avec cette énorme pièce (de toile), quand elle sera découpée,
  Wirlan ! — quand elle sera découpée ?   [à la femme.

— Une chemise de (femme) au mari, et une chemise (d'homme)
  Wirlan ! — et une chemise (d'homme) à la femme ;

Et une petite couette, s'il en reste quelque petit lambeau,
  Wirlan ! — s'il reste quelque petit lambeau.

— Dites-moi, Annette, n'avez-vous pas de regret,
  Wirlan ! — n'avez-vous pas de regret,

En voyant vos deux petites chèvres brouter contre le fossé,
  Wirlan ! — brouter contre le fossé ?

En voyant vos deux petites chèvres, vos deux brebis laitières,
  Wirlan ! — vos deux brebis laitières ?

Chez votre père, Annette, il y a dix-huit vaches à lait,
  Wirlan ! — dix-huit vaches à lait !

— Moi, j'ai pot et bassin, peu de tessons,
  Wirlan ! — peu de tessons,

Et un chandelier jaune, pour tenir la chandelle,
  Wirlan ! — pour tenir la chandelle !

Marie-Anne Le Noan
Duault.

LA CHANSON DE LA POULE

Ma poulette est allée dans l'arbre,
  Landari !
Comment la ferai-je descendre ?
Toudaritita, toudaritita, tra la la !
  ritila, tra la la !

En semant des miettes, de pain sur l'aire de la maison,
En disant à la poule : piti ! piti !

Préparet è ann oustillô
Da lâcad ar iar d'ar maro.

Ar iar, pa glewas he setans,
Zo êt e-mês, gant dilijans.

Allas ! a-bell na n'ê ket êt,
Er marchossi è bet tapet.

Annaïc Huon, c'hui a pô
Mallos ann holl gigi ar vro,

Lacâd ann distruj war ar iér
Lacâd ar viou da véza kér !

Mac'harit Scrionac.
Rosmapamon-Ferros, 1836.

AL LOUAR GALANT

Me 'm oa bet eur bôles, ha n'am oa nemet hi ;
Èt è gant al louarn ! Brema n'am eus hini !

Et è gant al louarn, diwar doullie ma dòr,
C'hoas am eus dienes rafe d'in disenor.

Me 'remere Jann ar Ri 'hac ive Herodes,
Hac o choull digant-he : « n'peuz ket gwelt ma foles ? »

Ha me 'voutan ma fenn a-dreuz prennestr ar sâl,
O welet ma foles, en plass kèr o tansal.

Al louarn 'n he c'hichen, gant eur bauer Flandrès,
A bér hac avalo 'régali ma foles.

Annette Tual,
Pempoul.

Préparés sont les outils,
Pour mettre la poule à mort.

La poule, après avoir entendu sa sentence,
S'en est allée dehors, en diligence.

Hélas ! elle ne s'en est pas allée loin,
Dans l'écurie, on l'a attrapée.

Annette Huon, vous aurez
La malédiction de tous les coqs de la région,

Pour avoir encouragé le massacre des poules,
Pour avoir fait enchérir les œufs.

Marguerite SCRIGNAC.
Rosmapamon Perros, 1883.

LE RENARD GALANT

J'avais une poulette, et je n'avais qu'elle ;
Le renard l'a emportée : je n'en ai plus, aucune.

Le renard l'a emportée, du seuil de ma porte ;
Par-dessus le marché j'appréhende qu'elle me fasse déshonneur.

Moi d'apercevoir Jean le Ri et aussi Hérode,
Et de leur demander : — « n'avez-vous pas vu ma poulette ? »

Et moi de passer la tête à travers la fenêtre de la salle,
Et de voir ma poulette, qui, sur la place de ville, dansait ;

Et le renard, près d'elle, avec un panier de Flandres [1],
Qui de poires et de pommes régalait ma poulette !

Annette TUODUAL.
Paimpol,

[1] Panier de Flandres : panier fin.

AN DANVAD PENN-GORNIC

Me 'm oa eun davad penn-gornic ;
Pa oa ganin, oan pinvidic ;
  Oh ! ia pinvidic mad !
  Caon d'am davad !

  Caon d'am davad penn-gornic,
    Caon d'am davad !

Pa gassenn anezhi d'ar c'hoad,
E tagè tri bleiz 'n eur c'hrogad,
  Hac ho mamm, hac ho zad,
  Oh ! ia fad !

Pa gassenn 'n ezhi d'ar brugou,
E tigasse gouzill d'he c'hraou,
  Ia, dec carad,
  Ha re vad !

P'hi goroënn, deuz ar mintin,
Am bije tri leiz ar vassin,
  Ter vassinad,
  Ha re vad !

Pa hi goroënn, deuz ann noz,
Am bije amann, antro-noz,
  Ia, dec podad,
  Ha podadou mad !

Euz ar mintin pa staote,
Tric'houec'h milin a vâle,
  Ha c'hoas, mar vije,
  Ha mâla mad !

Gant ar gloan euz he daou goste,
Me a wiske ma bugale,
  Oh ! ia fad !
  Ho gwiske mad !

Gant eun tamm gloan a vec he lost,
Me roë eun habit d'ar provost,
  Oh ! ia fad !
  Eun habit vad !

LA BREBIS A TÊTE CORNUE

J'avais une brebis à tête cornue ;
Quand je l'avais, j'étais riche,
  Oh ! oui, bien riche !
  Deuil à ma brebis !

Deuil à ma brebis à tête cornue,
    Deuil à ma brebis !

Quand je la menais au bois,
Elle étranglait trois loups, d'un seul coup,
  Et leur mère, et leur père,
  Oh ! oui bien !

Quand je la menais aux bruyères,
Elle rapportait de la litière à sa crèche,
  Oui, dix charretées,
  Et de bonnes !

Quand je la trayais, le matin,
J'avais plein trois fois le bassin,
  Trois *bassinées*,
  Et de bonnes !

Quand je la trayais, le soir,
J'avais du beurre, à minuit,
  Oui, dix potées,
  Et de bonnes potées !

Le matin, quand elle urinait,
Dix-huit moulins moulaient,
  Et davantage, s'il y en avait,
  Et bien moudre !

Avec la laine de ses deux flancs,
J'habillais tous mes enfants,
  Oh ! oui bien !
  Je les habillais bien !

Avec un peu de laine du bout de sa queue,
Je donnais un habit au prévôt,
  Oh ! oui bien !
  Un bon habit !

Gant he lost ha gwalen he geïn,
Me raï eur c'har d' charréad meïn,
    Oh ! ia fad,
    Hac eur c' har mad !

Caon d'am davad penn-gornic,
    Caon d'am davad !

Canet gant Mari Daniel,
Duault.

SONIG AR C'HAVR

Me am boa eur c'havric, eur c'havric coant,
Hee'h e bemde da beuri gwiniz ann Normand.
  Arruas gant-hi ann Normand,
Ha daou pe dri serjant.
  Hac hi cass ma c'havric d'ar prison, da Wengamp.
. . . .
Ma c'havric a oa finn, rez eur brom d'ar barner ;
  Rez eur brom d'ar barner,
Eun all d'al lutanant.
  Ma c'havr dronsas he lost, 'azeas war ar banc,
Ha scoas he c'hernio en reor ar président.
  Ma cas digant-hen daou liarded tacho,
Hac eur gwennegad lezr, da beselia he benso.

Canet gant eur messaër bihan, war Menez Bré,
ar chenta a viz Gwengolo, 1868.

Avec sa queue et l'épine de son dos,
Je ferai une charrette à charroyer des pierres,
　Oh ! oui bien,
Et une bonne charrette !

Deuil à ma brebis à tête cornue,
　Deuil à ma brebis !

　　　　　Chanté par Marie L'ANIEL.
　　　　　　　　Duault.

LA CHANSON DE LA CHÈVRE

J'avais une biquette, une gentille biquette,
Qui allait, tous les jours, brouter le froment du Normand.
　Arrivèrent (un jour) le Normand
Et deux ou trois sergents,
　Et ils conduisirent ma biquette en prison, à Guingamp.
. . . .
Ma biquette était fine, et fit un pet au Juge ;
　Elle fit un pet au Juge,
Et un autre au lieutenant.
　Ma chèvre retroussa sa queue, s'assit sur le banc,
Et planta ses cornes dans le cul du Président.
　Il lui en coûta pour deux liards de clous
Et un sou de cuir, pour rapiécer son derrière.

　　　　Chanté par un petit pâtre, sur la *Montagne
　　　　de Bré*, — le 1ᵉʳ septembre 1868.

---

¹ Il doit y avoir ici une lacune.

AR BLEIZ HA MARC'H AR MILINER

Arru hanter ar miz,
D'ar reo da vont da c'hliz,
D'ar prajeïer da c'hlaza,
D'ann tossenno da rouza,
Ar bleiz da guitad he loch,
Cass ganthan livr ha cartouren,
Ewit poéza he festigen.

Ar bleiz o lampad 'bars ar prad,
O wélet eno eur marc'h mad :
— Lar d'in pe 'z out bouzar pe dall,
Pe didruez ouz ar re-all ?
— Me ê marc'h ar milino,
Portéer an holl zammo,
'Zo digasset aman 'wit ann noz,
Keit e-man an dud o repoz.
Me 'm eus eur c'horeden, c'hor deuz c'hor,
Hac a c'hor epad ar bloa,
Na diminui tamm na ra.
— Sao da droad eta, marc'h infam,
Ma welin en petra 'ch out cam !
Ar marc'h o sevel he droad cleiz,
O tarc'h eur flipad gant ar bleiz !
— Aman, 'me ar bleiz, on tapet
O vont da veudeusin kezec !
Gwech-all, a oan meudeusin mad,
Ewit coz saout, coz kezec kignat...

Marcharit Fulup. — 1886.

LE LOUP ET LE CHEVAL DU MEUNIER

Comme on était à la moitié du mois,
(A l'époque) où la gelée se change en rosée,
Où les prairies se prennent à verdir,
Les collines à jaunir,
Voilà le loup de quitter sa tanière,
Emportant livre et quarteron,
Pour peser son aubaine.
Le loup fait un bond dans le pré,
Il voit là un cheval de bonne mine :
— Dis-moi, es-tu sourd ou aveugle,
Ou sans pitié pour autrui ?
— C'est moi le cheval des moulins,
Le porteur de tous les fardeaux,
Qui ai été amené ici, pour y passer la nuit,
Pendant que les gens se reposent.
J'ai un furoncle, qui ne cesse d'enfler,
Qui enfle toute l'année,
Et ne d'minue pas du tout.
— Lève donc le pied, cheval maudit,
Que je voie par où tu bottes !
Le cheval, de lever son pied gauche,
Et de détacher une ruade au loup !
— Me voici, dit le loup, bien attrapé,
A vouloir faire le médecin de chevaux.
Autrefois, j'étais bon médecin
Pour vieilles vaches et rosses écorchées...

Chanté par Marguerite PHILIPPE, — 1886.

CAZ NICOLAS

Selaouet holl ha selaouet
Eur zon a zo nevez zavet ;

A zo grêt da vestr Nicolas
Hen eus eur c'haz 'zo habil braz.

Hac an dienn, ive al lés,
Pere hen defe aliés,

Ho efan a ra manifie ;
Na chomm netra warlerc'h *Moutic*.

Na pa 'z ia ar vatés d'ar c'hraou,
'Z ia ganthi he holl besseliou ;

Hac he c'hazic kerkent hac hi,
Da ober eun dans dira-z-hi,

Kement ma laca ar vatés
Da fota he fodadou lés :

Gant ar valiz ez ia en-hi,
Kerkent da diredec d'an ti.

— Eleal, ma mestr Nicolas,
Mar na garet jugi ho caz... !

Mar ga ar c'haz war ar banco,
War ho fass d'ëc'h me a roïo ;

Ha mar cafan 'r c'haz gant al lés,
Holl vleo ho penn 'zeuio e-mès !

— Tawet, n'ret ket kement a drouz,
Rac ma Moutic na eo ket louz,

Ha 'wit-han na eo ket disket
Da dapoud logod pe razed,

Holl blijadures ann douar
Ve gwelet ma c'haz o tansal !... »

Keït ma oant gant ho c'homplimant,
E lammas ar c'haz war ar banc,

LE CHAT DE NICOLAS

Écoutez tous et écoutez
Une chanson nouvellement levée,

Qui est faite à maître Nicolas,
Qui a un chat fort rusé.

La crème, aussi le lait,
Lesquels il a souvent,

Il les boit merveilleusement ;
Il ne reste rien derrière *Moutic*.

Quand va la servante à l'étable,
Elle emporte tous ses vases ;

Et son petit chat (s'élance) aussitôt qu'elle,
Pour faire une danse devant elle,

Tant et si bien qu'il fait à la servante
Verser ses pots de lait.

Elle entre en une telle colère,
Qu'elle accourt sur-le-champ à la maison.

— Gare à vous, mon maître Nicolas,
Si vous ne condamnez votre chat !...

Si le chat grimpe sur les bancs,
Sur votre face je vous donnerai (de la main),

Et si je trouve le chat buvant le lait,
Tous les cheveux de votre tête seront arrachés !

— Taisez-vous, ne faites pas tant de bruit,
Car mon *Moutic* n'est pas sale,

Et, bien qu'on ne lui ait pas appris
A attraper souris ou rats,

Il n'y a de plus grand plaisir sur terre
Que de voir mon chant danser !... »

Pendant qu'ils étaient en train de se faire ces compliments,
Le chat sauta sur le banc,

Ha da lacad he benn er pod,
Hac he lost bars al lès-ribot,

Hac o commans da lipad lès,
Pa nu glewe ket ar vates.

— « Lapad-lapad ! eme ar c'haz,
D'am c'halon a ra eur vad vraz ! »

Gant ar valiz ez ia enn-hi,
E stlap ar c'haz war leur an ti.

Ar c'haz kès a choum souezet,
O welt pebeuz lamm hen eus bet.

« — 'Leal, 'mezhi, Olier fredon,
Clasket ar zonerrien da zôn ;

Ha clasket c'hui ar bombarder,
Hac ann dud iaouane euz a gêr,

Da zont d'ober eur zôn d'ar c'haz,
A zo chommet fatiket braz ! »

Pa gommans ann traou da dripal,
E commans ar c'haz da finwal ;

Hac hen 'vont gant réjouissans,
Hac o lammad en creiz ann dans.

Eun denjentil a dremenas,
Gant carriolen'dre 'n hent braz ;

O welet ar faribolen,
Zeuas 'naès he garriolen ;

E-mes he garros a zeuas
Ewit dansal war ann hent braz.

— « 'Léal, 'mezhan mestr Nicolas,
Pegement 'gousto d'in ho caz ?

Arc'hant 'walc'h am eus d'hen paëan,
Hac hen caved crenn a rencan.»

Hanter cant scoed, en arc'hant gwenn,
Eo gwerzet Moutic, dra serten.

Setu èt Moutic da Baris ;
Na retorno ken war he c'hiz :

Hac an dud iaouane contristet,
Hac ar zonerrien glac'haret !

Et, de mettre sa tête dans le pot,
Et sa queue dans le lait baratté,

Et de commencer à laper du lait,
Puisque la servante n'y prenait garde.

— « Lape-lape ! fait le chat,
A mon cœur cela fait grand bien ! »

Elle (la servante) entre dans une telle colère,
Qu'elle jette le chat sur l'aire de la maison.

Le pauvre chat demeure abasourdi,
De voir quel saut il a eu.

« — Allons, dit-elle, Olivier Frédon,
Cherchez les sonneurs pour sonner,

Et cherchez le bombardaire,
Et les jeunes gens de la ville,

Pour venir faire une chanson au chat,
Qui est resté fort évanoui ! »

Quand les choses commencent à aller bon train,
Le chat commence à bouger ;

Et le voilà d'aller, en grande liesse,
Sauter au milieu de la danse.

Un gentilhomme passa,
En carriole, sur la grand'route ;

En voyant le divertissement,
Il sortit de sa carriole ;

De son carrosse il sortit,
Pour danser, sur la grand'route.

— « Ça, dit-il, maître Nicolas,
Combien me coûtera votre chat ?

Assez d'argent j'ai pour le payer,
Et je veux l'avoir, absolument. »

Cinquante écus, en argent blanc,
A été vendu Moutic, c'est chose sûre.

Voilà Moutic parti pour Paris ;
Il ne reviendra plus sur ses pas;

Et (voilà) les jeunes gens contristés,
Et les sonneurs navrés !

Na oa blewen war al loen paour
Na dalveent hol eul louis aour ;

Na oa blewen war anezhan
Na oant mad hol da brofitan !

Canet gant Mari Duault.

AR GEWIER

Me 'm boa gwelet pevar forc'hel
O tansal en eur seudel.
Ar re-ze danse manifie,
Met ar plas a oa bihanic
  Baon biel, biel, biel ! baon biel a baon !

Ann deiz-all, o tremen eur gêr,
Me welis eno eun dra gaer :
Gwelet ar fubu o torna,
Hac ar c'helienn o tiblouza ;
  Baon biel, etc.....

Eur c'haz oc'h ober tro al leur,
Peder logodenn euz he c'heul ;
Peder logodenn hac eur raz,
Soudenn ho dije buhez 'r c'haz.
  Baon biel, etc.....

Hac eul logodenn hac eur raz
O tougenn teill war eur c'hravaz ;
Ma lâre 'l logodenn d'ar raz
Carga d'ezhi, et tougje c'hoaz.
  Baon biel, etc.....

Me 'm eus gwelt peder logodenn,
Peb a doc houarn war ho fenn,
Peb a gleze euz ho c'hoste,
Hac hi o vonet d'ann arme.

Il n'y avait poil sur la pauvre bête
Qui ne valût un louis d'or ;
Il n'y avait poil sur elle
Dont on ne pût tirer profit !

Chanté par Marie Daniel.

LES MENSONGES

Moi, j'avais vu quatre pourceaux
Danser dans une écuelle ;
Ceux-là dansaient magnifiquement,
Mais la place était un peu étroite.
   Baon, biel ! biel ! biel ! baon, biel a baon !

L'autre jour, en passant par un village,
Je vis une belle chose,
En voyant les moucherons battre (le blé),
Et les mouches séparer la paille (du grain) ;
   Baon, biel ! etc..........

Un chat faire le tour de l'aire,
(Avec) quatre souris à sa suite,
Quatre souris et un rat ;
Un peu plus, ils avaient la vie du chat ;
   Baon, biel ! etc..........

Et une souris et un rat
Porter du fumier sur une civière,
Et la souris disait au rat
De lui augmenter la charge, qu'elle en porterait davantage.
   Baon, biel ! etc..........

Moi, j'ai vu quatre souris,
Ayant chacune un chapeau de fer sur la tête,
Chacune un glaive au côté,
Et qui s'en allaient à l'armée.
   Baon, biel ! etc..........

Me a welis goude eur c'had,
Hae en he zreid eur boto coad,
Ha war he lerc'h al levrini,
Oant ket 'wit tapoud anezhi.
    Baon biel ete.

Me 'm eus gwelet en Pontreo
Kigna kezec hac hi beo,
Hae ho c'hroc'henn bars ar marc'had,
Ho c'horf er parc o labourad.
    Baon biel ete.

Me 'm eus gwelet eur gazec wenn,
En eul lannec 'cribad he fenn,
Gant-hi morzol da lac'ha laou,
Credit, me na laran gir gaou.
    Baon biel, biel, biel, baon, biel abaon !

Canet gant Barba Tassel. — Plouaret 1886.

PATER JANN

— Pater noster, Jann ;
— Pater noster, mamm, e-mé Jann.
— Ha dimezet oc'h, Jann ?
— Ia dimezèt awalc'h, dimèt da vates eur bêlec !
    — O pegen gwaz, Jann !

— Gwaz abed, eme Jann, hi devoa parkigou,
    Ha me am boa c'hadigou.

    — O pegen gwell, Jann !

— Gwell a-bed, eme Jann, tri farcad kerc'h am boa
    Hac a ies hol en drog.

    — O pegen gwaz, Jann !

— Gwaz a-bed, eme Jann, tri forc'hellic am boa,
    Hac am boa bewet gant-he.

    — O pegeu gwell, Jann !

Je vis ensuite un lièvre,
Qui avait aux pattes des sabots,
Et après lui (couraient) les lévriers,
Sans pouvoir l'attraper.
    Baon, biel! etc.........

Moi, j'ai vu, à Pontrieux,
Écorcher des chevaux encore vivants ;
Pendant que leur peau était au marché,
Leur corps (était) aux champs, qui labourait.
    Baon, biel! etc.........

Moi, j'ai vu une jument blanche,
Dans une lande, peigner sa tête,
Et se servir d'un marteau pour tuer les poux.
Croyez que je ne dis pas un mot de mensonge.
    Baon, biel! biel! biel! baon, biel a baon!

Chanté par Barbe TASSEL. — *Plouaret*, 1863.

LE PATER DE JEAN

— Pater noster, Jean.
— Pater noster, ma mère, dit Jean.
— Etes-vous marié, Jean ?
— Oui, marié assez, marié à la servante d'un prêtre !
    — Oh! quel malheur, Jean !

— Malheur aucun, dit Jean, elle avait quelques champs,
    Et moi, j'avais quelques semences.

    — Oh ! quel bonheur, Jean !

— Bonheur aucun, dit Jean, trois champs d'avoine que j'avais
    Se sont tous changés en folle avoine.

    — Oh ! quel malheur, Jean !

— Malheur aucun, dit Jean, j'avais trois petits cochons,
    Et je m'en nourris.

    — Oh ! quel bonheur, Jean !

— Gwell a-bed, eme Jann, o poac'had ar iot goadigennou,
  E tewiz ma biz.

— O pegen gwaz, Jann !

— Gwaz a-bed, eme Jann; ober a ris eur gest,
  Hac a oe savet tri di.

O pegen gwell, Jann !

— Gwell a-bed, eme Jann; o sevel ann diweza,
  A oe bornet ma groeg.

O pegen gwaz, Jann !

— Gwaz a-bed, eme Jann, pa eo laret gant Doue :
  « Gwell eo beza born eget dall ! »

DISREVEL PEDENNO

CONFITEOR

Confiteor Deo, Deo,
Confiteor, digor d'in,
Calz am eus, calz a fell d'in :
Cant scoed digant Doue,
Hanter cant digant an Ele ;
Digant an Ele hanter cant,
Digant Sant Joseb, eur plac'h coant.
Me oar cuipa caoulet,
Guintra merc'hed ;
Mar zentfen ouz dom Jann ha dom Jakaz,
Me vefe paour evel eur raz,
Iafe dierc'hen da glasq ma boed,
C'houlfe bara, hep hen gonid.

Marguerite Philippe. 1886.

— Bonheur aucun, dit Jean ; en faisant cuire le boudin,
  Je me brûlai le doigt.

— Oh ! quel malheur, Jean !

— Malheur aucun, dit Jean ; je fis une quête,
  Et (avec le produit) on éleva trois maisons.

  Oh ! quel bonheur, Jean !

— Bonheur aucun, dit Jean ; en élevant la dernière,
  Fut éborgnée ma femme.

  Oh ! quel malheur, Jean !

— Malheur aucun, dit Jean, puisqu'il a été dit par Dieu :
  — « Mieux vaut être borgne qu'aveugle ! »

PARODIES DE PRIÈRES

LE CONFITEOR

Confiteor Deo, Deo.
Confiteor, ouvre-moi,
Beaucoup j'ai, beaucoup me faut :
Cent écus d'avec Dieu,
Cinquante d'avec les anges ;
D'avec les anges, cinquante,
D'avec saint Joseph, une fille jolie.
Je sais siffler du (lait) caillé,
Renverser des filles sur le dos ;
Si j'obéissais à dom Jean et à dom Jacques,
Je serais pauvre comme un rat,
J'irais pieds-nus chercher ma pâture,
Je mendierais du pain, sans le gagner.

Récité par Marguerite PHILIPPE. 1886.

TASSEL HAC HE GOG

Etre Tassel hac he gog
'Zo Savet eur gwall distog.
    Diridon tralandirida !
Diridog tralandiridenno !

A zo savet eun ergu
Abalamour da iod it-du.

Laxet oa ar iod er-meas,
Da c'hortos diskenn al leas.

Tassel a lavare d'he gòg :
— Paoues, camarad, euz ar iod.

— N'eo ket debri ar iod a ran,
Dibab ar polot anezhan ;

Dibab ar polot, gant ma bec,
Evit sevel enor da vroec.

Tassel a dap-croc 'n eur skillenn,
Da rei d'ar c'hôg war he grippenn.

— Tor ec'h eus abalamour d'in,
'M eus grêt meur a vad en ho ti ;

'M eus grêt meur a vad en ho ti,
Damesaad nao a ieresi ;

Damesaad nao a ieresi,
Clasket nezio d'hé da dovi...

Canet gant Marc'harid Fulup.

TASSEL ET SON COQ

Entre Tassel et son coq
S'est élevé une grande prise de bec.
   Diridon, tranlandirida !
Diridoc tralandiridenno !

S'est élevé un combat,
Au sujet de la bouillie de blé noir.

La bouillie avait été mise dehors, (hors de la maison)
En attendant qu'on versât le lait[1].

Tassel dit à son coq :
— Cesse, camarade, avec la bouillie.

— Ce n'est pas manger de la bouillie que je fais,
Mais choisir (enlever) les pelotes (qui s'y trouvent) ;

Choisir les pelotes, avec mon bec,
Pour relever l'honneur de la ménagère[2].

Tassel s'empare d'une trique,
Pour en donner au coq sur sa crête.

— Vous avez tort envers moi,
Qui ai fait beaucoup de bien, dans votre maison.

J'ai fait beaucoup de bien, dans votre maison,
En fécondant neuf poules ;

En fécondant neuf poules,
Et je leur ai procuré des nids pour pondre...

Chanté par Marguerite P<small>HILIPPE</small>.

[1] Le lait ribotté que l'on verse dans l'écuelle de chacun, pour manger la bouillie, dans le bassin commun.
[2] Une bonne ménagère ou cuisinière ne doit pas avoir de pelotes ou petites boules de farine, dans la bouillie qu'elle prépare.

EURED AL LAOUENANIC.

Da eured al Laouenanic,
Ann ozac'h a zo bihanic.

Mont ra en-dro 'n effnic cov-guenn,
Da ober en peb-lec'h pedenn.

Da eured al Laouenanic,
Ann ozac'h a zo bihanic.

  — Deut peb-hini gant eun draïc,
    Rac allas ! n'eo ket pinvidic,
      Da eured etc...

  — Me ielo, eme ar c'hilloc,
    Hac a gàno caer, en a-raoc.
      Da eured etc...

  — Me ielo ive, 'me ar fra,
    Hac a gasso ganen bara.
      Da eured etc...

  — Me ielo ive, me 'ar vrân,
    Ha 'gasso ganen eur c'hef-tàn.
      Da eured etc...

  — Me ielo ive, 'me ar big,
    Ha gasso ganen eur pez kig.
      Da eured etc...

  — Me iel' ive, me 'r geginn,
    Hac a gasso eur podad guinn.
      Da eured etc...

  — Me iel' ive, 'me 'r c'hefelec,
    Hac a raïo coant ar bêlec.
      Da eured etc...

  — Me iel' ive, 'me ar vioc'h,
    Evit zicour da zon ar c'hloc'h.
      Da eured etc...

LES NOCES DU ROITELET

Aux noces du Roitelet,
Le mari est tout petit.

Il se met en route, le petit oiseau au ventre blanc,
Pour faire partout les invitations.

Aux noces du Roitelet,
Le mari est tout petit.

— Venez chacun avec quelque petite chose,
Car, hélas ! il n'est pas riche.

Aux noces du Roitelet etc...

— J'irai, dit le coq,
Et je chanterai bellement, devant (le cortège.)

Aux noces du Roitelet etc...

— J'irai aussi, dit la corneille,
Et je porterai du pain.

Aux noces du Roitelet etc...

— J'irai aussi, dit le corbeau,
Et je porterai un tison ardent.

Aux noces du Roitelet etc...

— J'irai aussi, dit la pie,
Et je porterai une pièce de viande.

Aux noces du Roitelet etc...

— J'irai aussi, dit le geai,
Et je porterai un pot de vin.

Aux noces du Roitelet etc...

— J'irai aussi, dit la bécasse,
Et je ferai gentiment le prêtre.

Aux noces du Roitelet etc...

— J'irai aussi, dit la sarcelle,
Pour aider à sonner la cloche.

Aux noces du Roitelet etc...

— Me iel' ive, 'me ar goucouc,
Gant ma rabourinn war ma chouc.

   Da eured etc...

— Me iel' ive, 'me ann costic,
Hac a gâno meur a zonic.

   Da eured etc...

— Me iel' ive, eme ar scour (scoul),
Hac a ielo da gerc'had dour.

   Da eured etc...

— Me iel' ive, 'me ar voualc'h,
Hac arc'hant ganen, bars ma ialc'h.

   Da eured etc.

— Me iel' ive, eme ann drask,
Hac evit reï, a rinco clask.

   Da eured etc...

— Me iel' ive, 'me 'r gazec-coat,
Ha 'gasso ganen eur bec'h coat.

   Da eured etc...

— Me iel' ive, 'me ar sparfel,
Assemblès gant ann durzunel.

   Da eured etc..

— Me iel' ive, 'me 'n alc'hueder,
Hac a gâno a-uz d'ar ster.

   Da eured etc...

— Me iel' ive, 'me ar pabor,
Hac a gano etal ann nor.

   Da eured etc...

— Me iel' ive, 'me 'r gwennili,
Hac a gano war leinn ann ti.

   Da eured etc...

— Ha me ive, 'me ar penglaou,
Hac ann dred a ielo hon daou.

   Da eured etc...

— Me ive, eme ar pintic,
A ielo gant ann houpperic.

   Da eured etc...

— J'irai aussi, dit le coucou,
  Avec mon tambour sur le dos.
    Aux noces du Roitelet etc...
— J'irai aussi, dit le rossignol,
  Et je chanterai mainte chansonnette.
    Aux noces du Roitelet etc...
— J'irai aussi, dit le milan,
  Et j'irai chercher de l'eau.
    Aux noces du Roitelet...
— J'irai aussi, dit le merle,
  Avec de l'argent dans ma bourse.
    Aux noces du Roitelet etc...
— J'irai aussi, dit la grive,
  Et pour donner, il me faudra chercher.
    Aux noces du Roitelet etc...
— J'irai aussi, dit le pivert,
  Et je porterai ma charge de bois.
    Aux noces du Roitelet etc...
— J'irai aussi, dit l'épervier,
  Ensemble avec la tourterelle.
    Aux noces du Roitelet etc...
— J'irai aussi, dit l'alouette,
  Et je chanterai, au-dessus de la rivière.
    Aux noces du Roitelet etc...
— J'irai aussi, dit le chardonneret,
  Et je chanterai, près de la porte.
    Aux noces du Roitelet etc...
— J'irai aussi, dit l'hirondelle,
  Et je chanterai sur le haut de la maison.
    Aux noces du Roitelet etc...
— J'irai aussi, dit la mésange,
  Avec l'étourneau, tous les deux ensemble.
    Aux noces du Roitelet etc...
— J'irai aussi, dit le pinson,
  J'irai avec la huppe.
    Aux noces du Roitelet etc...

Ann hol effned a em gavas,
N'oa nemet unan na zeuas.

Da cured al Laouenanic,
Ann ozac'h a zo bihanic.

Canet gant Guillemet PLASSART, euz ar *C'hloastr*,
en *Montroulés*, en *miz Genveur*, 1877.

AR CHOG IAOUANC HAC AR BOLEZ.

Eur wez a oa eur C'hog iaouanc hac eur Bolès, hac a oa fichet coant, da vont da cuñ devès ; ha pa oant erru e kichenn eur poul, a weljont eno eur wezenn aval, hac eun aval ruz ebars. — Hi ! eme ar Bolès, kers da vouit d'in ann aval ruz. — N'an ket, eme ar C'hog, rac ma zroadic coant [1] a gouezfe er poul, hac a vefe mastaret. — Na reï ket ! Na reï ket ! kers da vouit d'in ann aval ruz. — Hac ar C'hog da vont er wezenn, ha da hija. — Couezet è ann aval ? — N'eo ket C'hoas. — Hac hen da hijan adarre, hac ann aval ruz da goueza. Met pa oa ann aval o coueza, oa ive troadic coant ar C'hog o coueza er poul. — Lâret mad em boa d'id, Polès ! Kers brema da glasc Caul, da dorcha d'in ma zroadic coant, mastaret e poul.

I

— Caul, deus da dorcha troadic coant ar c'hog, a zo couezet er poul. — N'an ket, eme caul. — Ma ! me 'c'h a da glasc gavr d'as debri. — Ma ! kers eta.

II

— Gavr, deus da debri Caul ; Caul na deu ket da dorcha troadic coant ar c'hog, a zo coueze' er poul.
— N'an ket, eme ar C'havr. — Ma ! me 'c'h a da glasc Bleiz d'as debri. — Ma ! kers eta.

[1] VAR : — Ma zroadic arc'hant.

Tous les oiseaux s'y trouvèrent,
Il n'y en eut qu'un seul qui ne vint pas [1].

Aux noces du Roitelet,
Le mari est tout petit.

Chanté par Guillemette PLASSART, du Cloître,
à Morlaix, janvier 1877.

LE JEUNE COQ ET LA POULETTE

Il y avait, une fois, un Coq et une Poulette qui s'étaient bien attifés, pour aller à une fête ; et, arrivés près d'une mare, ils virent là un pommier, et une pomme rouge dedans. — Hi ! fit la Poulette, va me chercher cette pomme rouge. — Je ne vais pas, répondit le Coq, car mon joli petit pied [2] tomberait dans la mare, et serait sali. — Non ! Non ! Va me chercher cette pomme rouge. — Et le Coq de monter dans l'arbre et de secouer (la branche.) — Est-elle tombée, la pomme ? — Pas encore. — Et le voilà de secouer encore, et la pomme de tomber. Mais, au moment où la pomme tombait, le joli petit pied du Coq tombait aussi dans la mare. — Je t'avais bien dit, Poulette ! Va-t-en, à présent, me chercher Chou, pour m'essuyer mon joli petit pied, sali dans la mare.

I

— Chou, viens essuyer le joli petit pied de Coq, qui est tombé dans la mare. — Je ne vais pas, dit Chou. — Eh bien ! Je vais chercher Chèvre, pour te manger. — Bien, vas-y donc.

II

— Chèvre, viens manger Chou ; Chou ne veut pas venir essuyer le joli petit pied de Coq, qui est tombé dans la mare. — Je ne vais pas, dit Chèvre. — Eh bien ! Je vais chercher Loup, pour te manger. — Bien, vas-y donc.

---

[1] C'est l'aigle, qui en voulait au Roitelet de lui avoir disputé la royauté sur les oiseaux, suivant la tradition.
[2] VAR : — Mon joli petit pied d'argent.

III

— Bleiz, deus da debri Gavr ; Gavr na deu ket da debri Caul ; Caul na deu ket da dorcha troadic coant ar C'hog, a zo couezet er poul. — N'an ket, eme Bleiz. — Ma ! me 'c'h a da glasc Fusul d'as lac'ha. — Ma ! kers eta.

IV

— Fusul, deus da lac'ha Bleiz ; Bleiz na deu ket da debri Gavr ; Gavr na deu ket da debri Caul ; Caul na deu ket da dorchan troadic coant ar C'hog, a zo couezet er poul. — N'an ket, eme ar Fusul. — Ma ! me 'c'h a da glasc Tan d'as poaza. — Ma ! kers eta.

V

— Tan, deus da boaza Fusul ; Fusul na deu ket da lac'ha Bleiz ; Bleiz na deu ket da debri Gavr ; Gavr na deu ket da debri Caul ; Caul na deu ket da dorcha troadic coant ar C'hog, a zo couezet er poul. — N'an ket, eme Tan. — Ma ! me 'c'h a da glasc Dour d'as lac'ha. — Ma ! Kers eta.

VI

— Dour, deus da laza Tan ; Tan na deu ket da boaza Fusul ; Fusul na deu ket du la'cha Bleiz ; Bleiz na deu ket da debri Gavr ; Gavr na deu ket da debri Caul ; Caul na deu ket da dorcha troadic coant ar C'hog, a zo couezet er poul. — N'an ket, eme Dour. — Ma ! me 'c'h a da glasc Eujenn d'as eva. — Ma ! Kers eta.

VII

— Eujenn, deus da eva Dour ; Dour na deut ket da lac'ha Tan ; Tan na deu ket da boaza Fusul ; Fusul na deu ket da lac'ha Bleiz ; Bleiz na deu ket da debri Gavr ; Gavr na deu ket da debri Caul ; Caul na deu ket da dorcha troadic coant ar C'hog, a zo couezet er poul. — N'an ket eme Eujenn. — Ma ! me 'c'h a da glasc Louan d'as staga. — Ma ! Kers eta.

III

— Loup, viens manger Chèvre ; Chèvre ne veut pas venir manger Chou ; Chou ne veut pas venir essuyer le joli petit pied de Coq, qui est tombé dans la mare. — Je ne vais pas, dit Loup. — Bien ! je vais chercher Fusil pour te tuer. — Bien ! Vas-y donc.

IV

— Fusil, viens tuer Loup ; Loup ne veut pas venir manger Chèvre ; Chèvre ne veut pas manger Chou ; Chou ne vient pas essuyer le joli petit pied de coq, qui est tombé dans la mare. — Je ne vois pas, dit Fusil. — Bon ! je vais chercher Feu pour te brûler. — Bien ! Vas-y donc.

V

— Feu, viens brûler Fusil ; Fusil ne vient pas tuer Loup ; Loup ne vient pas manger Chèvre ; Chèvre ne vient pas manger Chou ; Chou ne vient pas essuyer le joli petit pied de Coq, qui est tombé dans la mare. — Je ne vais pas, dit Feu ! — Bon ! Je vais chercher Eau pour t'éteindre. — Bien ! Vas-y donc.

VI

— Eau, viens éteindre Feu ; Feu ne vient pas brûler Fusil ; Fusil ne vient pas tuer Loup ; Loup ne vient pas manger Chèvre ; Chèvre ne vient pas manger Chou ; Chou ne vient pas essuyer le joli petit pied de Coq, qui est tombé dans la mare. — Je ne vais pas, dit Eau. — Bon ! Je vais chercher Bœuf pour te boire. — Bien ! Vas-y donc.

VII

— Bœuf, viens boire Eau ; Eau ne vient pas éteindre Feu ; Feu ne vient pas brûler Fusil ; Fusil ne vient pas tuer Loup ; Loup ne vient pas manger Chèvre ; Chèvre ne vient pas manger Chou ; Chou ne vient pas essuyer le joli petit pied de Coq, qui est tombé dans la mare. — Je ne vais pas, dit Bœuf. — Bon ! Je vais chercher Corde pour t'attacher. — Bien ! Vas-y donc.

VIII

— Louan, deuss da staga Eujenn ; Eujenn na deu ket da eva Dour ; Dour na deu ket da lac'ha Tan ; Tan na deu ket da boaza Fusul ; Fusul na deu ket da lac'ha Bleiz ; Bleiz na deu ket da debri Gavr ; Gavr na deu ket da debri Caul ; Caul na deu ket da dorcha troadic coant ar C'hog, a zo couezet er poul. — N'an ket, eme Louan. — Ma ! me 'c'h a da glask Lard d'as larda. — Ma ! Kers eta.

IX

— Lard, deus da larda Louan ; Louan na deu ket da staga Eujenn ; Eujenn na deu ket da eva Dour ; Dour na deu ket da lac'ha Tan ; Tan na deu ket da boaza Fusul ; Fusul na deu ket da lac'ha Bleiz ; Bleiz na deu ket da debri Gavr ; Gavr na deu ket da debri Caul ; Caul na deu ket da dorcha troadic coant ar C'hog, a zo couezet er poul. — N'an ket, eme Lard. — Ma ! me 'c'h a da glask Logodenn d'as debri. — Ma ! Kers eta.

X

— Logodenn, deus da debri Lard ; Lard na deu ket da larda Louan ; Louan na deu ket da staga Eujenn ; Eujenn na deu ket da eva Dour ; Dour na deu ket da lac'ha Tan ; Tan na deu ket da boaza Fusul ; Fusul na deu ket da lac'ha Bleiz ; Bleiz na deu ket da debri Gavr ; Gavr na deu ket da debri Caul ; Caul na deu ket da dorcha troadic coant ar C'hog, a zo couezet er poul. — N'an ket, eme Logodenn. — Ma ! me 'c'h a da glask Càz d'as debri. — Ma ! Kers eta.

XI

— Càz, deus da debri Logodenn ; Logodenn na deu ket da debri Lard ; Lard na deu ket dä larda Louan ; Louan na deu ket da stagan Eujenn ; Eujenn na deu ket da eva Dour ; Dour na deu ket da lac'ha Tan ; Tan na deu ket da boaza Fusul ; Fusul na deu ket da lac'ha Bleiz ; Bleiz na deu ket da debri Gavr ; Gavr na deu ket da debri Caul ; Caul na deu ket da dorcha troadic coant ar C'hog, a zo couezet er poul. — Ma ! eme ar C'haz, me hec'h a.

VIII

— Corde, viens attacher Bœuf ; Bœuf ne vient pas boire Eau ; Eau ne vient pas éteindre Feu ; Feu ne vient pas brûler Fusil ; Fusil ne vient pas tuer Loup ; Loup ne vient pas manger Chèvre ; Chèvre ne vient pas manger Chou ; Chou ne vient pas essuyer le joli petit pied de Coq, qui est tombé dans la mare. — Je ne vais pas, dit Corde. — Bon ! Je vais chercher Graisse pour te graisser. — Bien ! Vas-y donc.

IX

— Graisse, viens graisser Corde ; Corde ne vient pas attacher Bœuf ; Bœuf ne vient pas boire Eau ; Eau ne vient pas éteindre Feu ; Feu ne vient pas brûler Fusil ; Fusil ne vient pas tuer Loup ; Loup ne vient pas manger Chèvre ; Chèvre ne vient pas manger Chou ; Chou ne vient pas essuyer le joli petit pied de Coq, qui est tombé dans la mare. — Je ne vais pas, dit Graisse. — Bon ! Je vais chercher Souris, pour te manger. — Bien ! Vas-y donc.

X

— Souris, viens manger Graisse ; Graisse ne vient pas graisser Corde ; Corde ne vient pas attacher Bœuf ; Bœuf ne vient pas boire Eau ; Eau ne vient pas éteindre Feu ; Feu ne vient pas brûler Fusil ; Fusil ne vient pas tuer Loup ; Loup ne vient pas manger Chèvre ; Chèvre ne vient pas manger Chou ; Chou ne vient pas essuyer le joli petit pied de Coq, qui est tombé dans la mare. — Je ne vais pas, dit Souris. — Bon ! Je vais chercher Chat pour te manger. — Bien ! Vas-y donc.

XI

— Chat, viens manger Souris ; Souris ne vient pas manger Graisse ; Graisse ne vient pas graisser Corde ; Corde ne vient pas attacher Bœuf ; Bœuf ne vient pas boire Eau ; Eau ne vient pas éteindre Feu ; Feu ne vient pas brûler Fusil ; Fusil ne vient pas tuer Loup ; Loup ne vient pas manger Chèvre ; Chèvre ne vient pas manger Chou ; Chou ne vient pas essuyer le joli petit pied de Coq, qui est tombé dans la mare. — C'est bien ! dit Chat, j'y vais.

XII

Ha Caz da vont da Logodenn ;
Logodenn da Lard ;
Lard da Louan ;
Louan da Eujenn ;
Eujenn da Dour ;
Dour da Tan ;
Tan da Fusul ;
Fusul da Bleiz ;
Bleiz da Gavr ;
Gavr da Caul ;
Ha Caul da dorcha troadic coant ar C'hog,
A oa couezet er poul.

Joseph Ar. Raher. — Duau.'t.

AR PARC CAER

—

Me am eus eur parc.
   Caera da barc !
War ar parc 'zo eur c'hleuz.
   Caera da gleuz !
Ar c'hleuz 'zo war ar parc, hac ar parc a zo d'in.

   War ma c'hleuz 'zo couezet eur vezenn,
Diouz begic eur goulmic wenn.
   Caera da vezenn !
Ar vezenn 'zo war ar c'hleuz, ar c'hleuz 'zo war ar parc, hac ar parc a zo d'in.

   War ar wezenn 'zo savet eun dervenn.
   Caera da dervenn !
Ann dervenn 'zo war ar vezenn, ar vezenn 'zo war ar c'hleuz, ar c'hleuz 'zo war ar parc, hac ar parc a zo d'in.

XII

Et Chat d'aller à Souris ;
Souris (d'aller) à Graisse ;
Graisse, à Corde ;
Corde, à Bœuf ;
Bœuf, à Eau ;
Eau, à Feu ;
Feu, à Fusil ;
Fusil, à Loup ;
Loup, à Chèvre ;
Chèvre, à Chou ;
Et Chou, d'aller essuyer le joli petit pied de Coq,
Qui était tombé dans la mare.

Joseph RAYER. — à Duault.

LE JOLI CHAMP

—

J'ai un champ.
   Le joli champ !
Sur le champ est un talus.
   Le joli talus !
Le talus est sur le champ, et le champ m'appartient.

Sur le talus est tombé un gland,
Du bec d'une colombe blanche.
   Le joli gland !
Le gland est sur le talus, le talus est sur le champ, et le champ m'appartient.

Sur le gland s'est élevé un chêne.
   Le joli chêne !
Le chêne est sur le gland, le gland est sur le talus, le talus est sur le champ, et le champ m'appartient.

War ann dervenn zo eur branc.
Caera da vranc !

Ar branc zo war ann dervenn, ann dervenn 'zo war ar vezenn, ar vezenn 'zo war ar c'hleuz, ar c'hleuz 'zo war ar parc, hac ar parc a zo d'in.

War ar branc a zo eun neiz !
Carea da neiz !

Ann neiz 'zo war ar branc, ar branc 'zo war ann dervenn, ann dervenn 'zo war ar vezenn, ar vezenn 'zo war ar c'hleuz, ar c'hleuz 'zo war ar parc, hac ar parc a zo d'in.

War ann neiz 'zo eur vi.
Caera da vi !

Ar vi 'zo war ann neiz, ann neiz 'zo war ar branc, ar branc 'zo war ann dervenn, ann dervenn 'zo war ar vezenn, ar vezenn 'zo war ar c'hleuz, ar c'hleuz 'zo war ar parc, hac ar parc a zo d'in.

War ar vi 'zo eun einic.
Caera da einic !

Ann einic 'zo war ar vi, ar vi 'zo war ann neiz, ann neiz 'zo war ar branc, ar branc 'zo war ann dervenn, ann dervenn 'zo war ar vezenn, ar vezenn 'zo war ar c'hleuz, ar c'hleuz 'zo war ar parc, hac ar parc a zo d'in.

War ann einic 'zo eur bluenn.
Caera da bluenn !

Ar bluenn 'zo war ann einic, ann einic 'zo war a vi, ar vi 'zo war ann neiz, ann neiz 'zo war ar branc, ar branc 'zo war ann dervenn, ann dervenn 'zo war ar vezenn, ar vezenn zo war ar c'hleuz, ar c'hleuz 'zo war ar parc, 'hac ar parc a zo d'in.

War ar bluenn 'zo eul leanès.
Caera leanès !

Al leanès 'zo war ar bluenn, ar bluenn 'zo war ann einic, ann einic 'zo war ar vi, ar vi 'zo war ann neiz, ann neiz 'zo war ar branc, ar branc 'zo war ann dervenn, ann dervenn 'zo war ar vezenn, ar vezenn 'zo war ar ch'leuz, ar ch'leuz 'zo war ar parc, hac ar parc a zo d'in.

War al leanès a zo eur manac'h.
Caera da vanac'h !

Ar manac'h 'zo war al leanès, al leanès 'zo war ar bluenn, ar bluenn 'zo war ann einic, ann einic 'zo war ar vi, ar vi 'zo war ann neiz, ann neiz 'zo war ar branc, ar branc 'zo war ann der-

Sur le chêne est une branche.
La jolie branche !

La branche est sur le chêne, le chêne est sur le gland, le gland est sur le talus, le talus est sur le champ, et le champ m'appartient.

Sur la branche est un nid.
Le joli nid !

Le nid est sur la branche, la branche est sur le chêne, le chêne est sur le gland, le gland est sur le talus, le talus est sur le champ, et le champ m'appartient.

Sur le nid est un œuf.
Le joli œuf !

L'œuf est sur le nid, le nid est sur la branche, la branche est sur le chêne, le chêne est sur le gland, le gland est sur le talus, le talus est sur le champ, et le champ m'appartient.

Sur l'œuf est un petit oiseau.
Le joli petit oiseau !

Le petit oiseau est sur l'œuf, l'œuf est sur le nid, le nid est sur la branche, la branche est sur le chêne, le chêne est sur le gland, le gland est sur le talus, le talus est sur le champ, et le champ m'appartient.

Sur le petit oiseau est une plume.
La jolie plume !

La plume est sur le petit oiseau, le petit oiseau est sur l'œuf, l'œuf est sur le nid, le nid est sur la branche, la branche est sur le chêne, le chêne est sur le gland, le gland est sur le talus, le talus est sur le champ, et le champ m'appartient.

Sur la plume est une nonne.
La jolie nonne !

La nonne est sur la plume, la plume est sur le petit oiseau, le petit oiseau est sur l'œuf, l'œuf est sur le nid, le nid est sur la branche, la branche est sur le chêne, le chêne est sur le talus, le talus est sur le champ, et le champ m'appartient.

Sur la nonne est un moine.
Le joli moine !

Le moine est sur la nonne, la nonne est sur la plume, la plume est sur le petit oiseau, le petit oiseau est sur l'œuf, l'œuf est sur le nid, le nid est sur la branche, la branche est

venn, ann dervenn 'zo war ar vezenn, ar vezenn 'zo war ar c'hleuz, ar c'hleuz 'zo war ar parc, hac ar parc a zo d'in.

War al leandi 'zo eun tour.
Caera da dour !

Ann tour 'zo war al leandi, al leandi 'zo war ar manac'h, ar manac'h 'zo war al leanès, al leanès 'zo war ar bluenn, ar bluenn 'zo war ann einic, ann einic 'zo war ar vi, ar vi 'zo war ann neiz, ann neiz 'zo war ar branc, ar branc 'zo war ann dervenn, ann dervenn 'zo war ar vezenn, ar vezenn 'zo war ar c'hleuz, ar c'hleuz 'zo war ar parc, hac ar parc a zo d'in.

War ann tour 'zo eur groaz.
Caera da groaz !

Ar groaz 'zo war ann tour, ann tour zo war al leandi, al leandi 'zo war ar manac'h, ar manac'h 'zo war al leanès, al leanès 'zo war ar bluenn, ar bluenn 'zo war ann einic, ann einic 'zo war ar vi, ar vi 'zo war ann neiz, ann neiz 'zo war ar branc, ar branc 'zo war ann dervenn, ann dervenn 'zo war ar vezenn, ar vezenn 'zo war ar c'hleuz, ar c'hleuz 'zo war ar parc, hac ar parc a zo d'in.

War ar groaz 'zo eur c'hog.
Caera da gog !

Ar c'hog 'zo war ar groaz, ar groaz 'zo war ann tour, ann tour 'zo war al leandi, al leandi 'zo war ar manac'h, ar manac'h 'zo war al leanès, al leanès 'zo war ar bluenn, ar bluenn 'zo war ann einic, ann einic 'zo war ar vi, ar vi 'zo war ann neiz, ann neiz 'zo war ar branc, ar branc 'zo war ann dervenn, ann dervenn 'zo war ar vezenn, ar vezenn 'zo war ar c'hleuz, ar c'hleuz 'zo war ar parc, hac ar parc a zo d'in.
Hac hol ez int d'in !

Làret gant Visant Coat,
en *Montroulès, 1876.*

sur le chêne, le chêne est sur le gland, le gland est sur le talus, le talus est sur le champ, et le champ m'appartient.

Sur le couvent est une tour.
La jolie tour !

La tour est sur le couvent, le couvent est sur le moine, le moine est sur la nonne, la nonne est sur la plume, la plume est sur le petit oiseau, le petit oiseau est sur l'œuf, l'œuf est sur le nid, le nid est sur la branche, la branche est sur le chêne, le chêne est sur le gland, le gland est sur le talus, le talus est sur le champ, et le champ m'appartient.

Sur la tour est une croix.
La belle croix !

La croix est sur la tour, la tour est sur le couvent, le couvent est sur le moine, le moine est sur la nonne, la nonne est sur la plume, la plume est sur le petit oiseau, le petit oiseau est sur l'œuf, l'œuf est sur le nid, le nid est sur la branche, la branche est sur le chêne, le chêne est sur le gland, le gland est sur le talus, le talus est sur le champ, et le champ m'appartient.

Sur la croix est un coq.
Le joli coq !

Le coq est sur la croix, la croix est sur la tour, la tour est sur le couvent, le couvent est sur le moine, le moine est sur la nonne, la nonne est sur la plume, la plume est sur le petit oiseau, le petit oiseau est sur l'œuf, l'œuf est sur le nid, le nid est sur la branche, la branche est sur le chêne, le chêne est sur le gland, le gland est sur le talus, le talus est sur le champ, et le champ m'appartient.

Et le tout m'appartient !

Récité par Vincent COAT, ouvrier à la manufacture des tabacs de *Morlaix*. — 1876.

DIBLUAN AL LAOUENANIC

Nin' zibluo bec al Laouenanic,
Rac henès a zo bihanic. (*bis*.)

Nin zibluo lagad cleiz al Laouenanic,
Rac henès a zo bihanic. (*bis*.)
Nin 'zibluo he lugad cleiz hac he vec,
Nin hen zibluo hed-ha-hed.

Nin zibluo lagad dehou al Laouenanic,
Rac henès a zo bihanic. (*bis*.)
Nin 'zibluo he lagad dehou, he lagad cleiz, he vec,
Nin hen dibluo hed-ha-hed.

Nin zibluo scouarn gleiz al Laouenanic,
Rac honès a zo bihanic. (*bis*.)   [he vec,]
Nin 'zibluo he scouarn gleiz, he lagad dehou, he lagad cleiz,
Nin hen dibluo hed-ha-hed.

Nin zibluo scouarn dehou al Laouenanic,
Rac honès a zo bihanic. (*bis*.)
Nin 'zibluo he scouarn dehou, he scouarn cleiz, he hagad dehou,
  he lagad cleiz, he vec,
Nin hen dibluo hed-ha-hed.

Nin zibluo penn al Laouenanic,
Rac henès a zo bihanic. (*bis*.)
Nin 'zibluo he benn, he scouarn dehou, he scouarn cleiz, he
  lagad dehou, he lagad cleiz, he vec,
Nin hen dibluo hed-ha-hed.

Nin zibluo gouc al Laouenanic,
Rac henès a zo bihanic. (*bis*.)
Nin 'zibluo he c'houc, he benn, he scouarn dehou, he scouarn
  cleiz, he lagad dehou, he lagd cleiz, he vec,
Nin hen dibluo hed-ha-hed.

Nin zibluo bruchet al Laouenanic,
Rac henès a zo bihanic. (*bis*.)
Nin zibluo he vruchet, he c'houc, he benn, he scouarn dehou,
  he scouarn cleiz, he lagad dehou, he lagad cleiz, he vec.
Nin hen zibluo hed-ha-hed.

PLUMER LE ROITELET

Nous plumerons le bec du Roitelet,
Car celui-là est tout petit. (*bis*.)
Nous plumerons l'œil gauche du Roitelet,
Car celui-là est tout petit. (*bis*.)
Nous plumerons son œil gauche et son bec,
Nous le plumerons tout du long !

Nous plumerons l'œil droit du Roitelet,
Car celui-là est tout petit. (*bis*.)
Nous plumerons son œil droit, son œil gauche, son bec,
Nous le plumerons tout du long !

Nous plumerons l'oreille gauche du Roitelet,
Car celle-là est toute petite. (*bis*.)   [gauche, son bec,]
Nous plumerons son oreille gauche, son œil droit, son œil
Nous le plumerons tout du long !

Nous plumerons l'oreille droite du Roitelet,
Car celle-là est toute petite. (*bis*.)
Nous plumerons son oreille droite, son oreille gauche, son œil
 droit, son œil gauche, son bec,
Nous le plumerons tout du long !

Nous plumerons la tête du Roitelet,
Car celle-à est toute petite. (*bis*.)
Nous plumerons sa tête, son oreille droite, son oreille gau-
 che, son œil droit, son œil gauche, son bec,
Nous le plumerons tout du long !

Nous plumerons le cou du Roitelet,
Car celui-là est tout petit. (*bis*.)
Nous plumerons son cou, sa tête, son oreille droite, son oreille
 gauche, son œil droit, son œil gauche, son bec,
Nous le plumerons tout du long !

Nous plumerons la poitrine du Roitelet,
Car celle-là est toute petite. (*bis*.)
Nous plumerons sa poitrine, son cou, sa tête, son oreille droite,
 son oreille gauche, son œil droit, son œil gauche, son bec,
Nous le plumerons tout du long !

Nin zibluo keinn al Laouenanic,
Rac henès a zo bihanic. (*bis.*)
Nin zibluo he geinn, he vruchet, he c'houe, he benn, he scouarn dehou, he scouarn cleiz, he lagad dehou, he lagad cleiz, he vec.
Nin hen dibluo hed-ha-hed.

Nin 'zibluo cov al Laouenanic,
Rac henès a zo bihanic. (*bis.*)
Nin zibluo he geinn, he gov, he vruchet, he c'houe, he benn, he scouarn dehou, he scouarn cleiz, he lagad dehou, he lagad cleiz, he vec ;
Nin hen dibluo hed-ha-hed.

Nin zibluo askell gleiz al Laouenanic,
Rac honès a zo bihanic. (*bis.*)
Nin 'zibluo he askell gleiz, he geinn, he gov, he vruchet, he c'houe, he benn, he scouarn dehou, he scouarn cleiz, he lagad dehou, he lagad cleiz, he vec.
Nin hen dibluo hed-ha-hed.

Nin zibluo askell dehou al Laouenanic,
Rac honès a zo bihanic. (*bis.*)
Nin zibluo he askell dehou, he askell gleiz, he geinn, he gov, he vruchet, he c'houe, he benn, he scouarn dehou, he scouarn gleiz, he lagad dehou, he lagad cleiz, he vec ;
Nin hen dibluo hed-ha-hed.

Nin 'zibluo feskenn gleiz al Laouenanic,
Rac honès a zo bihanic. (*bis.*)
Nin 'zibluo he feskenn gleiz, he askell dehou, he askell gleiz, he geinn, he gov, he vruchet, he c'houe, he benn, he scouarn dehou, he scouarn gleiz, he lagad dehou, he lagad cleiz, he vec ;
Nin hen dibluo hed-ha-hed.

Nin 'zibluo feskenn dehou al Laouenanic,
Rac honès a zo bihanic. (*bis.*)
Nin 'zibluo he feskenn dehou, he feskenn gleiz, he askell dehou, he askell gleiz, he geinn, he gov, he vruchet, he c'houe, he benn, he scouarn dehou, he scouarn gleiz, he lagad dehou, he lagad cleiz, he vec ;
Nin hen dibluo hed-ha-hed.

Nin 'zibluo morzed cleiz al Laouenanic,
Rac honès a zo bihanic. (*bis.*)
Nin 'zibluo he vorzed cleiz, he feskenn dehou, he feskenn gleiz, he askell dehou, he askell gleiz, he geinn, he gov,

Nous plumerons le dos du Roitelet,
Car celui-là est tout petit. (*bis.*)
Nous plumerons son dos, sa poitrine, son cou, sa tête, son oreille droite, son oreille gauche, son œil droit, son œil gauche, son bec,
Nous le plumerons tout du long.

Nous plumerons le ventre du Roitelet,
Car celui-là est tout petit. (*bis.*)
Nous plumerons son ventre, son dos, sa poitrine, son cou, sa tête, son oreille droite, son oreille gauche, son œil droit, son œil gauche, son bec,
Nous le plumerons tout du long.

Nous plumerons l'aile gauche du Roitelet,
Car celle-là est toute petite. (*bis.*)
Nous plumerons son aile gauche, son dos, son ventre, sa poitrine, son cou, sa tête, son oreille droite, son oreille gauche, son œil droit, son œil gauche, son bec,
Nous le plumerons tout du long.

Nous plumerons l'aile droite du Roitelet,
Car celle-là est toute petite. (*bis.*)
Nous plumerons son aile droite, son aile gauche, son dos, son ventre, sa poitrine, son cou, sa tête, son oreille droite, son oreille gauche, son œil droit, son œil gauche, son bec,
Nous le plumerons tout du long.

Nous plumerons la fesse gauche du Roitelet,
Car celle-là est toute petite. (*bis.*)
Nous plumerons sa fesse gauche, son aile droite, son aile gauche, son dos, son ventre, sa poitrine, son cou, sa tête, son oreille droite, son oreille gauche, son œil droit, son œil gauche, son bec,
Nous le plumerons tout du long.

Nous plumerons la fesse droite du Roitelet,
Car celle-là est toute petite. (*bis.*)
Nous plumerons sa fesse droite, sa fesse gauche, son aile droite, son aile gauche, son dos, son ventre, sa poitrine, son cou, sa tête, son oreille droite, son oreille gauche, son œil droit, son œil gauche, son bec,
Nous le plumerons tout du long.

Nous plumerons la cuisse gauche du Roitelet,
Car celle-là est toute petite. (*bis.*)
Nous plumerons sa cuisse gauche, sa fesse droite, sa fesse gauche, son aile droite, son aile gauche, son dos, son ven-

he vruchet, he c'houe, he benn, he scouarn dehou, he scouarn gleiz, he lagad dehou, he lagad cleiz, he vec ;
Nin hen dibluo hed-ha-hed.

Nin 'zibluo morzed dehou al Laouenanic,
Rac honès a zo bihanic. (*bis.*)
Nin 'zibluo he vorzed dehou, he vorzed cleiz, he feskenn dehou, he feskenn gleiz, he askell dehou, he askell gleiz, he geinn, he gov, he vruchet, he c'houe, he benn, he scouarn dehou, he scouarn gleiz, he lagad dehou, he lagad cleiz, he vec ;
Nin hen dibluo hed-ha-hed.

Nin 'zibluo gar gleiz al Laouenanic,
Rac honès a zo bihanic. (*bis.*)
Nin 'zibluo he c'har gleiz, he vorzed dehou, he vorzed cleiz, he feskenn dehou, he feskenn gleiz, he askell dehou, he askell gleiz, he geinn, he gov, he vruchet, he c'houe, he benn, he scouarn dehou, he scouarn gleiz, he lagad dehou, he lagad cleiz, he vec ;
Nin hen dibluo hed-ha-hed.

Nin 'zibluo gar dehou al Laouenanic,
Rac honès a zo bihanic. (*bis.*)
Nin zibluo he c'har dehou, he c'har gleiz, he vorzed dehou, he vorzed cleiz, he feskenn dehou, he feskenn gleiz, he askell dehou, he askell gleiz, he geinn, he gov, he vruchet, he c'houe, he benn, he scouarn dehou, he scouarn gleiz, he lagad dehou, he lagad cleiz, he vec ;
Nin hen dibluo hed-ha-hed.

Nin 'zibluo troad cleiz al Laouenanic,
Rac henès a zo bihanic. (*bis.*)
Nin 'zibluo he droad cleiz, he c'har dehou, he c'har gleiz, he vorzed dehou, he vorzed cleiz, he feskenn dehou, he feskenn gleiz, he askell dehou, he askell gleiz, he geinn, he gov, he vruchet, he c'houe, he benn, he scouarn dehou, he scouarn gleiz, he lagad dehou, he lagad cleiz, he vec ;
Nin hen zibluo hed-ha-hed.

Nin 'zibluo troad dehou al Laouenanic,
Rac henès a zo bihanic. (*bis.*)
Nin 'zibluo he droad dehou, he droad cleiz, he c'har dehou, he c'har gleiz, he vorzed dehou, he vorzed cleiz, he feskenn dehou, he feskenn gleiz, he askell dehou, he askell gleiz, he geinn, he gov, he vruchet, he c'houe, he benn, he scouarn

tre, sa poitrine, son cou, sa tête, son oreille droite, son oreille gauche, son œil droit, son œil gauche, son bec,
Nous le plumerons tout du long.

Nous plumerons la cuisse droite du Roitelet,
Car celle-là est toute petite. (*bis.*)
Nous plumerons sa cuisse droite, sa cuisse gauche, sa fesse droite, sa fesse gauche, son aile droite, son aile gauche, son dos, son ventre, sa poitrine, son cou, sa tête, son oreille droite, son oreille gauche, son œil droit, son œil gauche, son bec,
Nous le plumerons tout du long.

Nous plumerons la jambe gauche du Roitelet,
Car celle-là est toute petite. (*bis.*)
Nous plumerons sa jambe gauche, sa cuisse droite, sa cuisse gauche, sa fesse droite, sa fesse gauche, son aile droite, son aile gauche, son dos, son ventre, sa poitrine, son cou, sa tête, son oreille droite, son oreille gauche, son œil droit, son œil gauche, son bec,
Nous le plumerons tout du long.

Nous plumerons la jambe droite du Roitelet,
Car celle-là est toute petite. (*bis.*)
Nous plumerons sa jambe droite, sa jambe gauche, sa cuisse droite, sa cuisse gauche, sa fesse droite, sa fesse gauche, son aile droite, son aile gauche, son dos, son ventre, sa poitrine, son cou, sa tête, son oreille droite, son oreille gauche, son œil droit, son œil gauche, son bec,
Nous le plumerons tout du long.

Nous plumerons le pied gauche du Roitelet,
Car celui-là est tout petit. (*bis.*)
Nous plumerons son pied gauche, sa jambe droite, sa jambe gauche, sa cuisse droite, sa cuisse gauche, sa fesse droite, sa fesse gauche, son aile droite, son aile gauche, son dos, son ventre, sa poitrine, son cou, sa tête, son oreille droite, son oreille gauche, son œil droit, son œil gauche, son bec,
Nous le plumerons tout du long.

Nous plumerons le pied droit du Roitelet,
Car celui-là est tout petit. (*bis.*)
Nous plumerons son pied droit, son pied gauche, sa jambe droite, sa jambe gauche, sa cuisse droite, sa cuisse gauche, sa fesse droite, sa fesse gauche, son aile droite, son aile gauche, son dos, son ventre, sa poitrine, son cou, sa tête,

dehou, he scouarn gleiz, he lagad dehou, he lagad cleiz, he
vec ;
Nin hen dibluo hed-ha-hed.

Nin zibluo meud troad cleiz al Laouenanic,
Rac henés a zo bihanic. (*bis.*)
Nin 'zibluo meud he droad cleiz, he droad dehou, he droad
cleiz, he c'har dehou, he c'har gleiz, he vorzed dehou, he
vorzed cleiz, he feskenn dehou, he feskenn gleiz, he askell
dehou, he askell gleiz, he geinn, he gov, he vruchet, he
c'houe, he benn, he scouarn dehou, he scouarn gleiz, he
lagad dehou, he lagad cleiz, he vec ;
Nin hen dibluo hed-ha-hed.

Nin 'zibluo meud troad dehou al Laouenanic,
Rac henés a zo bihanic. (*bis.*)
Nin 'zibluo meud he droad dehou, meud he droad cleiz, he
droad dehou, he droad cleiz, he c'har dehou, he c'har gleiz,
he vorzed dehou, he vorzed cleiz, he feskenn dehou, he feskenn gleiz, he askell dehou, he askell gleiz, he geinn, he
gov, he vruchet, he c'houe, he benn, he scouarn dehou, he
scouarn gleiz, he lagad dehou, he lagad cleiz, he vec ;
Nin hen dibluo hed-ha-hed.

(Evit diverra, bremann e tibluer, ann eil goude egile, hol
bizied hac hol ivinou he daou droad.)

Nin 'zibluo lost al Laouenanic,
Rac henés a zo bihanic. (*bis.*)
Nin 'zibluo he lost, ivinou he vizied, he vizied, meud he droad
dehou, meud he droad cleiz, he droad dehou, he droad cleiz,
he c'har dehou, he c'har gleiz, he vorzed dehou, he vorzed
cleiz, he feskenn dehou, he feskenn gleiz, he askell dehou,
he askell gleiz, he geinn, he gov, he vruchet, he c'houe, he
benn, he scouarn dehou, he scouarn gleiz, he lagad dehou,
he lagad cleiz, he vec ;
Hen dibluet hon eus hed-ha-hed ! [1]

Canet Gant Guillemette PLASSART, euz ar Chloastr,
(*Finistère*). — décembre 1876.

---

[1] Cette pièce, comme celle : *J'ai un champ*, — *le beau champ !*, —
celle du Merle, qui a perdu son bec et tous ses membres, l'un après
l'autre ; le jeune Coq, qui salit son joli pied dans la boue ; *Gouperou
ar Raned*, ou les *Vêpres des Grenouilles*, est un jeu fait pour exercer
la mémoire, et délier la langue. Il est pratiqué par nos paysans bretons,

son oreille droite, son oreille gauche, son œil droit, son œil gauche, son bec,
Nous le plumerons tout du long.

Nous plumerons le pouce du pied gauche du Roitelet,
Car celui-là est tout petit. (*bis*.)
Nous plumerons le pouce de son pied gauche, son pied droit, son pied gauche, sa jambe droite, sa jambe gauche, sa cuisse droite, sa cuisse gauche, sa fesse droite, sa fesse gauche, son aile droite, son aile gauche, son dos, son ventre, sa poitrine, son cou, sa tête, son oreille droite, son oreille gauche, son œil droit, son œil gauche, son bec,
Nous le plumerons tout du long.

Nous plumerons le pouce du pied droit du Roitelet,
Car celui-là est tout petit. (*bis*.)
Nous plumerons le pouce de son pied droit, le pouce de son pied gauche, son pied droit, son pied gauche, sa jambe droite, sa jambe gauche, sa cuisse droite, sa cuisse gauche, sa fesse droite, sa fesse gauche, son aile droite, son aile gauche, son dos, son ventre, sa poitrine, son cou, sa tête, son oreille droite, son oreille gauche, son œil droit, son œil gauche, son bec,
Nous le plumerons tout du long.

(Pour abréger, on plumera, à présent, l'un après l'autre, tous les doigts et tous les ongles de ses deux pieds.)

Nous plumerons la queue du Roitelet,
Car celle-là est toute petite. (*bis*.)
Nous plumerons sa queue, les ongles de ses doigts, ses doigts, le pouce de son pied droit, le pouce de son pied gauche, son pied droit, son pied gauche, sa jambe droite, sa jambe gauche, sa cuisse droite, sa cuisse gauche, sa fesse droite, sa fesse gauche, son aile droite, son aile gauche, son dos, son ventre, sa poitrine, son cou, sa tête, son oreille droite, son oreille gauche, son œil droit, son œil gauche, son bec ;
Nous l'avons plumé tout du long !

Chanté par Guillemette PLASSART, du Cloître
(*Finistère*), — décembre 1876.

---

quand ils se trouvent réunis au foyer domestique, devant un bon feu, aux longues veillées d'hiver.

Les séries, augmentées d'un mot, à chaque reprise, doivent se débiter rapidement, et celui qui omet un mot, ou ne le met pas à sa place, doit un gage, et est remplacé par un autre.

La version française qui suit, (p. 86) sous le titre de : *Plumer l'Alouette*, est-elle une imitation du breton, ou est-ce le français qui a fourni le thème primitif ? C'est ce que je ne saurais décider.

DISPENNAN AR VOUALC'H

Ar voualc'h hen eus collet he vec.
Penaoz c'hallo ar voualc'h canan,
Mar d'eo gwir è collet gant-han :
He vec ?

Ar voualc'h hen eus collet :
He vec, he deod.
Penaoz c'hallo ar voualc'h canan,
Mar d'eo gwir è collet gant-han :
He deod, he vec ?

Ar voualc'h hen eus collet :
He vec, he deod, he lagad cleiz.
Penaoz c'hallo ar voualc'h canan,
Mar d'eo gwir è collet gant-han :
He lagad cleiz, he deod, he vec ?

Ar voualc'h hen eus collet :
He vec, he deod, he lagad cleiz, he lagad dehou.
Penaoz c'hallo ar voualc'h canan,
Mar d'eo gwir è collet gant-han :
He lagad dehou, he lagad cleiz, he deod, he vec ?

Ar voualc'h hen eus collet :
He vec, he deod, he lagad cleiz, he lagad dehou, he benn.
Penaoz c'hallo ar voualch canan,
Mar d'eo gwir è collet gant-han :
He benn, he lagad dehou, he lagad cleiz, he deod, he vec.

Ar voualc'h hen eus collet : [c'houc.
He vec, he deod, he lagad cleiz, he lagad dehou, he benn, he
Penaoz c'hallo ar voualc'h canan,
Mar d'eo gwir è collet gant-han : [he vec ?
He c'houc, he benn, he lagad dehou, he lagad cleiz, he deod,

Ar voualch hen eus collet :
He vec, he deod, he lagad cleiz, he lagad dehou, he benn, he
  c'houc, he askell gleiz.
Penaoz c'hallo ar voualc'h canan,
Mar d'eo gwir è collet gant-han :
He askell gleiz, he c'houc, he benn, he lagad dehou, he lagad
  cleiz, he deod, he vec ?

DÉPECER LE MERLE

Le Merle a perdu son bec.
Comment pourra le Merle chanter,
S'il est vrai qu'il a perdu :
Son bec ?

Le Merle a perdu :
Son bec, sa langue.
Comment pourra le Merle chanter,
S'il est vrai qu'il a perdu :
Sa langue, son bec ?

Le Merle a perdu :
Son bec, sa langue, son œil gauche.
Comment pourra le Merle chanter,
S'il est vrai qu'il a perdu :
Son œil gauche, sa langue, son bec ?

Le Merle a perdu :
Son bec, sa langue, son œil gauche, son œil droit.
Comment pourra le Merle chanter,
S'il est vrai qu'il a perdu :
Son œil droit, son œil gauche, sa langue, son bec ?

Le Merle a perdu :
Son bec, sa langue, son œil gauche, son œil droit, sa tête.
Comment pourra le Merle chanter,
S'il est vrai qu'il a perdu :
Sa tête, son œil droit, son œil gauche, sa langue, son bec ?

Le Merle a perdu :
Son bec, sa langue, son œil gauche, son œil droit, sa tête, son cou.
Comment pourra le Merle chanter,
S'il est vrai qu'il a perdu :
Son cou, sa tête, son œil droit, son œil gauche, sa langue, son bec ?

Le Merle a perdu :
Son bec, sa langue, son œil gauche, son œil droit, sa tête, son cou, son aile gauche.
Comment pourra le Merle chanter,
S'il est vrai qu'il a perdu :
Son aile gauche, son cou, sa tête, son œil droit, son œil gauche, sa langue, son bec ?

Ar voualc'h hen eus collet :
He vec, he deod, he lagad cleiz, he lagad dehou, he benn, he c'houc, he askell gleiz, he askell dehou.
Penaoz c'hallo ar voualc'h canan,
Mar d'eo gwir è collet gant-han :
He askell dehou, he askell gleiz, he c'houc, he benn, he lagad dehou, he lagad cleiz, he deod, he vec?

Ar voualc'h hen eus collet :
He vec, he deod, he lagad cleiz, he lagad dehou, he benn, he c'houc, he askell gleiz, he askell dehou, he geinn.
Penaoz c'hallo ar voualc'h canan,
Mar d'eo gwir è collet gant-han :
He geinn, he askell dehou, he askell gleiz, he c'houc, he benn, he lagad dehou, he lagad cleiz, he deod, he vec?

Ar voualc'h hen eus collet :
He vec, he deod, he lagad cleiz, he lagad dehou, he benn, he c'houc, he askell gleiz, he askell dehou, he geinn, he gov.
Penaoz c'hallo ar voualc'h canan,
Mar d'eo gwir è collet gant-han :
He geinn, he gov, he askell dehou, he askell gleiz, he c'houc, he benn, he lagad dehou, he lagad cleiz, he deod, he vec?

Ar voualc'h hen eus collet :
He vec, he deod, he lagad cleiz, he lagad dehou, he benn, he c'houc, he askell gleiz, he askell dehou, he geinn, he gov, he vozed cleiz.
Penaoz c'hallo ar voualc'h canan,
Mar d'eo gwir è collet gant-han :
He vorzed cleiz, he geinn, he gov, he askell dehou, he askell gleiz, he c'houc, he benn, he lagad dehou, he lagad cleiz, he deod, he vec?

Ar voualc'h hen eus collet :
He vec, he deod, he lagad cleiz, he lagad dehou, he benn, he c'houc, he askell gleiz, he askell dehou, he geinn, he gov, he vorzed cleiz, he vorzed dehou.
Penaoz c'hallo ar voualc'h canan,
Mar d'eo gwir è collet gant-han :
He vorzed dehou, he vorzed cleiz, he gov, he geinn, he askell dehou, he askell gleiz, he c'houc, he benn, he lagad dehou, he lagad cleiz, he deod, he vec?

Ar voualc'h hen eus collet :
He vec, he deod, he lagad cleiz, he lagad dehou, he benn, he

Le Merle a perdu :
Son bec, sa langue, son œil gauche, son œil droit, sa tête, son cou, son aile gauche, son aile droite.
Comment pourra le Merle chanter,
S'il est vrai qu'il a perdu :
Son aile droite, son aile gauche, son cou, sa tête, son œil droit, son œil gauche, sa langue, son bec ?

Le Merle a perdu :
Son bec, sa langue, son œil gauche, son œil droit, sa tête, son cou, son aile gauche, son aile droite, son dos.
Comment pourra le Merle chanter,
S'il est vrai qu'il a perdu :
Son dos, son aile droite, son aile gauche, son cou, sa tête, son œil droit, son œil gauche, sa langue, son bec ?

Le Merle a perdu :
Son bec, sa langue, son œil gauche, son œil droit, sa tête, son cou, son aile gauche, son aile droite, son dos, son ventre.
Comment pourra le Merle chanter,
S'il est vrai qu'il a perdu :
Son ventre, son dos, son aile droite, son aile gauche, son cou, sa tête, son œil droit, son œil gauche, sa langue, son bec ?

Le Merle a perdu :
Son bec, sa langue, son œil gauche, son œil droit, sa tête, son cou, son aile gauche, son aile droite, son dos, son ventre, sa cuisse gauche.
Comment pourra le Merle chanter,
S'il est vrai qu'il a perdu :
Sa cuisse gauche, son ventre, son dos, son aile droite, son aile gauche, son cou, sa tête, son œil droit, son œil gauche, sa langue, son bec ?

Le Merle a perdu :
Son bec, sa langue, son œil gauche, son œil droit, sa tête, son cou, son aile gauche, son aile droite, son dos, son ventre, sa cuisse gauche, sa cuisse droite.
Comment pourra le Merle chanter,
S'il est vrai qu'il a perdu :
Sa cuisse droite, sa cuisse gauche, son ventre, son dos, son aile droite, son aile gauche, son cou, sa tête, son œil droit, son œil gauche, sa langue, son bec ?

Le Merle a perdu :
Son bec, sa langue, son œil gauche, son œil droit, sa tête, son

c'houc, he askell gleiz, he askell dehou, he geinn, he gov,
he vorzed cleiz, he vorzed dehou, he c'hlinn gleiz.
Penaoz c'hallo ar voualc'h canan,
Mar d'eo gwir è collet gant-han :
He c'hlinn gleiz, he vorzed dehou, he vorzed cleiz, he gov, he
geinn, he askell dehou, he askell gleiz, he c'houc, he
benn, he lagad dehou, he lagad cleiz, he deod, he vec ?

Ar voualc'h hen eus collet :
He vec, he deod, he lagad cleiz, he lagad dehou, he benn, he
c'houc, he askell gleiz, he askell dehou, he geinn, he gov,
he vorzed cleiz, he vorzed dehou, he c'hlinn gleiz, he c'hlinn
dehou.
Penaoz c'hallo ar voualc'h canan,
Mar d'eo gwir è collet gant-han :
He c'hlinn dehou, he c'hlinn gleiz, he vorzed dehou, he vorzed
cleiz, he gov, he geinn, he askell dehou, he askell gleiz,
he c'houc, he benn, he lagad dehou, he lagad cleiz, he
deod, he vec ?

Ar voualc'h hen eus collet :
He vec, he deod, he lagad cleiz, he lagad dehou, he benn, he
c'houc, he askell gleiz, he askell dehou, he geinn, he gov,
he vorzed cleiz, he vorzed dehou, he c'hlinn gleiz, he
c'hlinn dehou, biz-meud he droad cleiz.
Penaoz c'hallo ar voualc'h canan,
Mar d'eo gwir è collet gant-han :
Biz-meud he droad cleiz, he c'hlinn dehou, he c'hlinn gleiz,
he vorzed dehou, he vorzed cleiz, he gov, he geinn, he askell dehou, he askell gleiz, he c'houc, he benn, he lagad
dehou, he lagad cleiz, he deod, he vec ?

(Laret evel-se evit hol bizied hac ivinou he daou droad, ann eil goude
egile,)

Ar voualc'h hen eus collet :
He vec, he deod, he lagad cleiz, he lagad dehou, he benn, he
c'houc, he askell gleiz, he askell dehou, he geinn, he gov,
he vorzed cleiz, he vorzed dehou, he c'hlinn gleiz, he c'hlinn
dehou, biz-meud he droad cleiz, he lost.
Penaoz c'hallo ar voualc'h canan,
Mar d'eo gwir è collet gant-han :
He lost, biz-meud he droad cleiz, biz-meud he droad dehou, he c'hlinn dehou, he c'hlinn gleiz, he vorzed dehou,

— 85 —

cou, son aile gauche, son aile droite, son dos, son ventre, sa cuisse gauche, sa cuisse droite, son genou gauche.
Comment pourra le Merle chanter,
S'il est vrai qu'il a perdu :
Son genou gauche, sa cuisse droite, sa cuisse gauche, son ventre, son dos, son aile droite, son aile gauche, son cou, sa tête, son œil droit, son œil gauche, sa langue, son bec ?

Le Merle a perdu :
Son bec, sa langue, son œil gauche, son œil droit, sa tête, son cou, son aile gauche, son aile droite, son dos, son ventre, sa cuisse gauche, sa cuisse droite, son genou gauche, son genou droit.
Comment pourra le Merle chanter,
S'il est vrai qu'il a perdu :
Son genou droit, son genou gauche, sa cuisse droite, sa cuisse gauche, son ventre, son dos, son aile droite, son aile gauche, son cou, sa tête, son œil droit, son œil gauche, sa langue, son bec ?

Le Merle a perdu :
Son bec, sa langue, son œil gauche, son œil droit, sa tête, son cou, son aile gauche, son aile droite, son dos, son ventre, sa cuisse gauche, sa cuisse droite, son genou gauche, son genou droit, le pouce de son pied gauche.
Comment pourra le Merle chanter,
S'il est vrai qu'il a perdu :
Le pouce de son pied gauche, son genou droit, son genou gauche, sa cuisse droite, sa cuisse gauche, son ventre, son dos, son aile droite, son aile gauche, son cou, sa tête, son œil droit, son œil gauche, sa langue, son bec ?

(Enumérer ainsi tous les doigts, puis les ongles de ses deux pieds, l'un après l'autre.)

Le Merle a perdu :
Son bec, sa langue, son œil gauche, son œil droit, sa tête, son cou, son aile gauche, son aile droite, son dos, son ventre, sa cuisse gauche, sa cuisse droite, son genou gauche, son genou droit, le pouce de son pied gauche, sa queue.
Comment pourra le Merle chanter,
S'il est vrai qu'il a perdu :
Sa queue, le pouce de son pied droit, le pouce de son pied gauche, son genou droit, son genou gauche, sa cuisse droite,

he vorzed cleiz, he gov, he geinn, he askell dehou, he askell gleiz, he c'houc, he benn, he lagad dehou, he lagad cleiz, he deod, he vec?

Canet gant Marc'harit Fulup. — *Plouaret*, 1873.

PLUMER L'ALOUETTE

Nous plumerons l'alouette, l'alouette,
Nous plumerons l'alouette, tout du long !

Nous plumerons le bec de l'alouette, l'alouette,
  Oui, nous la plumerons, l'alouette, l'alouette,
  Oui, nous la plumerons tout du long !

Nous plumerons la tête de l'alouette, l'alouette ; la tête, le bec de l'alouette, l'alouette.
  Oui, nous la plumerons, l'alouette, l'alouette,
  Oui, nous la plumerons tout du long !

Nous plumerons les yeux de l'alouette, l'alouette ; les yeux, la tête, le bec de l'alouette, l'alouette ;
  Oui, nous la plumerons, l'alouette, l'alouette,
  Oui, nous la plumerons tout du long !

Nous plumerons les oreilles de l'alouette, l'alouette ; les oreilles, les yeux, la tête, le bec de l'alouette, l'alouette.
  Oui, nous la plumerons l'alouette, l'alouette,
  Oui, nous la plumerons tout du long !

Nous plumerons le cou de l'alouette, l'alouette ; le cou, les oreilles, les yeux, la tête, le bec de l'alouette, l'alouette :
  Oui, nous la plumerons, l'alouette l'alouette,
  Oui, nous la plumerons tout du long !

Nous plumerons la gorge de l'alouette, l'alouette ; la gorge, le cou, les oreilles, les yeux, la tête, le bec de l'alouette, l'alouette :
  Oui, nous la plumerons, l'alouette, l'alouette,
  Oui, nous la plumerons tout du long !

Nous plumerons le ventre de l'alouette, l'alouette ; le ventre, sa cuisse gauche, son ventre, son dos, son aile droite, son aile gauche, son cou, sa tête, son œil droit, son œil gauche, sa langue, son bec [1] ?

Chanté par Marguerite PHILIPPE. — *Plouaret*, 1873

[1] C'est encore ici un jeu, comme la pièce où l'on déplume l'Alouette, et dès que celui qui récite ou chante la pièce, sur un air de mélopée connu, omet un point, ou ne le met pas à sa place rigoureusement marquée, il a perdu, et doit donner un gage. Puis un autre recommence.

Ce qui fait la difficulté du morceau, c'est que les séries, que l'on doit réciter vite, se débitent dans deux sens inverses, du bec à la queue, et de la queue au bec.

Il y a quelques omissions ou oublis dans cette version, par exemple, les oreilles, la poitrine, les pieds. — Je crois devoir donner aussi la pièce française connue sous le titre de : *Plumer l'Alouette*.

---

la gorge, le cou, les oreilles, les yeux, la tête, le bec de l'alouette, l'alouette :
Oui, nous plumerons l'alouette, l'alouette,
Oui, nous la plumerons tout du long !

Nous plumerons le dos de l'alouette, l'alouette ; le dos, le ventre, la gorge, le cou, les oreilles, les yeux, la tête, le bec de l'alouette, l'alouette :
Oui, nous plumerons l'alouette, l'alouette,
Oui, nous la plumerons tout du long.

Nous plumerons les ailes de l'alouette, l'alouette ; les ailes, le dos, le ventre, la gorge, le cou, les oreilles, les yeux, la tête, le bec de l'alouette, l'alouette :
Oui, nous plumerons l'alouette, l'alouette,
Oui, nous la plumerons tout du long.

Nous plumerons les fesses de l'alouette, l'alouette ; les fesses, les ailes, le dos, le ventre, la gorge, le cou, les oreilles, les yeux, la tête, le bec de l'alouette, l'alouette.
Oui, nous plumerons l'alouette, l'alouette,
Oui, nous la plumerons tout du long.

Nous plumerons les cuisses de l'alouette, l'alouette ; les cuisses, les fesses, les ailes, le dos, le ventre, la gorge, le cou, les oreilles, les yeux, la tête, le bec de l'alouette, l'alouette :
Oui, nous plumerons l'alouette, l'alouette,
Oui, nous la plumerons tout du long.

Nous plumerons les jambes de l'alouette, l'alouette ; les jambes, les cuisses, les fesses, les ailes, le dos, le ventre, la

gorge, le cou, les oreilles, les yeux, la tête, le bec de l'alouette, l'alouette.
Oui, nous plumerons l'alouette, l'alouette,
Oui, nous la plumerons tout du long.

Nous plumerons les pieds de l'alouette, l'alouette ; les pieds, les jambes, les cuisses, les fesses, les ailes, le dos, le ventre, la gorge, le cou, les oreilles, les yeux, la tête, le bec de l'alouette, l'alouette.
Oui, nous plumerons l'alouette, l'alouette,
Oui, nous la plumerons tout du long.

Nous plumerons les doigts de l'alouette, l'alouette ; les doigts, les pieds, les jambes, les cuisses, les fesses, les ailes, le dos, le ventre, la gorge, le cou, les oreilles, les yeux, la tête, le bec de l'alouette, l'alouette.
Oui, nous plumerons l'alouette, l'alouette,
Oui, nous la plumerons tout du long.

Nous plumerons le cul de l'alouette, l'alouette ; le cul, les doigts, les pieds, les jambes, les cuisses, les fesses, les ailes, le dos, le ventre, la gorge, le cou, les oreilles, les yeux, la tête, le bec de l'alouette, l'alouette.
Oui, nous plumerons l'alouette, l'alouette,
Oui, nous la plumerons tout du long.

GOUSPERO KERNÉ.

— Lavar d'in petra eo unan ?
— Eun Doue hep ken, pehini zo en nef.
— Petra eo daou ?
— Daou destamant.
   Eun Doue hep ken, pehini zo en nef.
— Petra eo tri ?
— Tri Ferson ann Drindet ;
   Daou destamant,
   Eun Doue hep ken, pehini zo en nef.
— Petra eo pevar ?
— Pevar Avieller ;
   Tri Ferson ann Drindet,

Nous plumerons la queue de l'alouette, l'alouette ; la queue,
le cul, les doigts, les pieds, les jambes, les cuisses, les fesses, les ailes, le dos, le ventre, la gorge, le cou, les oreilles
les yeux, la tête, le bec de l'alouette, l'alouette.
Oui, nous plumerons l'alouette, l'alouette ;
Du bec à la queue, nous l'avons plumée tout du long.

Chanté par Guillemette PLASSART. -- *du Cloître.*
(*Finistère*) décembre 1876.

Qu'elle soit imitée ou non du breton qui précède, cette pièce est assez répandue en Basse-Bretagne, et la personne qui récite la première propose aussi souvent de réciter la version française. Je l'ai entendu chanter, pour la première fois, par un groupe de matelots, dans un faubourg de Brest. La pièce bretonne et la pièce française ne diffèrent guère entr'elles, comme on le voit, que par la substitution de l'alouette, dans la seconde, au roitelet de la première. Une voix seule psalmodie les séries, qui vont s'augmentant à chaque fois d'un membre ou d'une partie quelconque de l'oiseau, et le chœur répond :

Oui, nous plumerons l'alouette, l'alouette,
Oui, nous la plumerons tout du long !

LES VÊPRES DE CORNOUAILLE

— Dis-moi ce que c'est qu'un ?
— Un Dieu, sans plus, qui est au ciel.
— Qu'est-ce que c'est que deux ?
— Deux testaments.
Un Dieu, sans plus, qui est au ciel.
— Qu'est-ce que c'est que trois ?
— Les trois Personnes de la Trinité.
Deux testaments
Un Dieu, sans plus, qui est au ciel.
— Qu'est-ce que c'est que quatre ?
— Quatre Évangélistes ;
Les trois Personnes de la Trinité,

Daou destamant,
   Eun Doue hep ken, pehini zo en nef.
— Petra eo pemp ?
— Pemp bara ann desert,
   Pevar Avieller,
   Tri Ferson ann Drindet,
   Daou destamant,
   Eun Doue hep ken, pehini zo en nef.
— Petra eo c'h c'huec'h ?
— C'huec'h podad gwinn,
   En Cana Gallilé,
   Pemp bara ann desert,
   Pevar Avieller,
   Tri Ferson ann Drindet,
   Daou destamant,
   Eun Doue hep ken, pehini zo en nef.
— Petra eo seiz ?
— Seiz Sacramant,
   C'huec'h podad gwinn,
   En Cana Gallilé,
   Pemp bara ann desert,
   Pevar Avieller,
   Tri Ferson ann Drindet,
   Daou destamant,
   Eun Doue hep ken, pehini zo en nef.
— Petra eo eiz ?
— Eiz evurusted,
   Seiz Sacramant,
   C'huec'h podad gwinn,
   En Cana Gallilé,
   Pemp bara ann desert,
   Pevar Avieller,
   Tri ferson ann Drindet,
   Daou destamant,
   Enn Doue hep ken, pehini 'zo en nef.
— Petra eo nao ?
— Nao Arc'hel,
   Eiz evurusted,
   Seiz Sacramant,
   C'huec'h podad gwinn,
   En Cana Gallilé,
   Pemp bara ann desert,
   Pevar Avieller,
   Tri Ferson ann Drindet,

Deux testaments ;
Un Dieu, sans plus, qui est au ciel.
— Qu'est-ce que c'est que cinq ?
— Les cinq pains du désert ;
Quatre Évangélistes ;
Les trois personnes de la Trinité ;
Deux testaments ;
Un Dieu, sans plus, qui est au ciel.
— Qu'est-ce que c'est que six ?
— Les six pots de vin,
A Cana en Galilée ;
Les cinq pains du désert ;
Quatre Évangélistes ;
Les trois Personnes de la Trinité ;
Deux testaments ;
Un Dieu, sans plus qui est au ciel.
— Qu'est-ce que c'est que sept ?
— Les sept Sacrements ;
Les six pots de vin,
A Cana, en Galilée ;
Les cinq pains du désert ;
Quatre Évangélistes ;
Les trois Personnes de la Trinité ;
Deux testaments ;
Un Dieu, sans plus, qui est au ciel.
— Qu'est-ce que c'est que huit ?
— Les huit joies ;
Les sept Sacrements ;
Les six pots de vin,
A Cana, en Galilée ;
Les cinq pains du désert ;
Les quatre Évangélistes ;
Les trois Personnes de la Trinité ;
Les deux testaments ;
Un Dieu, sans plus, qui est au ciel.
— Qu'est-ce que c'est que neuf ?
— Les neuf Archanges ;
Les huit joies ;
Les sept Sacrements ;
Les six pots de vin,
A Cana, en Galilée ;
Les cinq pains du désert ;
Les quatre Évangélistes ;
Les trois Personnes de la Trinité ;

Daou destamant,
Eun Doue hep ken, pehini 'zo en nef.
— Petra eo dec ?
— Dec Gourc'hemenn,
Nao Arc'hel,
Eiz evurusted,
Seiz Sacramant,
C'huec'h podad gwinn,
En Cana Gallilé,
Pemp bara ann desert,
Pevar Avieller,
Tri Ferson ann Drindet,
Daou destamant,
Eun Doue hep ken, pehini zo en nef.
— Petra eo eunnec ?
— Eunnec Profet,
Dec Gourc'hemenn,
Nao Arc'hal,
Eiz evurusted,
Seiz Sacramant,
C'huec'h podad gwinn,
En Cana Gallilé,
Pemp bara ann desert,
Pevar Avieller,
Tri Ferson ann Drindet,
Daou destamant,
Eun Doue hep ken, pehini 'zo en nef.
— Petra eo daouzec ?
— Daouzec Abostol,
Eunnec Profet,

MŒURS ET USAGES DE LA HAUTE-BRETAGNE. — *Les tricoteries*. — Sous ce titre nous lisons dans *Mélusine*.

Dans les villages de l'Ille-et-Vilaine, ce sont généralement de vieilles filles dévotes qui apprennent à tricoter aux enfants. Elles placent les fillettes en rond autour d'elles, et, pour les exciter à aller vite, elles leur font dire à la fin de chaque *aiguillée :*

1re aiguillée. *Une*, le Père.
2e — *Deux*, le Fils.
3e — *Trois*, le Saint-Esprit.
4e — *Quatre*, Évangélistes
5e — *Cinq*, plaies de Notre-Seigneur.
6e — *Six*, Commandements de l'Église.
7e — *Sept*, Sacrements.

Les deux testaments ;
Un Dieu, sans plus, qui est au ciel.
— Qu'est-ce que c'est que dix ?
— Les dix Commandements ;
Les neuf Archanges ;
Les huit joies ;
Les sept Sacrements ;
Les six pots de vin,
A Cana, en Galilée ;
Les cinq pains du désert ;
Les quatre Évangélistes ;
Les trois Personnes de la Trinité ;
Les deux testaments ;
Un Dieu, sans plus, qui est au ciel.
— Qu'est-ce que c'est que onze ?
— Onze Prophètes ;
Les dix Commandements ;
Les neuf Archanges ;
Les huit joies ;
Les sept Sacrements ;
Les six pots de vin,
A Cana, en Galilée ;
Les cinq pains du désert ;
Les quatre Évangélistes ;
Les trois Personnes de la Trinité ;
Les deux testaments ;
Un Dieu, sans plus, qui est au ciel.
— Qu'est-ce que c'est que douze ?
— Les douze Apôtres.
Les onze Prophètes ;

8e	—	*Huit*, béatitudes.
9e	—	*Neuf*, chœurs des Anges.
10e	—	*Dix*, Commandements de Dieu.
11e	—	*Onze*, mille vierges.
12e	—	*Douze*, Apôtres.
13e	—	*Treize*, Juda.
14e	—	*Quatorze*, allégresses.
15e	—	*Quinze*, mystères du Rosaire.
16e	—	*Seize*, Jésus dans dans la crèche.
17e	—	*Dix-sept*, Jésus reçoit un soufflet.
18e	—	*Dix-huit*, Jésus est parmi les Juifs.
19e	—	*Dix-neuf, Jésus*, est dans un tombeau neuf.
20e	—	*Vingt*, Jésus est parmi les saints.

Dec Gourc'hemen,
Nao arc'hel,
Eiz evurusted,
Seiz Sacramant,
C'huec'h podad gwinn,
En Cana Gallilé,
Pemp bara ann desert,
Pevar Avielter,
Tri Ferson ann Drindet,
Daou destamant,
Eun Doue hep ken, pehini 'zo en nef.

Canet gant Jean-Mari PLASSART, euz a barroz ar
C'hloastr. — 1874.

GOUSPERO AR RANED

I

— Càn caer, Killoré¹.
— Jolie, petra faot dide ?
— Caera traïc a gement ouzoud-te.
— Eur biz arc'hant da Vari.

II

— Càn caer, Killoré.
— Jolie, petra faot dide ?
— Caera daou draïc a gement ouzoud-te.
— Daou viz arc'hant da Vari.
Eur biz arc'hant da Vari.

III

— Càn caer, Killoré.
— Jolie, petra faot dide ?
— Caera tri draïc a gement ouzoud-te.
— Ter rouanès er mendi, (er merdi ?)

¹ Les variantes et les notes se trouvent à la fin de la pièce.

Les dix Commandements ;
Les neuf Archanges ;
Les huit joies ;
Les sept Sacrements ;
Les six pots de vin,
A Cana, en Galilée ;
Les cinq pains du désert ;
Les quatre Évangélistes ;
Les trois Personnes de la Trinité ;
Les deux testaments ;
Un Dieu, sans plus, qui est au ciel.

Chanté par Jean-Marie P<small>LASSART</small>,
de la paroisse du Cloître, — 1874.

LES VÊPRES DES GRENOUILLES

I

— Chante bellement, Killoré (?)
— Jolic ? que te faut-il (?) [1]
— La plus belle petite chose que tu saches.
— Un anneau d'argent à Marie.

II

— Chante bellement, Killoré.
— Jolic, que te faut-il ?
— Les deux plus belles petites choses que tu saches.
— Deux anneaux d'argent à Marie,
— Un anneau d'argent à Marie.

III

— Chante bellement, Killoré.
— Jolic, que te faut-il ?
— Les trois plus belles petites choses que tu saches.
— Trois reines dans un palais (?)

---

[1] Qu'est-ce que Killoré et qu'est-ce que Jolic ?

Pere'hen ann tri mab Herri,
O c'hoari, o fredoni,
Eur biz arc'hant gant peb-hini;
Daou viz arc'hant da Vari,
Eur biz arc'hant da Vari.

IV

— Càn caer, Killoré.
— Jolie, petra faot dide ?
— Caera pevar draïe a gement ouzoud-te.
— Pevar olé,
O canan exaudie.
Ter rouanès er mendi,
Pere'hen ann tri mab Herri,
O c'hoari, o fredoni,
Eur biz arc'hant gant peb-hini ;
Daou viz arc'hant da Vari ;
Eur biz arc'hant da Vari.

V

— Càn caer, Killoré.
— Jolie, petra faot dide ?
— Caera pemp traïe a gement ouzoud-te.
— Pemp bioc'h duf a-walc'h,
O tremen douar toualc'h.
Pevar olé,
O canan exaudié ;
Ter rouanès er mendi,
Pere'hen ann tri mab Herri,
O c'hoari, o fredoni,
Eur biz arc'hant gant peb-hini ;
Daou viz arc'hant da Vari ;
Eur biz arc'hant da Vari.

VI

— Càn caer, Killoré.
— Jolie, petra faot dide ?
— Caera c'huec'h traïe a gement ouzoud-te.
— C'huec'h breur ha c'huec'h c'hoar ;

Possédant les trois fils Henri,
Jouant, fredonnant (chantant),
Un anneau d'argent avec chacune.
Deux anneaux d'argent à Marie ;
Un anneau d'argent à Marie.

IV

— Chante bellement, Killoré.
— Jolie, que te faut-il ?
— Les quatre plus belles petites choses que tu saches.
— Quatre acolytes (?)
Chantant l'*Exaudi*;
Trois reines, dans un palais (?) [1]
Possédant les trois fils Henri,
Jouant, fredonnant (chantant),
Un anneau d'argent avec chacune.
Deux anneaux d'argent à Marie,
Un anneau d'argent à Marie.

V

— Chante bellement, Killoré,
— Jolie, que te faut-il ?
— Les cinq plus belles petites choses que tu saches.
— Cinq vaches très noires,
Traversant une tourbière ;
Quatre acolytes,
Chantant l'*Exaudi* ;
Trois reines dans un palais,
Possédant les trois fils Henri,
Jouant, fredonnant (chantant),
Un anneau d'argent avec chacune ;
Deux anneaux d'argent à Marie,
Un anneau d'argent à Marie.

VI

— Chante bellement, Killoré,
— Jolie, que te faut-il ?
— Les six plus belles petites choses que tu saches.
— Six frères et six sœurs ;

---

[1] Mendi est probablement pour Merdi, Meurdi, grande maison, palais.

Pemp bioc'h duf a-walc'h,
O tremen douar toualc'h ;
Pevar olé,
O canau exaudié ;
Ter rouanès er mendi,
Perc'hen ann tri mab Herri,
O c'hoari, o fredoni,
Eur biz arc'hant gant peb-hini ;
Daou viz arc'hant da Vari,
Eur biz arc'hant da Vari.

VII

— Càn caer, Killoré.
— Jolic, petra faot dide ?
— Caera seiz traïc a gement ouzoud-te.
— Seiz dez ha seiz loar ;
C'huec'h breur ha c'huec'h c'hoar ;
Pemp bioc'h duf a-walc'h,
O tremen douar toualc'h ;
Pevar ole,
O canau exaudié ;
Ter rouanès er mendi,
Perc'hen ann tri mab Herri,
O c'hoari, o fredoni,
Eur biz arc'hant gant peb-hini ;
Daou viz arc'hant da Vari,
Eur biz arc'hant da Vari.

VIII

— Càn caer, Killoré.
— Jolic, petra faot dide ?
— Caera eiz traïc a gement ouzoud-te.
— Eiz dorneric war al leur,
O torna piz, o torna cleur ;
Seiz dez ha seiz loar ;
C'huec'h breur ha c'huec'h c'hoar ;
Pemp bioc'h duf a-walc'h,
O tremen douar toualc'h ;
Pevar ole,
O canau exaudié ;
Ter rouanès er mendi,
Perc'hen ann tri mab Herri,

— Cinq vaches très noires,
  Traversant une tourbière ;
  Quatre acolytes,
  Chantent l'*Exaudi* ;
  Trois reines, dans un palais,
  Possédant les trois fils Henri,
  Jouant, fredonnant (chantant),
  Un anneau d'argent avec chacune ;
  Deux anneaux d'argent à Marie,
  Un anneau d'argent à Marie.

VII

— Chante bellement, Killoré.
— Jolie, que te faut-il ?
— Les sept plus belles petites choses que tu saches.
— Sept jours et sept lunes ;
  Six frères et six sœurs ;
  Cinq vaches très noires,
  Traversant une tourbière ;
  Quatre acolytes,
  Chantant l'*Exaudi* ;
  Trois reines, dans un palais,
  Possédant les trois fils Henri,
  Jouant, fredonnant (chantant),
  Un anneau d'argent avec chacune ;
  Deux anneaux d'argent à Marie ;
  Un anneau d'argent à Marie.

VIII

— Chante bellement, Killoré.
— Jolie, que te faut-il ?
— Les huit plus belles petites choses que tu saches.
— Huit petits batteurs sur l'aire,
  Battant des pois, battant des cosses ;
  Sept jours et sept lunes ;
  Six frères et six sœurs ;
  Cinq vaches très noires,
  Traversant une tourbière ;
  Quatre acolytes,
  Chantant l'*Exaudi* ;
  Trois reines, dans un palais,
  Possédant les trois fils Henri,

O c'hoari, o fredoni,
Eur biz arc'hant gant peb-hini ;
Daou viz arc'hant da Vari,
Eur biz arc'hant da Vari.

IX

— Càn caer, Killoré.
— Jolie, petra faot dide ?
— Caera nao draïe a gement ouzoud-te.
— Nao mab armet,
O tistreï euz ann Naonet,
Ho c'hlezeier torret,
Ho rochedo goadet,
Terrupla mab a c'hore penn
A spont euz ho gwelet ;
Eiz dornerie war al leur,
O torna piz, o torna cleur ;
Seiz dez ha seiz loar ;
C'huec'h breur ha c'huec'h c'hoar ;
Pemp bioc'h duf a-walc'h,
O tremen douar toualc'h ;
Pevar ole,
O canan exaudié ;
Ter rouanès er mendi,
Perc'hen ann tri mab Herri,
O c'hoari, o fredoni,
Eur biz arc'hant gant peb-hini ;
Daou viz arc'hant da Vari,
Eur biz arc'hant da Vari.

X

— Càn caer, Killoré.
— Jolie, petra faot dide ?
— Caera dec traïe a gement ouzoud-te.
— Dec lestr war al litter,
Carget a winn, a vezer ;
Nao mab armet,
O tistreï euz ann Naonet,
Ho c'hlezeier torret,
Ho rochedo goadet,
Terrupla mab a c'hore penn
A spont euz ho gwelet ;

Jouant, fredonnant (chantant),
Un anneau d'argent avec chacune ;
Deux anneaux d'argent à Marie ;
Un anneau d'argent à Marie.

IX

— Chante bellement, Killoré.
— Jolie, que te faut-il ?
— Les neuf plus belles petites choses que tu saches.
— Neuf fils armés,
Revenant de Nantes,
Leurs épées rompues,
Leurs chemises sanglantes,
Le plus terrible fils qui porte haut la tête
S'effraye à les voir ;
Huit petits batteurs sur l'aire,
Battant des pois, battant des cosses ;
Sept jours et sept lunes ;
Six frères et six sœurs ;
Cinq vaches très noires,
Traversant une tourbière ;
Quatre acolytes,
Chantant l'*Exaudi* ;
Trois reines, dans un palais,
Possédant les trois fils Henri,
Jouant, fredonnant (chantant),
Un anneau d'argent avec chacune ;
Deux anneaux d'argent à Marie ;
Un anneau d'argent à Marie.

X

— Chante bellement, Killoré.
— Jolie, que te faut-il ?
— Les dix plus belles petites choses que tu saches.
— Dix navires sur le rivage,
Chargés de vin, de drap ;
Neuf fils armés,
Revenant de Nantes,
Leurs épées rompues,
Leurs chemises sanglantes,
Le plus terrible fils qui porte haut la tête,
S'effraye à les voir ;

Eiz dorneric war al leur,
O torna piz, o torna cleur ;
Seiz dez ha seiz loar ;
C'huec'h breur ha c'huec'h c'hoar ;
Pemp bioc'h duf a-walc'h
O tremen douar toualc'h ;
Pevar ole,
O canan exaudié ;
Ter rouanès er mendi,
Perc'hen ann tri mab Herri,
O c'hoari, o fredoni,
Eur biz arc'hant gant peb-hini ;
Daou viz arc'hant da Vari,
Eur biz arc'hant da Vari.

XI

— Càn caer, Killoré.
— Jolic, petra faot dide ?
— Caera eunnec traïc a gement ouzoud-te.
— Ourc'hel, disourc'hel,
  Eunnec gouiz, eunnec porc'hel ;
  Dec lestr war al litter,
  Carget a winn, a vezer ;
  Nao mab armet,
  O tistreï euz ann Naonet,
  Ho c'hlezeier torret,
  Ho rochedo goadet,
  Terrupla mab a c'hore penn
  A spont euz ho gwelet ;
  Eiz dorneric war al leur,
  O torna piz, o torna cleur ;
  Seiz dez ha seiz loar.
  C'huec'h breur ha c'huec'h c'hoar ;
  Pemp bioc'h duf a-walc'h,
   O tremen douar toualc'h ;
  Pevar ole,
  O canan exaudié ;
  Ter rouanès er mendi,
  Perc'hen ann tri mab Herri,
  O c'hoari, o fredoni,
  Eur biz arc'hant gant peb-hini ;
  Daou viz arc'hant da Vari,
  Eur biz arc'hant da Vari.

Huit petits batteurs sur l'aire,
Battant des pois, battant des cosses ;
Sept jours et sept lunes ;
Six frères et six sœurs ;
Cinq vaches très noires,
Traversant une tourbière ;
Quatre acolytes,
Chantant l'*Exaudi* ;
Trois reines, dans un palais,
Possédant les trois fils Henri,
Jouant, fredonnant (chantant),
Un anneau d'argent avec chacune ;
Deux anneaux d'argent à Marie ;
Un anneau d'argent à Marie.

XI

— Chante bellement, Killoré.
— Jolie, que te faut-il ?
— Les onze plus belles petites choses que tu saches.
— Grognant, dégrognant,
Onze truies, onze pourceaux ;
Dix navires sur le rivage,
Chargés de vin, de drap ;
Neuf fils armés,
Revenant de Nantes,
Leurs épées rompues,
Leurs chemises sanglantes,
Le plus terrible fils qui porte haut la tête,
S'effraye à les voir ;
Huit petits batteurs sur l'aire,
Battant des pois, battant des cosses ;
Sept jours et sept lunes ;
Six frères et six sœurs ;
Cinq vaches très noires,
Traversant une tourbière ;
Quatre acolytes,
Chantant l'*Exaudi* ;
Trois reines, dans un palais,
Possédant les trois fils Henri,
Jouant, fredonnant (chantant),
Un anneau d'argent avec chacune ;
Deux anneaux d'argent à Marie ;
Un anneau d'argent à Marie.

XII

— Càn caer, Killoré.
— Jolie, petra faot didé ?
— Caera daouzec traïe a gement ouzoud-te.
— Daouzec cleze mignon,
   O tifoueltra eur pignon,
   Ken munut ha brignon ;
   Ourc'hel, disourc'hel,
   Eunnec gouiz, eunnec porc'hel ;
   Dec lestr war al litter,
   Carget a winn, a vezer ;
   Nao mab armet,
   O tistreï euz ann Naonet,
   Ho c'hlezeier torret,
   Ho rochedo goadet,
   Terrupla mab a c'hore penn
   A spont euz ho gwelet ;
   Eiz derneric war al leur,
   O torna piz, o torna eleur ;
   Seiz dez ha seiz loar ;
   C'huec'h breur ha c'huec'h c'hoar ;
   Pemp bioc'h duf a-walc'h,
   O tremen douar toualc'h ;
   Pevar ole,
   O canan exaudié ;
   Ter ronanès er mendi,
   Perc'hen ann tri mab Herri,
   O c'hoari, o fredoni,
   Eur biz arc'hant gant peb-hini ;
   Daou viz arc'hant da Vari ;
   Eur biz arc'hant da Vari.
   Caera daouzec traïe a gement ouzoun-me.
     Làr d'ar c'hloarec dont d'he goan,
   Na c'homo ket pell en poan.

                Dastumet en *Plouaret*.

XII

— Chante bellement, Killoré,
— Jolie, que te faut-il ?
— Les douze plus belles petites choses que tu saches.
— Douze épées mignonnes,
   Démolissant avec rage un pignon,
   Menu comme son ;
   Grognant, dégrognant,
   Onze truies, onze pourceaux,
   Dix navires sur le rivage,
   Chargés de vin, de drap ;
   Neuf fils armés,
   Revenant de Nantes,
   Leurs épées rompues,
   Leurs chemises sanglantes,
   Le plus terrible fils qui porte haut la tête,
   S'effraye à les voir ;
   Huit petits batteurs sur l'aire,
   Battant des pois, battant des cosses ;
   Sept jours et sept lunes ;
   Six frères, et six sœurs ;
   Cinq vaches très noires,
   Traversant une tourbière ;
   Quatre acolytes,
   Chantant l'*Exaudi* ;
   Trois reines dans un palais,
   Possédant les trois fils Henri,
   Jouant, fredonnant (chantant),
   Un anneau d'argent avec chacune ;
   Deux anneaux d'argent à Marie ;
   Un anneau d'argent à Marie ;
   Les douze plus belles petites choses que je sache.
     Dis au clerc de venir souper,
   Qu'il ne reste pas (plus) longtemps en peine.

                      Version recueillie à *Plouaret*.

COMMENTAIRES ET VARIANTES

L'auteur du *Barzas-Breiz* donne cette pièce comme la plus ancienne et la plus importante de son recueil, au point de vue historique. M. de la Villemarqué croit y voir, en effet, une récapitulation, en douze demandes et douze réponses, des doctrines druidiques sur : le destin, la cosmogonie, l'astronomie, la géographie, la magie, la médecine, la métempsycose, et autres choses encore. D'autres, — et M. de Penguern était du nombre, — y trouvent l'origine de notre « histoire, la venue des Bretons insulaires. »

Pour nous, nous n'irons pas chercher si loin, car nous n'y voyons tout simplement qu'un jeu pour exercer la mémoire et la langue. Il faut, en effet, une bonne mémoire et une langue bien déliée pour réciter, sans confusion, dans l'ordre voulu et avec la volubilité de prononciation qu'y apportent les plus habiles, ces douze séries de mots, généralement dépourvus de sens raisonnable, et où la rime riche semble seule de rigueur. Quel sens plausible donner, par exemple, à ceci :

> Daouzec cleze mignon
> O tifoueltra eur pignon,
> Ken munut ha brignon,

Que je traduis littéralement :

> Douze épées mignonnes
> Démolissant avec rage un pignon,
> Aussi menu que son ?

Il est évident qu'on n'a cherché là que la rime riche.

Il m'a paru que c'était aussi l'opinion de nos chanteurs populaires, et un de ceux-ci, de qui je venais de recueillir une version de *Gousperou ar Râned*, et que j'interrogeais sur la signification de certains mots et celle de la pièce en général, en lui avouant que je n'y comprenais rien, me répondit tranquillement : — Il faut que ce soit ainsi. — Comment, il faut que je n'y comprenne rien ? — Oui ; comprenez-vous quelque chose au chant des grenouilles ? — Non. — Eh bien, c'est comme cela aussi pour *Gousperou ar Râned*.

Un autre, en 1868, à la ferme de Kerdonnarz, en Scaër, Louis Olivier, dont le père avait maintes fois chanté à Brizeux la version que je venais de copier sous sa dictée, me dit aussi : — « Mon père chantait cela bien mieux que moi ; dans les réu-
« nions de famille et aux repas de noces, on lui demandait tou-
« jours *Gousperou ar Râned*, et l'on s'extasiait sur la sûreté de
« sa mémoire et la volubilité avec laquelle il psalmodiait la
« pièce. Il me la fit aussi apprendre, dès mon enfance, parce qu'il
« prétendait que cela exerçait la mémoire et déliait la langue. »

Et comme je lui demandais la signification de quelques passages inintelligibles, il me répondait : « Je ne sais pas ; je l'ai appris comme cela. »

M. de la Villemarqué intitule la version que nous présente son *Barzaz-Breiz*, avec grand renfort de commentaires et de notes savantes : *Ar Rannou*, qu'il traduit par : *les Séries*. Mais c'est à tort, j'en suis convaincu, car partout, invariablement, j'ai entendu prononcer *Gousperou ar Râned*, avec un à long, et plusieurs versions débutent même ainsi : *cân, rân,* —
« chante, grenouille. » Il est impossible de se tromper sur la signification de *rân*, plur : *râned*, qui vient évidemment du latin *rana, ranæ*, au lieu que *rann*, plur : *rannou*, par deux *nn*, vient du verbe breton *ranna*, qui signifie *partager, diviser*.

La seule expression bretonne que j'aie rencontrée dans le peuple et qui semble rappeler le druidisme est celle de *Escop derw*, *Évêque de chêne*, ou *du chêne*. Elle est assez répandue dans le pays de Tréguier, mais on n'a jamais pu m'en donner une explication satisfaisante ; le sens véritable s'en est perdu.

La version du *Barzaz-Breiz* contient le mot *Drouiz*, traduit par *Druide*, et qui suffirait pour donner à la pièce une date très reculée et une importance que je ne lui crois pas. Je n'ai jamais rencontré chez nos paysans bretons le mot *Drouiz*, ni dans leurs chansons, ni dans leurs contes, et M. de Penguern lui-même n'a pas été plus heureux que moi, sous ce rapport.

Le *Gousperou ar Râned* est très répandu dans toute la Bretagne bretonnante, mais principalement en Tréguier et en Cornouaille. J'en ai recueilli une vingtaine de versions, un peu de tous les côtés, et presque toutes elles présentent des variantes, souvent locales, mais sans apporter aucune lumière à l'intelligence de la pièce.

Voici quelques-unes de ces variantes :

I

1. Càn, càn, Killore.
    Chante, chante, Killoré.
2. Càn, ràn.
    Chante, grenouille.
1. Petra ganin-me dide?
    Que te chanterai-je?

(Version de Plouaret

2. Joaïc gwenn Gillore,
    Joaïc, petra faot dide?

    Joaïc (?) blanc Gilloré,
    Joaïc, que te faut-il?

    Eur ganaouen diganide.
    Petra ganin-me dide?
    Ar gaera dimeus a eur ran.

    Une chanson de toi.
    Que te chanterai-je?
    Le plus beau de un *ran* (?)

(Version de Scaër.)

3. Groac'hic wenn a c'huillere.
    Chaouic, petra faot dide?

    Petite vieille blanche a c'huillere (?)
    Chaouic (?) que te faut-il?

(Version de St-Thurien.)

1. Eur pez arc'hant da vari.
    Tremenidi lavar d'in.
    Me n'oun met eur ranic.

    Une pièce d'argent à Marie.
    Passants (?) dites-moi,
    Moi je ne suis qu'une grenouillette.

(Version de Plouaret.)

II

1. Daou bez arc'hant da vari.
 Deux pièces d'argent à Marie.

Les nombres *un* et *deux* manquent dans la plupart des versions.

III

1. Tribut arc'hant da vari,
 Perc'hen da dri vab Herri.

    Tribut d'argent à Marie,
    Qui possède trois fils Henri,

    (Version de Prat.)

2. Ter rouantelès Marzinn,
 C'hoari war ann tri minu.

    Les trois royautés de Merlin,
    Jouant sur les trois pierres (?)

    (Version de Scaër.)

3. Ter rouanes er mendi, (er merdi?)
 O c'hoari, o fredoni,
 Bizou arc'hant gant peb-hini,
 Ha marc'hic cam da c'hoari.

    Trois reines, dans le palais (?)
    Jouant, fredonnant (chantant),
    Anneaux d'argent avec chacune
    Et petit cheval boiteux, pour jouer.

    (Version de Pluzunet.)

  Tri c'hi duf,
  O tont euz ar Poulduf.

    Trois chiens noirs,
    Revenant du Pouldu.

    (Version de Melgven.)

IV

1. Peder c'hazès
   O tont a Raguenès ;
   Peder magères en eun ti,
   Mab gant peb-hini ;
   Bet è mad ar pesked,
   Da reï d'ar magerezed ;
   Pevar c'hloarec,
   O canan euz ar *Vadec* (?)

   Quatre chattes,
   Revenant de Raguenès ; [1]
   Quatre nourrices dans une maison,
   Fils avec chacune ;
   Il a été bon, le poisson, [2]
   Pour donner aux nourrices ;
   Quatre clercs,
   Chantant au *Vadec* (?)

   (Version de Melgven.)

2. Pevar a houidi,
   O canan ann *essaudi* (?)

   Quatre canards,
   Chantant l'*exaudi*.

   (Version de Penguern.)

   Pevar min igolinn,
   O c'hoari war ann tri minn.

   Quatre pierres à aiguiser,
   Jouant sur les trois pierres. (?)

   (Version de Scaër.)

V

1. Pemp buc'h duf, sec'h true,
   O tremen douar Douc ;
   Bug ha elem a-baoue.

---

[1] Raguenès, petite Ile sur la côte, vis-à-vis de la commune de Nevez.
[2] C'est-à-dire : la pêche a été bonne.

Cinq vaches noires, maigres à faire pitié,
Traversant la terre de Dieu,
Depuis, beuglements et gémissements.

(Version de Penguern.)

2. Pemp buc'h duf, me hen goar,
O tistreï deus ar foar.

Cinq vaches noires, je le sais,
Revenant de la foire.

(Version de Prat.)

2. Pemp pez war ann enoar (?).
Eun tol-mean digant he c'hoar.

Cinq pièces sur...
Un coup de pied de sa sœur,

(Version de Scaër.)

3. Pemp bioc'h duf mouar
Mont d'ar menez, 'raoc ar foar.

Cinq vaches noires comme mûre,
Allant à la montagne, avant la foire.

(Version d'Elliant.)

VI

1. C'huec'h dez ha c'huec'h loar,
C'huec'h mabic grêt eu coar.[1]

Six jours et six lunes,
Six petits fils faits de cire.

(Version de Scaër.)

---

[1] Partout ailleurs, c'est invariablement: c'huec'h breur, c'huec'h c'hoar; — six frères, six sœurs.

VII

1. Seiz dez euz a seiz loar,
   Seiz breur euz a seiz c'hoar.

   Sept jours de sept lunes,
   Sept frères de sept sœurs.

   (Version de Penguern.)

Partout ailleurs, c'est : seiz dez ha seiz loar.

VIII

1. Eiz groac'h war al leur,
   O torna piz, o torna cleur.

   Six vieilles[1] sur l'aire,
   Battant des pois, battant des pampres.

   (Version de Penguern.)

2. Eiz eujenn ha million,
   Oc'h arad war ann andon,
   Gant ar remission (?)

   Huit bœufs et un million,
   Labourant sur le sillon,
   Avec. . . . . . .

   (Version de Scaër,)

IX

1. Nao bêlec armet,
   O tond euz ann novet,
   Na bâdfe den ho sellet ;

---

[1] M. de Penguern traduit ici *groac'h* par *druidesse*, comme, dans le couplet suivant, *bélec*, par *druide*, mais c'est à tort, croyons-nous ; *groac'h* signifie *vieille femme*, ou *fée*, et *bélec*, *prêtre*, simplement.

Neuf druides (?) armés,
Revenant de la neuvaine.
Nul n'oserait les regarder.

(Version de Penguern).

2. Eur vouiz hac he nao forial,
O tond euz ho geval (?) (gerwal)
Sorial, disorial,
Da dal dor ar c'hastal.

Une truie et ses neuf pourceaux,
Venant (la truie) les appeler,
Près de la porte du château.

(Version de Scaër.)

3. Nao mab barnet,
O retorn euz ann Naonet etc....

Neuf fils jugés (condamnés)
Revenant de Nantes etc....

(Version de Morlaix.)

X

1. Dec lestrad gwinn afelet (avelet ?)
O tonet euz ann Naonet,
Ma vigeac'h bet o welet,
E vigeac'h saouezet.

Dix navires remplis de vin (éventé ?)
Venant de Nantes,
Si vous les aviez vus,
Vous seriez étonné.

(Version de Scaër.)

XI

1. Eunnec manac'h armet,
Bigoaled da der groec,
Gant ho rochedo goadet.

Onze moines armés,
Enfants de trois femmes,
Avec leurs chemises sanglantes.

(Version de Scaër.)

Ourc'hal ha diourc'hal,
Eunnec gouiz hac hi hanval,
O vonet d'ann tourc'hal.

Grognant et regrognant,
Onze truies semblables
Allant à l'accouplement.

(Version de Penguern.)

3. Ourc'hel, disourc'hel,
   Indan ar wenn avel,
   Eunnec gouiz, hac hi hanvel,
   O retorn euz ann tourc'hel.

   Grognant, regrognant,
   Sous le pommier,
   Onze truies semblables,
   Revenant de l'accouplement.

(Version de Kerambrun, Prat.)

XII

1. Daouzec cleze mignon :
   Tifreusin ar pignon,
   Ken munut ha brignon,

   Douze épées amies (?)
   Démolissant le pignon,
   Aussi menu que son.

(Version de Penguern.)

2. Daouzec cleze mignon,
   O scuba d'id da bignon, etc...

   Douze épées mignonnes
   Te nettoyant ton pignon etc....

(Version de Plouaret.)

3. Daouzec cleze mignon
 O treuzi d'in ma fignon,
 Ken munut ha brignon ;
 Eur c'hleze gwenn a oa dirennet,
 Ma savas ar rân d'he fenn.
 Eur vele'houeden croguennec.

Douze épées mignonnes,
 Traversant mon pignon,
 Aussi menu que son.
 Une épée blanche était garnie d'acier,
 La grenouille s'éleva jusqu'à son extrémité...
 Un limaçon à coquille...

(Version de Pluzunet.)

J'ai cité souvent la version de M. de Penguern. Cette pièce, publiée dans les *Mémoires de la Société Archéologique et Historique des Côtes-du-Nord*, année 1866, page 54, a été composée à l'aide de nombreuses versions recueillies par M. de Penguern, dans diverses localités, et qu'il a réunies et condensées en une seule version. « Dans le vain espoir, dit-il, de « compléter ce chant, dont tous nos Trécorrois savent quel- « ques vers, nous en avons recueilli plus de trente versions. »

Sa conclusion est la même que la nôtre, c'est-à-dire que toutes ses recherches n'ont pas abouti à lui procurer une version intelligible, et où l'on puisse entrevoir une exposition quelconque des doctrines druidiques. On sent pourtant qu'il en eût été heureux, à le voir traduire *groac'h* par *druidesse* et *bélec* par *druide* ; mais, son honnêteté et sa sincérité bien connues ne lui ont pas permis d'aller plus loin, sur cette pente.

Il est bien possible que cette pièce, bizarre et énigmatique, ait eu, à l'origine, un autre objet que celui d'un exercice de mnémotechnie, mais on ne sait à quelle époque la faire remonter, et on n'a même aucune preuve qu'elle soit bien ancienne. Quant à l'attribuer à l'enseignement druidique, rien absolument ne nous y autorise, et je crois qu'il y faut renoncer complètement.

II

CHANSONS SENTIMENTALES

AN HINI A GARAN

Ann hini a garan 'zo caër, evel al loar,
En noz, pa sclèrijen bugale ann douar;

Ann hini a garan, en palès an Drindet,
A vo bépred ganin caret, caret, caret !...

Ann hini a garan 'zo 'vel eur stereden,
'Bars en nef ma buhe lugerno da viken !

Catherine RENAUD. — Pleyben.

COAT AN NOZ HA COAT AN DE

Duze, costé Coat-an-noz,
Eno eman ma hini goz.

Eno 'man Perrina,
An hini garan muia !

Duze, costé Coat-an-Dé,
Eno 'man ma c'haranté,

Eno 'man ma dous Mari ;
Me garje beza gant-hi !

'Lec'h eun nozwes ec'h on bet,
Me a garje beza dec !

Mari MEURO. — Bégard.

— Coat-an-Noz et Coat-an-Dé sont deux forêts s'entretouchant, dans les communes de Loquenvel et de Plougonver, près Belle-Isle-en-Terre (Côtes-du-Nord).

CELLE QUE J'AIME

Celle que j'aime est belle, comme la lune,
La nuit, quand elle éclaire les enfants de la Terre.

Celle que j'aime, dans le palais de la Trinité,
Sera toujours par moi aimée, aimée, aimée !...

Celle que j'aime est comme une étoile ;
Dans le ciel de ma vie elle brillera à jamais !

Catherine R<small>ENAUD</small>. — *Pleyben*.

BOIS DE LA NUIT ET BOIS DU JOUR

Là-bas, du côté du Bois-de-la-nuit,
Là est ma vieille.

Là est Perrina,
Celle que j'aime le plus !

Là-bas, du côté du Bois-du-jour,
Là est mon amour ;

Là est ma douce Marie :
J'aimerais être auprès d'elle !

Au lieu d'une nuit que j'ai été,
J'aimerais à être dix !

Marie M<small>EUROU</small>. — *Bégard*.

MARC'HAD ANN AMOUROUSTED

Comz aliès oc'h eus clewet
 Dimeuz an amourousted !
Eramtira, dariraineu !

Me garje càt deuz anezhan
 Daou liarded da brenan.

Me'm oa bet daou liardet dec'h,
 N'oa ket hirroc'h wit ma brec'h !

Ha me 'vont gant-han war-ar-mès,
 O c'hober peder vestrès.

Na diou anez-he a oa coant,
 Ha diou all defoa arc'hant ;

Ann diou oa coant a blije d'in,
 Ann diou all oa dizoursi.

Lamoute. — Paimpol.

EVEL EUR VAGIC WAR AR STANC

— Débonjour d'eoc'h, ma mestrézic,
Ho calon a zo manific ?

— Ma c'halon-me a zo contant,
 Mar eo hoc'h hini, den iaouanc.

— Ma mestres, p'an biou ho jardinn,
 Me a gleo c'houez al louzou finn,

C'houez ann thim hac ar violet ;
 Ma mestres, reit d'in eur bouquet.

LE MARCHÉ D'AMOUR

Vous avez souvent ouï parler
  De l'amour !
Eramtira, dariraine !

Moi je voudrais en avo'r
  A acheter pour deux liards.

J'en avais eu pour deux liards, hier :
  Ce n'était pas plus long que mon bras !

Moi, de l'emporter à la campagne,
  De faire quatre maîtresses.

Deux d'entre elles étaient jolies,
  Les deux autres avaient de l'argent.

Les deux qui étaient jolies me plaisaient,
  Les deux autres étaient sans-souci.

Lamoute. — *Paimpol.*

COMME UN BATELET SUR L'ÉTANG

— Et bonjour à vous, ma gente maîtresse,
  Votre cœur va-t-il à merveille ?

— Mon cœur à moi se trouve sat'sfait,
  Si le vôtre l'est aussi, jeune homme.

— Ma maîtresse, quand je passe devers votre jardin,
  Je sens l'odeur des plantes fines,

L'odeur du thym et de la violette ;
  Ma maîtresse, donnez-moi un bouquet.

— Me roïo d'eoc'h evit bouquet
 Eur chapelet greun alaouret ;

Eur chapelet a c'hreun couli,
 Ma zervijer, gavfet da bedi.

— Lavar d'in eta, ma mestres,
 Pe d'ar vêri éfomp assambles.

— Me n' dimezin ket er bloaz-me,
 Na da vloaz na rin ket ive ;

Na da vloaz, na biken jamés,
 Rac me aïo da leanes.

Guell e ganen mont er gouent,
 Eget er bed caout tourment ;

Eno 'm bezo va liberte ;
 Ganeoc'h 'vin tourmantet 'pad va buhe.

— Me a bromet d'eoc'h, va mestres,
 'Wit ganen n' veot ket diés.

— Tech ar voazed 'zo d' lavaret
 Na vent ket rust euz ho groaged ;

Mès pa vent dimêt, êt en boutic,
 Darn anezhe 've kizidic :

Neuze 've toliou treid ha fassadou,
 Hag aliëz boudennadou.

Evel eur vagic var ar stanc,
 E ve calon ar plac'h iaouanc ;

Honnès a ve joaüs ha gê,
 Calon plac'h iaouanc 've ive.

Evel eur vag var ar mor braz,
 E ve eur vaouès gant he goaz ;

Honnès 'zo risel coll he buhe,
 Eur plac'h gant eur goaz 've ive

— Je vous donnerai, en guise de bouquet,
   Un chapelet aux grains dorés ;

Un chapelet aux grains de corail,
   Mon serviteur, que vous trouverez pour prier.

— Dis-moi donc, ma maîtresse,
   Quand à la mairie nous irons ensemble ?

— Je ne me marierai pas, cette année-ci,
   Ni l'année prochaine, je ne le ferai pas non plus ;

Ni l'année prochaine, ni oncques jamais,
   Car je me ferai religieuse.

J'aime mieux aller au couvent,
   Que, dans ce monde, avoir tourment.

Là, j'aurai ma liberté ;
   Avec vous, je n'aurai que tourment, toute ma vie.

— Je vous le promets, ma maîtresse,
   Pour avec moi vous n'aurez pas à souffrir.

— La manie des hommes est d'affirmer
   Qu'ils ne sont pas rudes pour leurs femmes ;

Mais quand ils sont mariés, établis en boutique,
   Il en est qui sont exigeants ;

Alors, pleuvent coups de pieds, et gifles,
   Et, souvent, caresses de fagot.

Comme un batelet sur l'étang,
   Est le cœur de la jeune fille :

Le batelet est joyeux et gai,
   Le cœur de la jeune fille l'est aussi.

Comme une barque sur la mer grande,
   Est une femme avec son homme ;

La barque est en danger de perdre la vie,
   Une fille avec un homme l'est aussi.

ZON AR ROSSIGNOLIC

— Canet, canet, rossignolic ! Beure mad a canet !
— Ken beure ha c'hui, den iaouanc, mar ê d'ar chasse ac'het !
— Salut d'it-te, camaradic, me na n'an ket d'ar chasse,
Me zo 'fonet da Gerlosket, da welet ma c'harante.
Hac hen o c'houlen digant-han, dre ma oa habil a vec :
— Cals a die zo 'n Kerlosket, da bini an-he ac'h êt ?
Nac heman o respont d'ehan, dre ma oa he wir vignon :
— Salut d'ite, camaradic, n'on ket en covizion...
Na war benn eur pennad goude, hen o remerq he vestrès,
Deuz he liw ha deuz he bisaj a welas oa clanvourès.
Hac hen o c'houlen diouthi, na p'he gwele contristet :
— Pe c'hui a zo clanv a galon, pe c'hui zo clanv a spered ?
Hac hi hac o respont d'ehan, gant eun airic grasius :
— Na n'on ket sujet da glenved, nann, a drugare Jesus !...
— Caer a deveuz ar genviden dont da steui he gwiad,
Dont d'hi steui ha d'hi ledan, ha d'hi zec'han war ar prat,
Eur bar awel ac'h erruo hac hi zavo ac'hane :
Ha calono an dut iaouanc a zo memes-tra 'vel-se.

Mac'harit Frjer. — Plourio.

LA CHANSON DU ROSSIGNOLET

— Chantez, chantez, rossignolet ! de bien bon matin vous chantez !
— D'aussi matin que vous, jeune homme ; est-ce à la chasse que vous allez ?
— Salut à toi, petit camarade ! je ne vais point à la chasse,
Je suis en route pour Kerlosquet, où je vais voir mon amour.
Et le rossignol de lui demander, comme il était bavard du bec :
— Il y a bien des maisons à Kerlosquet : à laquelle d'entre elles allez-vous ?
Le jeune homme de répondre, sur un ton de bonne amitié :
— Salut à toi, petit camarade ! je ne suis pas à confesse !...
Au bout d'un instant après, lui d'apercevoir sa maîtresse ;
A son teint et à sa mine, il vit qu'elle était souffrante ;
Et lui de s'enquérir près d'elle, la voyant contristée :
— Êtes-vous malade de cœur, ou êtes-vous malade d'esprit ?
Et elle de lui répondre, avec un petit air gracieux :
— Je ne suis pas sujette à maladie, non, par la merci de Jésus !...
... L'araignée a beau tisser sa toile,
La tisser et l'étendre et la faire sécher sur le pré,
Un coup de vent surviendra, qui la soulèvera de là :
Et les cœurs des jeunes gens sont pareillement de même.

Marguerite FEJER. — *Plourivo*, septembre, 1888.

SON AR VERGERENNIC

O retorn deuz ar chasse,
   Me a gavas (*bis*)

Eur plac'hic he blew melen,
   Daou-lagad glaz (*bis*)

Hac ar plac'hic a ganè
   Ewar al lann, (*bis*)

Gant eur vouez skeltr ha gê
   Son he dous Iann. (*bis*)

Me o c'houlenn digant-hi,
   Dre ma oa coant, (*bis*)

Ha hi a hocje d'in-me,
   Ewit arç'hant ? (*bis*)

— Me n' boçan ket, emez-hi,
   Ewit arc'hant ; (*bis*)

Ewit neb-tra, a wechou...
   Ia, p'am be c'hoant. (*bis*)

Me n' risquan ket ma c'hroc'hen,
   War ar ieot glaz ; (*bis*)

War ar plun pe ar pell,
   N'laran ket c'hoas. (*bis*)

LA CHANSON DE LA PETITE BERGÈRE

En revenant de la chasse,
   Je rencontrai (*bis*)

Une fillette aux cheveux blonds,
   Aux deux yeux bleus. (*bis*)

Et la fillette chantait,
   Sur la lande, *bis*)

D'une voix alerte et gaie,
   La chanson de son doux Jean. (*bis*)

Moi de lui demander,
   Comme elle était jolie, (*bis*)

Si elle me donnerait un baiser,
   Pour de l'argent. (*bis*)

— Je n'embrasse pas, dit-elle,
   Pour de l'argent, (*bis*)

Pour rien, quelquefois...
   Oui, quand cela me plaît ; (*bis*)

Je ne risque pas ma peau,
   Sur l'herbe verte ; (*bis*)

Sur la plume ou la balle (d'avoine),
   Je ne dis pas encore. (*bis*)

. . . .

AR FEUNTEUN A DRUÉ

Me 'zo eun den iaouanc o roula ma micher,
A ra ma demeurans ebars en pep cartier ;
'M eus laket em speret monet da labourad
Da di ma mestres kès, -hac on avizet mad.

Pa allis caout an tu da gomz gant ma mestres,
Me na scuijen jamès, en he c'hompagnones,
Ewit laret d'ezhi comzou a garante,
Objet a blijadur, carget a amitie.

Ma mestres 'zo hanvel ouz eur boket soursi,
Pe c'hoaz ouz eur rozenn, pa ve 'n he geoni ;
Pe ouz eur mezelour carget a sclerijen :
O Doue eternel, brawa da feumeulen !

N' 'c'h eus ket zonj, ma mestres, hen em gavjomp, eun de,
En cornic ho jardin, dindan eur bod laure ?
Hac eno remerqjomp eur feuteum a drue,
Carget deuz hon daelo, ann eil hac egile,
Hac eno remerqjomp eur feuntoum a c'hlac'har,
Daelo hon daoulogad a goueze d'anr douar.

Pa vo marw ma mestres, me zavo 'n ermitach,
En cornic ma jardin, ha war vord an hent braz,
Ha me chomo eno, ar rest deuz ma buhe,
Ken 'vo madeles Doue ma c'hass gant-han d'an ne ;
Ha me chomo eno, hac ann de hac ann noz,
Ken a vo ma mestres en gloar ar baradoz.

Mar 'c'h eus c'hoant da glevet piou hen eus ar zôn grêt,
Ez eo eur pôtr iaouanc, a gêr ar C'hozvarc'hed.

Plouaret.

LA FONTAINE DE PITIÉ

Je suis un jeune homme roulant mon métier,
Je fais ma demeure en chaque quartier ;

Je me suis mis dans l'esprit d'aller travailler
Chez ma maîtresse chérie, — en quoi j'ai été bien avisé.

Quand je pus trouver le moyen de causer à ma maîtresse,
Je ne me lassais jamais en sa compagnie ;

(Je passais mon temps) à lui dire des paroles d'amour,
Choses de plaisir, pleines de tendresse.

Ma maîtresse est semblable à un bouquet de souci,
Ou encore à une rose, qui serait dans toute sa gaîté,

Ou à un miroir empli de lumière :
O Dieu éternel, la jolie femme !

N'avez-vous pas souvenir, ma maîtresse, que nous nous rencontrâmes, un jour,
Dans le coin de votre jardin, sous un buisson de laurier ?

Et là nous remarquâmes une fontaine de pitié,
Pleine de nos larmes à l'un et à l'autre ;

Et là nous remarquâmes une fontaine de désolation
(Faite) des larmes de nos yeux qui tombaient à terre.

Quand sera morte ma maîtresse, je bâtirai un ermitage,
Dans le coin de mon jardin et sur le bord de la grand'route,

Et je demeurerai là le reste de ma vie,
Jusqu'à ce que Dieu ait la bonté de m'emmener avec lui au ciel ;

Et je demeurerai là, et le jour et la nuit,
Jusqu'à ce que soit ma maîtresse dans la gloire du paradis.

Si vous avez envie d'entendre qui a fait cette chanson,
(Sachez que) c'est un jeune gars de la ville du Vieux-Marché.

Keramborgne.

WAR AR STANC.

Disul vintinn pa zavis,
Le-dabadi-dabadel-Lampati-Lampatourel. —
Disul vintinn 'pa zavis,
Eun taol caër a welis.

Me 'welet ter flac'h iaouanc. — Le dabadi...
O canna war ar stanc.

Diou anezhe a gane, — Le dabadi...
Hac eben a ouele.

Ma lare 'n diou a gane — Le dabadi...
Na d'ann hini 'ouele :

— Petra 'zo caus ma ouelet, — Le dabadi...
Plac'hik iaouanc, laret ?

— Ann dud lâr on brazezet, — Le dabadi...
Ha me lâr na n'on ket.

Ann dud a lâr on brazès, — Le dabadi...
Ha n'ouzon a be berz.

N'ouzon pe 'beurz ann afrenn, — Le dabadi...
Pe a beurz ar spern-gwenn ;

Pe o sevel re vintinn — Le dabadi...
Da c'hwennad ma jardinn ;

Pe o sevel re veure — Le dabadi...
War ar reo da vale ;

Pe o tibri pér melon — Le dabadi...
A c'hodet ar person ;

Pe o tibri eun aval — Le dabadi...
A zorn ar marichal ;

Pe o cousket ter noz crenn — Le dabadi...
Etre diou linsell-wenn ;

O cousket ter noz franc — Le dabadi...
Gant eur c'hloarec iaouanc.

AU LAVOIR.

—

 Dimanche matin, quand je me levai,
Le dabadi-dabadel-Lampati-Lampatourel
 Dimanche matin, quand je me levai,
Un beau coup je vis.

 Je vis trois jeunes filles
Qui lavaient sur l'étang.

 Deux d'entre elles chantaient,
Et l'autre pleurait.

 Et disaient celles qui chantaient
A celle qui pleurait :

 — Qu'est-ce qui est cause que vous pleurez,
Jeune fille, dites.

 — Le monde dit que je suis enceinte,
Et moi je dis que je ne le suis pas.

 Le monde dit que je suis enceinte,
Je ne sais de quelle part ;

 Ne sais si c'est de la part de la citronnelle
Ou de la part de l'épine blanche ;

 Ou à me lever trop matin,
Pour sarcler mon jardin ;

 Ou à me lever de trop bonne heure,
Pour me promener dans la rosée ;

 Ou à manger des poires blondes,
De la poche du recteur ;

 Ou à manger une pomme,
De la main du maréchal ;

 Ou à dormir trois nuits entières,
Entre deux draps de lin blanc ;

 Ou à dormir trois nuits franches
Avec un jeune clerc ;

Ar c'hloarec pa ve cousket, — Le dabadi...
Na ra zeblant a-bed ;

Met ar c'hloarec pa zifun — Le dabadi...
A zo 'vel ar gommun ! —

Canet gant Mlle An^e Bourhiz.

SONIG

— Me am eus war ma leur tri bern ed, — emezhan,
Ha bars ma c'hraou tric'huec'h a ronsined, — emezhan,
Eur c'hement-all a saout, — emezhan,
Evurus ar plac'h allo ma c'haout — emezhan.
— Me am eus ter gweren alaouret, — emezhi,
Tri c'hlaourennec n'ho lipfont ket ; — emezhi ;
Me am eus tri lestr war ar mor, — emezhi,
'Zo èt da gargan da Rochefort, — emezhi ;
Unan a zo en sant Malo, — emezhi,
A zo carget a rubano, — emezhi,
Un'all a zo distro d'al lenn, — emezhi,
A zo carget a lienn gwenn, — emezhi,
Un' all a zo er Portugal, — emezhi,
A zo carget a orangès, — emezhi.
— Breman pa arruo miz maë, — emezhan,
Deuo ar merdedi d'ar gêr, — emezhan,
A vò libr d'ar merc'hed iaouanc, — emezhan,
Da bep-hini dibab he c'hoant, — emezhan,
Hac ho pezo eur martolod, — emezhan,
Hac a chagrin ho pezo lod, — emezhan.

Le clerc, quand il est endormi,
Ne fait semblant de rien ;
Mais le clerc, quand il s'éveille,
Est comme le commun des hommes.

(Chanté par M¹ˡᵉ Aⁿᵉ Le Bourhiz).

PETITE CHANSON

—

— Moi, j'ai sur mon aire trois tas de blé, — dit-il,
Et dans mon écurie dix-huit chevaux — dit-il,
    Autant de vaches, — dit-il ;
Heureuse la fille qui pourra m'avoir ! — dit-il.
— Moi, j'ai trois verres dorés, — dit-elle,
Trois baveux n'y porteront pas les lèvres, — dit-elle ;
Moi, j'ai trois navires sur la mer, — dit-elle,
Qui sont allés charger à Rochefort, — dit-elle ;
Un est à Saint-Malo, — dit-elle,
Qui est chargé de rubans, — dit-elle,
Un autre est de retour au port, — dit-elle,
Qui est chargé de toile blanche, — dit-elle ;
Un autre est au Portugal, — dit-elle,
Qui est chargé d'oranges, — dit-elle.
— Maintenant, quand viendra le mois de mai, — dit-il,
Viendront les matelots à la maison, — dit-il ;
Il y aura toute liberté pour les jeunes filles, — dit-il,
De choisir chacune son envie, — dit-il.
Et vous aurez un matelot, — dit-il,
Et de chagrin vous aurez lot, — dit-il.

SONIC AMOUROUSTED

Pa edon en ma studi, o contempli ar bed,
Me a remerquas eur poent a droublé ma speret :

Seblantout a re d'in hi c'hlevet o parlant,
Ma mestrès, gant eur vouez a ioa melconiant.

Na pa ve ma mestès o canan eur chanson,
Ann ecleo er menez a repete ann ton ;

Ar pesqued euz ar mor a em rejouisse,
Hac ar martoloded war ar pont a danse.

Ar rec'hel, er menez, dre 'n hanter a ranne,
O clevet he mouez, hac o velet he gened.

Pa dolan ma daoulagad da gontempli ma mestrès,
Me a zeblant d'in guelet rouanès ann hol verc'hed.

He daouarn a zo mesket gant ar ruz hac ar gwenn,
He daoulagad 'zo brillant evel diou steredenn ;

He diou-jod a zo ruz hac a denn d'ann natur,
He muzellou a zo douz evel ar mel pur.   [linn,

— Debonjour d'eoc'h, ma mestrès, diwar bennou ma daou-
Ho pennoz a c'houlennan 'vit mont da gabueinn ;

Ho pennoz a c'houlennan da vont da recollez,
Da gouent Sant-Francès, er gêr a Vontroulès.

— Oh ! recollised awalc'h a zo en Sant-Francès,
Ha bèleienn awalc'h a zo en Montroulès ;

Beleienn awalc'h 'zo na partout dre ar vro,
Eureujet d'an-neb ho car, ha Doue ho caro.

Mar d-it da Recollet, da gouent Sant-Francès,
Me ielo d'ar C'halvar, 'vit beza leanès ;

CHANSONNETTE D'AMOUR

Lorsque, au cours de mes études, je me mis à contempler le [monde,
Je remarquai un point qui me troublait l'esprit :

Il me semblait l'entendre parler,
Ma maîtresse, avec une voix qui était mélancolique.

Lorsque ma maîtresse chante une chanson,
Les échos dans la montagne répétaient l'air ;

Les poissons de la mer se réjouissaient,
Et les matelots sur le pont dansaient.

Les rochers, dans la montagne, par le milieu se fendaient,
En entendant sa voix, et en voyant sa beauté.

Quand je jette les yeux pour contempler ma maîtresse,
Il me semble voir la reine de toutes les filles.

Ses mains sont mêlées de rouge et de blanc,
Ses yeux sont brillants comme deux étoiles ;

Ses deux joues sont roses, d'une couleur naturelle,
Ses lèvres sont douces comme le miel pur.

— Et bonjour à vous, ma maîtresse ; à deux genoux,
Votre bénédiction je demande, pour me faire capucin.

Votre bénédiction je demande, pour me faire récollet,
Au couvent de Saint-François, dans la ville de Morlaix.

— Oh ! assez de récollets sont à Saint-François,
Et assez de prêtres sont à Morlaix ;

Il y a bien assez de prêtres partout, à travers le pays ;
Épousez qui vous aime, et Dieu vous aimera.

Si vous vous faites récollet, au couvent de Saint-François,
Moi, j'irai au Calvaire, me faire religieuse ;

Ac'hane ni a glevo cleier hor c'houenchou,
Eno ni a gâno da Doue melodiou ;

Eno ni a gâno, gant ar vouez huëlla :
Ar *Gloria in excelsis*, ha *Salve, Regina* !

Canet gant Marianna AR BERR, kemenerès en
Plouguerneau, scrivet gant L. SAUVÉ,
mis eost, 1871.

FANCH COLLETER

Mar plij ganec'h, a silaoufet
Eur zònic coant a zo zavet,
Tramtouriretta, lamptoutira !
I rei tra la, tra la la la !

Eur zonic coant a zo zavet,
Da Fanch Colleter ec'h ê grêt ;

'Zo èt da Zant-Jann d'an ofern,
Hep santout na poan nac anken,

Da bédi Zant-Jann vinniget
D'ober eur burzud 'n he andret.

— Na, otro Zant-Jann vinniget,
C'hui rafe 'r burzud em andret ?

C'hui rofe d'in hardiègès
Da vont da welet ma mestrès ? »...

— Ha demad d'ec'h, ma mestres ker !
— Ha d'ac'h, 'mez-hi, Fanch Colleter ! »...

— P'am eus bet an hardiègès
Da dont d'ho cuelet, ma mestrès.

Ha coulsgoude 'zo d'in laret
N'am eus nemet amzer gollet.

— An hini 'n eus làret d'ac'h se
A wie tost d'ar wirione...

De là nous entendrons les cloches de nos couvents,
Là nous chanterons à Dieu des louanges.

Là nous chanterons, avec la voix la plus haute :
Le *Gloria in excelsis* et le *Salve, Regina !*

Chanté par Marianne Le Bér, couturière à
Plouguerneau, écrit par L. Sauvé,
août 1871.

FRANÇOIS COLLÉTER

S'il vous plaît, vous écouterez,
Une chansonnette jolie qui a été levée,
Tramtouriretta, lamptoulira !
I rei tra la, tra la la la !

Une chansonnette jolie qui a été levée,
A François Colléter elle est faite,

Lequel est allé à Saint-Jean, à la messe,
Bien qu'il ne souffre d'aucun mal ni angoisse,

Prier Saint-Jean béni
De faire un miracle en sa faveur.

— Ça, monsieur Saint-Jean béni,
Feriez-vous un miracle en ma faveur ?

Me donneriez-vous la hardiesse
D'aller voir ma maîtresse ?...

— Et bonjour à vous, ma maîtresse chérie !
— Et à vous, dit-elle, François Colléter !...

— ... Puisque j'ai eu la hardiesse
De venir vous voir, ma maîtresse,

Et cependant, il m'a été dit
Que je ne fais là que perdre mon temps.

— Celui qui vous a dit cela
Était bien près de la vérité ;...

Bihan eo crossen an noade
Da vewa groeg ha bugale !

— Ma mestrés, na làret ket se :
Pemp gwennee beude me am be.

Breman, p'arruo 'n amzer vad,
'M ô eur gwennee 'n tuont d'am zad !

— Penos 'c'h allfe c'hoarveout se ?
Kereouls kemener eo ha te.

— Ma mestrés, roët conge d'in,
Ma 'c'h in breman da ambarki,

Da ambarki war vatimant,
Da vont d'ar Spagn pe d'an Holland ! .

— Fanchic, me a ro conge d'ec'h,
D'ambarki, pa blijo ganec'h ;

Pa n' retornfac'h tanfoueltr biken,
Fanchic, me na ouelin taken !

Mac'harit FULUP.

ER GÊRIC WENN, TRAON AR MENEZ

Er gêric wenn, 'n traon ar menez,
  Irei tra la la la dira lalaireu !
Eman ma douz, ma c'harantez ;

Eman ma douz, eman ma c'hoant, — irei etc.
Eman ma hol gontantamant.

A-bars ann noz me hi gwelo,
Pe ma c'halonie a ranno.

Ma c'halonie n'eo ket rannet,
Ma dousic coant am eûs gwelet.

Hanter cant nozvès ez on bet
En toul he dor, na wie ket ;

Ar glao, ann avel ma foetad,

C'est peu de chose que la crosse de l'aiguille,
Pour entretenir femme et enfants !

— Ma maîtresse, ne dites pas cela :
Je gagne cinq sous par jour.

Maintenant, quand viendra la bonne saison,
Je toucherai un sou de plus que mon père !

— Comment cela pourrait-il se faire ?
Il est aussi habile tailleur que toi.

— Ma maîtresse, donnez-moi congé,
Que j'aille maintenant m'embarquer ;

M'embarquer sur (un) bâtiment,
Pour aller en Espagne ou en Hollande !

— François, je vous donne congé,
Embarquez-vous, quand bon vous semblera ; [dre ! jamais,
Alors même que nous ne reviendriez, par le feu de la fou-
François, moi je ne verserai pas une larme ! »

Marguerite Philippe.

DANS LA MAISONNETTE BLANCHE, AU PIED DE LA MONTAGNE

Dans la maisonnette blanche, au pied de la montagne,
  Irci tra la la la dira lalaireu !
Est ma douce, mon amour ;

  Est ma douce, est mon envie,
Est toute ma satisfaction.

  Avant la nuit, je la verrai,
Ou mon petit cœur se brisera.

  Mon petit cœur ne s'est pas brisé,
Ma douce jolie j'ai vu.

  Cinquante nuits j'ai été
Au seuil de sa porte, elle ne le savait pas ;

  La pluie, le vent me fouettant,

Ken a zivere ma dillad ;

Na deu netra d'am c'honsoli,
Met ann alenn euz he guele ;

Met ann alenn euz he guele,
A deu dre doullie ann alc'huez.

Tri re voto am eus uzet,
He digarez na wienn ket ;

Ar bevare 'm eus commancet,
He digarez na ouzou ket ;

Pemp re, siouas ! pa vô contet,
He digarez na ouzon ket.

— M'eo ma digarez a fell d'ec'h,
Na eo ket me hen euzo d'ec'h :

Tri hent 'zo a bep tu d'am zi,
Choazet-hu hini pe hini ;

Choazet 'nn hini garfet anhé,
Ho casso pell euz al l'ec'h-ze.

. . . .

Gwell' eo carantez, pa blich d'in,
Eget mado na fell ket d'in ;

Mado a deu mado hec'h a,
Mado n' servijont da netra ;

Mado hec'h a, 'n g'z per melenn,
Carantez 'bàd da virwikenn ;

Gwell' eo carantez, leiz ann dorn,
Get aour hac arc'hant leiz ar forn !...

Canet gant Job CORBIN, mevel, en *Huelgoat*, 1872.

A tel point que dégouttaient mes vêtements ;

Rien ne vient me consoler,
Si ce n'est le souffle (qui vient) de son lit ;

Si ce n'est le souffle (qui vient) de son lit,
Qui vient par le petit trou de la clef.

Trois paires de chaussures j'ai usé,
Sa pensée je ne connais pas ;

La quatrième paire j'ai commencé (à user),
Sa pensée je ne connais pas ;

Cinq paires, hélas ! (j'ai usé), en comptant (bien),
Sa pensée je ne connais pas.

— Si c'est ma pensée qu'il vous faut,
Ce n'est pas moi qui vous en ferai mystère.

Il y a trois chemins de chaque côté de ma maison,
Choisissez l'un ou l'autre ;

Choisissez celui que vous voudrez d'entre eux,
(Pourvu) qu'il vous conduise loin d'ici !

. . . .

Mieux vaut amour, puisqu'elle me plaît,
Que richesse dont je n'ai que faire.

Richesse vient, richesse s'en va,
Richesse ne sert à rien ;

Richesse passe, comme les poires jaunes,
Amour dure à jamais ;

Mieux vaut amour plein la main
Qu'or et argent plein le four !

Chanté par Joseph Cornin, domestique à
Huelgoat, 1872.

PA OANN WAR DOSENN RUNFAOU

Na pa oann war dosenn Runfaou, tra la li la la !
Me 'welet ma mestrès eno.

Me 'welet 'n ehi 'vont da vouit dour, tra la, li la la
Ha me o vonet d'hi zicour.

Ha me o c'houlenn digant-hi 'tra la li la la !
— Merc'hic, ha c'hui euteur dimi ?

Hac hi 'c'h ober eur zouch d'he scoa, tra la li la la !
O làret d'in : tra la la la !

— Tawet, merc'hic, ha mar caret, tra la li la la !
Nin a vô hon daou dimezet ;

Nin a vô hon daou priedo, tra la li la la !
Braoa daou vô en sant Malo.

Bet oa er scol gant eur bèlec, tra la li la la !
Etre Gwengamp ha sant Briec ;

Etre Gwengamp ha sant Briec, tra la la li la la !
Na ewit diski ar Gallec.

Nemet he borpant a oa toull, tra la li la la !
Ma couezas he c'hallec er poull.

Caër hen defoa toui doue, tra la li la la !
Mes Breton a oa coulz goude.

Ann hini hen eus grèt ar zon, tra la li la la !
A zo o chom en Lanhuon ;

En Lanhuon, 'n penn ar c'hohu, tra la li la la !
Eno hen cavfet, tu pe du.

QUAND J'ÉTAIS SUR LA COLLINE DE RUNFAOU

Quand j'étais sur la colline de Runfaou,
Je vis ma maîtresse en ce lieu ;

Je la vis qui allait chercher de l'eau,
Et moi d'aller l'aider.

Et moi de lui demander :
— Fillette, voulez-vous vous marier ?

Et elle de faire un haussement d'épaule,
De me dire : tra la la la !

— Taisez-vous, fillette, et, si vous voulez,
Nous serons tous deux mariés ;

Nous serons tous deux époux,
Le plus joli couple qu'il y aura en Saint-Malo !...

Il y avait été à l'école avec un prêtre,
Entre Guingamp et Saint-Brieuc ;

Entre Guingamp et Saint-Brieuc,
Et (cela), pour apprendre le français.

Seulement, sa veste était percée,
En sorte que son français tomba dans la mare.

Il avait beau jurer (le nom de) Dieu,
Breton il était cependant.

Celui qui a fait la chanson
Demeure à Lannion ;

A Lannion, au bout de la halle, [part.
Là vous le trouverez d'un côté ou de l'autre. (quelque

PA DREMENAN DOR HO JARDIN

Pa dremenan, dremenan dor ho chardin
Na me a zant, a zant c'houez an turcantin.

An turcantin, al lavand, hac ar gouler,
Ma mestres coant, roït-hu d'in eur boquet.

Na me am eus eun ti coant hac eul liorz,
Hac eur vilin dour ez eus en toul ma forz;

Na me am eus hac eun ti hac eur c'houldri,
Nemert eur plac'h coant na vanc ken brema d'in.

— Mar è eur plac'hic coant eo a faot d'eoc'h,
Clasket eun all, me na on ket diouzoc'h.

Gant ma Doue ouzin-me a zo dalc'het
Euz a goantiz hac ive euz a c'hened.

— Nann, na oc'h ket gant ma Doue bet privet
Nac a goantiz, na ken neubeud a c'hened ;

C'hui, ma mestrès, 'zo eur feumeulen charmant,
A oar lacad, lacad ma speret contant.

Arsa eta, ma mestres, da vihana,
Roït-hu d'in eur poc aroc kimiada !

— Dalet, dalet ma dorn, ha kimiadet,
Rac evit sur d'am bisaj n' bocfet ket[1].

— Na, ma Doue ! petra 'ta am eus me grèt,
Na mar oc'h-hu ouzin-me ker braz fachet ?

— Me a werzo, werzo ma dantelezo,
Ha ma c'hroaz aour, hac ive ma rubano,

A nem lacaï, lacaï da bedi Doue,
Hac ec'h aïo, 'c'h aïo d'ar gouant gant-he.

— Na mar et-hu 'ma mestrezie, d'ar gouant,
Me ec'h aïo eno da vèlec iaouanc.

[1] Une autre leçon ajoute les vers suivants :

    Rac ewit sur na bocfet ket d'am bisaj ;
    Achu ec'h eo amzer ar vignonniaj !

QUAND JE PASSE DEVANT LA PORTE DE VOTRE JARDIN

Quand je passe, passe devant la porte de votre jardin,
Je sens, je sens l'odeur du thym.

Du thym, de la lavande, et de l'ambre ;
Ma maîtresse jolie, donnez-moi un bouquet.

Moi, j'ai une maison jolie et un courtil,
Et un moulin à eau il y a à l'entrée de ma cour.

Moi, j'ai et une maison et un colombier,
Une fille jolie est tout ce qui me manque maintenant.

— Si c'est une fille jolie qu'il vous faut, [vient ;
Cherchez-en une autre, moi, je ne suis pas celle qui vous con-

De par mon Dieu je suis privée
De gentillesse et aussi de beauté.

— Non, vous n'êtes de par mon Dieu privée
Ni de gentillesse, ni non plus de beauté.

Vous, ma maîtresse, êtes une femme charmante,
Qui sait rendre, rendre mon esprit content.

Or ça donc, ma maîtresse, du moins
Donnez-moi un baiser, avant de nous dire adieu !

— Tenez, tenez ma main, et faites votre adieu,
Car, à coup sûr, mon visage vous ne baiserez pas [1].

— Ça, mon Dieu ! qu'est-ce donc que j'ai fait,
Si vous êtes contre moi si grandement fâchée ?

— Moi, je vendrai, je vendrai mes dentelles,
Et ma croix d'or, et aussi mes rubans ;

Je me mettrai, mettrai à prier Dieu,
Et j'irai, j'irai au couvent avec elles. (les religieuses.)

— Si vous allez, ma maîtresse, au couvent,
Moi, j'irai là me faire jeune prêtre.

---

[1] Var : — Car, à coup sûr, vous ne baiserez pas mon visage ;
Il est fini, le temps des amours.

— O clewet ho mouez, me a vezo ravisset,
'Vel p'am bije, p'am bije hoc'h eureujet.

Na piou bennac hac a zo war an douar
A gement n'è laket evit caout he bar,

N'eus ken d'ober nemet evel a re-ze,
A vo eun de curunet ebars an eny !

Jannie Morvan. — Rospez.

AN ALE ROSMANI

— Demad d'ac'h-hu, ma dousic coant !
— Ha d'ac'h ive, cloarec iaouane !

— Na setu me deut d'ho cuelet,
Mar n'ho carjen na vijen ket.

— Na mar caret, caret bepred,
Mar 'man aman 'n hini garet.

— En esperans-se a vewan :
E-man aman 'n hini garan.

Pa dremenis an òr vihan,
C'hui a gane hac a re tan ;

C'hui a gane hac a re tan,
'Wit ma c'hlewet na rec'h ket vân.

— Mar carjec'h c'hui beza lâret,
An òr d'ac'h me 'm boa digorret.

— Me 'm eus eun ti hac eul liorz,
Eur bern keuneud en toul ma forz ;

Stanc ha feuntenn am eus ive,
Met eur plac'h coant n' fot ken d'in-me.

— Mar dè eur plac'h coant a fòt d'eoc'h,
'Wit-on-me n'on ket evidoc'h :

Me a zo gant Doue privet
A goantiri hac a c'henet ;

D'entendre votre voix je serai ravi,
Comme si je vous avais, vous avais épousée.

Quiconque est sur la terre,
Et n'est destiné à trouver sa compagne,

Il ne lui reste plus qu'à imiter ces gens-là,
Et il sera un jour couronné dans le ciel.

Jannot Morvan. — *Rospes*.

L'AVENUE DES ROMARINS

— Bonjour à vous, ma douce jolie !
— Et à vous aussi, jeune clerc !

— Me voici venu vous voir,
Si je ne vous aimais, je ne serais pas (venu).

— Si vous aimez, aimez toujours,
Si elle est ici, celle que vous aimez.

— C'est dans cet espoir-là que je vis :
Elle est ici, celle que j'aime.

Quand je passai (devant) la petite porte,
Vous chantiez et vous faisiez du feu ;

Vous chantiez et vous faisiez du feu,
Vous aviez beau m'entendre, vous ne faisiez cas.

— Si vous aviez voulu dire (que vous étiez là),
Je vous aurais ouvert la porte.

— Moi, j'ai une maison et un courtil,
Un tas de fagots, à l'entrée de ma cour ;

Étang et fontaine j'ai aussi,
Il ne me manque plus qu'une fille jolie.

— Si c'est une fille jolie qu'il vous faut,
Ce n'est pas moi qui puis vous convenir :

Moi, je suis par Dieu privée
De gentillesse et de beauté ;

Me a zo privet gant Doue
Dimeuz an eil hac egile.

— Na n'oc'h ket gant Doue privet
A goantiri nac a c'henet :

C'hui ac'h eus eur vizaj ardant,
A raïo ma speret contant.

— Mar am eus eur vizaj ardant,
C'hui 'zo ive d'am zantimant.

— Na zavan de deuz ma guele
N' douchan 'r bouellad gwiniz leuve,

Gwiniz leuve deuz ar c'haeran,
Pigal na corbon n'eus en-han.

— Clasket gwiniz deuz ar c'haeran,
Pigal pe gorbon vo en-han ;

Pigal pe gorbon vo enn-han,
En ho hini 'wit ar muian.

— Tri re voto am eus uzet,
Ma dousic, o tont d'ho cuelet ;

Laket ober 'r beware re,
Ha c'hoaz n'ouzon ket ho toare.

— Pa vet scuiz oc'h uza boto,
Deut war zodenno ho lèro ;

Pe ôtramant chommet er gèr,
Ha na golfet ket hoc'h amzer.

— Entre ho tt ha ma hini
Zô eun âle a rosmani :

An tu diouz-oc'h 'zo goenvet,
An tu diouz-in fleurisset ;

Pez a discoez n'am c'haret ket,
Ma dousic, ha ma dilaizet.

Me 'm boa reit d'ac'h eur gontel goant,
'Samblez gant eur walen arc'hant.

— Ho contel 'zo uzet pell-zo,
O peillet per hac avalo.

Mar poa roët d'in gwalenno,
Me 'm boa roët d'ac'h moneïo ;

Moi, je suis privée par Dieu
De l'une et de l'autre.

— Non, vous n'êtes par Dieu privée
Ni de gentillesse ni de beauté :

Vous avez un visage ardent,
Qui me rendra l'esprit content.

— Si j'ai un visage ardent,
Vous aussi vous êtes à mon goût.

— Je ne me lève pas un jour de mon lit
Que je ne touche une boisselée de froment de rente ;

De froment de rente, des plus beaux,
Ni pois sauvages ni charbon il n'y a en lui.

— Cherchez un froment, des plus beaux,
Pois sauvages et charbon il y aura en lui ;

Pois sauvages et charbon il y aura en lui, (parmi.)
Dans le vôtre, plus qu'en aucun autre.

— Trois paires de chaussures j'ai usé,
Ma douce, à venir vous voir ;

(J'ai) fait faire la quatrième paire,
Et, malgré cela, je ne sais pas votre pensée.

— Quand vous serez las d'user des chaussures,
Venez sur les semelles de vos bas ;

Ou bien restez chez vous,
Et vous ne perdrez pas votre temps.

— Entre votre maison et la mienne,
Il y a une avenue (bordée) de romarin :

La bordure de votre côté est flétrie,
Celle de mon côté (est) fleurie :

Ce qui montre que vous ne m'aimez pas,
Ma douce, et que vous me délaissez.

Je vous avais donné un couteau joli,
En même temps qu'une bague d'argent.

— Votre couteau est usé, depuis longtemps
A peler des poires et des pommes.

Si vous m'avez donné des bagues,
Moi, je vous avais donné de la monnaie ;

Me 'm boa roët d'ac'h eur ialc'h zeï,
A oa en-hi leun a voneï.

Digasset ma moneï d'ar gêr
Ha dalt ho coalen, gaoudisser !

Keranborn. — 1843

ME N' VIN NA BÊLEC, NA MANAC'H
(ZON CLOAREC)

Entre an dachen hac ar prat,
A zo eur pont, me oar er fad,

Ha na n'eus den 'wit hen tremen,
Na gant eur bagad scolerien...

Na d'an oferen-bred pa 'c'han,
Patèr nac *ave* na laran,

Nemet zellet dreist bec ma scoa
Eur plac'hic a ra ma hol joa.

Me wel ma dous 'n creiz an iliz,
Ken caër hac aour pe flourdeliz ;

Eur c'hoeff batist zo war he fenn,
Zo coustet seiz scoet ar walenn ;

Eur c'hoeff bihan zo dindan-han,
Dantelezet euz ar c'haëran ;

Cotillonen zo dindan-hi,
Ha daou vord arc'hant warnezhi ;

Eur roben ru, bet 'an douar ;
A greiz ma c'halon me hi c'har !

— Dàlet arc'hant en ho codel,
Hac et d'ar scòl da Landreger ;

Hac et d'ar scòl da Landreger :
Bezet bêlec 'roc dont d'ar gêr.

Je vous avais donné une bourse de soie,
Et, dans cette bourse, tout plein de monnaie.

Rapportez ma monnaie chez moi,
Et tenez votre bague, trompeur !

Keranborgne. — 1848.

JE NE SERAI NI PRÊTRE, NI MOINE

(CHANSON DE CLOAREC)

Entre la pente gazonnée et la prairie,
Il y a un pont, je le sais bien,
  Et il n'y a personne qui le puisse passer
A cause d'une troupe d'écoliers...

  A la grand'messe quand je vais,
Pater ni *ave* je ne dis,   [épaule
  (Je ne fais) que regarder par dessus le bout de mon
Une fillette qui fait toute ma joie.

  Je vois ma douce au milieu de l'église,
Aussi belle que l'or ou la fleur de lys ;

  Une coiffe de batiste est sur sa tête,
Qui a coûté six écus l'aune ;

  Une petite coiffe est par-dessous,
En dentelle de la plus belle sorte ;

  Elle porte jupon
Garni d'un double galon d'argent ;

  Une robe rouge (qui tombe) jusqu'à terre ;
Du profond de mon cœur je l'aime !

  — Prenez de l'argent dans votre poche,
Et allez à l'école à Tréguier ;

  Et allez à l'école à Tréguier,
Soyez prêtre, avant d'en revenir.

— Miret hoc'h arc'hant en ho ialc'h !
Me n' vin na bélec, na manac'h.

Tòlet ma levrio bars en tan,
Pe ho roët d'am breur bihan ;

Pe ho reit d'an neb a garfet,
Rac 'wit bélec me na vin ket !

Me n' vin na bélec, na manac'h,
Ma c'halon a c'houlen eur plac'h ;

Eur plac'hic coant euz a Gerneo,
Glaz he lagad, melen he bleo ;

Ha mar n'am be ket anezhi,
Preparet ma c'hroas-nouen d'in !

Jan-Yvon ar MAILLOT. — Priel.

AN ENVNIC ROUZ

Me 'zo eun den iaouanc ; -'wit-on n'on ket galant,
Me oar scrivan ha lenn, gònid aour hac arc'hant ;
Ha me disclerio d'ac'h, kent vo fin d'am fropos,
An neb a choaz mestrès na gousc na de na noz.

Me 'm eus choaset unan 'zo caeroc'h 'wit al loar,
Brillantoc'h 'wit an heol, pa bar war an douar ;
Brillantoc'h 'wit an heol, na pa bar war ar bed ;
Rannan raï ma c'halon, mar na ro d'in remed.

Me am eus diou vestrès, hanvel ouz diou rozenn,
Unan an-he 'zo ru, unan-all a zo gwenn ;
An hini wenn an-he zo 'n jardin ar c'hreiz-de :
Aouën 'm eus na woenvfe, p'arruo n' amzer grenv.

— Gardez votre argent en votre bourse !
Je ne serai ni prêtre, ni moine ;

Jetez mes livres au feu,
Ou donnez-les à mon petit frère ;

Ou donnez-les à qui vous voudrez.
Car, pour prêtre, je ne le serai pas !

Je ne serai ni prêtre, ni moine !
Mon cœur réclame une fille ;

Une fillette jolie, de Cornouailles,
A l'œil bleu, aux blonds cheveux ;

Et si je ne l'ai pas,
Préparez la croix d'extrême-onction, pour moi.

Jeanne-Yvonne MAILLOT. — *Pouguiel.*

L'OISEAU ROUX

(LA FAUVETTE.)

—

Je suis un jeune homme ; — bien que je ne sois pas galant,
Je sais écrire et lire, gagner or et argent ;
Et je vous révélerai (une chose), avant la fin de mon propos :
Quiconque choisit une maîtresse ne dort ni jour, ni nuit.

Moi, j'en ai choisi une, qui est plus belle que la lune,
Plus brillante que le soleil, quand il se lève sur la terre ;
Plus brillante que le soleil quand il se lève sur le monde ;
Elle brisera mon cœur, si elle ne me donne remède.

Moi, j'ai deux maîtresses, pareilles à deux roses,
L'une d'elles est rouge, une autre est blanche ;
La blanche est dans le jardin du midi :
J'ai peur qu'elle ne se flétrisse, quand arrivera la saison dure.

An hini ruz an-he 'zo eur plac'h caer ha coant,
Hi deus ma ravisset gant he zellou charmant.
Pa vije kement den 'zo 'r bed o laret d'in
Vije gaoudisserez, n' vijen ket 'wit credi.

Met brema, me a gred dre wir experians :
Adieu, ma c'harante ! adieu, ma espérans !

Me 'm eus eun envnic rouz, crennet he diou eskel,
A deu bep-noz, bep-noz, war gornic ma mantel ;
Ha na eus heur en noz n' hen clewan ho canan :
Calonic ma mestrès a zo hanvel out-han.

'N dé-all da dec heur noz, pa oan êt em guele,
Cousket ganin eun unv, me am boe eun unvre ;
Cousket ganin eun unv, me am boe eun unvre,
Oa ma muian caret ganin ouz ma c'hoste.

Allas ! pa zifunis, ha gwelet na oa ket,
Me o commans goelan 'vel eun oan dianket ;
Me o commans goelan evel eun oan bihan
A ve losket el lann, dilaizet gant he vamm.

Hec'h an c'hoas eur veach bete ti ma mestrès,
Ha pa golfen ma foan, grèt am eus aliez ;
Ha pa golfen ma foan, aliez am eus grèt ;
An hol a lavar d'in am eus amzer gollet.

— Dimeuz a larfet d'in, me iell da studian,
Ha birviken james d'ar gèr na retornan :
Dimeuz a larfet d'in, me iello d'ar studi,
Ha birviken james d'ar gèr na retornin.

— Et 'ta, ma zervijer, et-hu c'hoaz d'ar studi,
Eur blavezic pe daou, pe d'an neubeuta tri,
Ken am bo achuet ma femp blâ war-n-ugent :
Neuze m'hoc'h eureujo, hep conge ma c'herent.

Keranborn. 1847.

La rouge est une fille belle et jolie,
Qui m'a ravi avec ses regards charmants.
Quand tout ce qu'il y a de gens au monde m'eût affirmé
Qu'elle était coquette, je n'aurais pu le croire. [rience ;
Mais à présent, je crois, parce que j'en ai fait la claire expé-
Adieu, mon amour ! adieu, mon espérance !

J'ai une fauvette, dont on a rogné les deux ailes, [teau [1] ;
Qui vient chaque nuit, chaque nuit, sur le coin de mon man-
Et il n'y a heure de la nuit que je ne l'entende chanter.
Le petit cœur de ma maîtresse est semblable à cette fauvette

L'autre jour, à dix heures de nuit, comme j'étais dans mon lit,
Ayant déjà dormi un somme, j'eus un rêve ;
Ayant déjà dormi un somme, j'eus un rêve,
(Je rêvai) que ma plus aimée était à mon côté.

Hélas ! quand je m'éveillai, voyant qu'elle n'y était pas,
Je me mis à pleurer comme un agneau égaré ;
Je me mis à pleurer comme un petit agneau [mère.
Qu'on a lâché parmi l'ajonc (et qui a été) abandonné par sa

Je vais encore une fois jusque chez ma maîtresse :
Quand même je perdrais ma peine, je l'ai fait bien souvent ;
Quand même je perdrais ma peine, bien souvent je l'ai fait.
Tout le monde me dit que je perds mon temps.

— Selon que vous me direz, j'irai étudier,
Et onques jamais à la maison je ne retournerai ;
Selon que vous me direz, j'irai à l'étude,
Et onques jamais à la maison je ne reviendrai.

— Allez donc, mon serviteur, allez encore à l'étude,
Une petite année ou deux, ou à tout le moins trois,
Jusqu'à ce que j'aie achevé mes vingt-cinq ans ;
Alors, je vous épouserai, sans la permission de mes parents.

Keranborgne. — 1847.

---

[1] Manteau de ma cheminée ?

ENVNIC SAINT-NICOLAS

Tostaët, tud iaouanc, hac a clevfet canan
Eur zon divertissant 'zo savet er bloaz-man ;
'Zo gret d'eun den iaouanc a escopti Guened,
Gant an nevez-amzer a zo bet glac'haret.

Ec'h an c'hoas eur veach bete ti ma mestrès,
Na pa goltfenn ma foan, gret am eus aliès.
Dimeuz ar proposio a gonclufomp breman,
A renefomp 'n em guitaad ha 'n em dispartian.

— Salut d'ac'h, ma mestrès, gant guir humilite,
Ennoc'h a esperan, couls en noz 'vel en de.
En defot na allan goûd sclezr ar wirione,
Ennoc'h a gonfian, dre wir humilite.

— O ia, ma zervijer, n'ho pet doutans a-bed,
Rac ho carout a ran gant eur galon barfet.
Kentoc'h vanco ar glao da donet da c'hlebian,
An envnigo er goën da donet da ganan.

— Arsa-ta, ma mestrès, reit hu d'in ma c'honje,
Pa na ven permetet da derc'hel amitie.
— O ia, ma zervijer, me reï d'ac'h ho conje,
Gant ar gondition ma retornfet arre ;

Gant ar gondition arre ma retornfet,
N'am eus ket meritet beza abandonnet.
Pa oan et em guele eun nenbeut da repoz,
Me gred oa tremenet an heur a hanter-noz,

Me 'clevet eun envnic fredoni eur chanson,
War vordic ar rivier, damm-dostic d'an dour dòn.
Ha me hac o sevel war vordic ma guele,
Da zilaou an envn-glaz pehini gane gë.

Ha ma làre an envnic, ken coantic dre he iez :
— « Selu, ma zervijer ker, glac'haret da vestrès ;

L'OISEAU DE SAINT-NICOLAS.
(LE MARTIN-PÊCHEUR.)
—

Approchez, jeunes gens, et vous entendrez chanter
Une chanson divertissante, qui a été levée en cette année, ;

Qui a été faite à un jeune homme de l'évêché de Vannes,
Lequel, pour la saison nouvelle, s'est trouvé désolé.

Je vais encore une fois jusqu'à la maison de ma maîtresse,
Et quand je perdrais ma peine, je l'ai fait quantes fois.

D'après les conclusions que nous prendrons maintenant,
Il nous faudra nous quitter et nous séparer,

— « Bonjour à vous, ma maîtresse, en vrai humilité !
En vous j'espère, aussi bien la nuit que le jour.

Faute de savoir la claire vérité,
En vous je me confie, en vraie humilité.

— Oh ! oui, mon serviteur, n'ayez de doute aucun,
Car vous aimer, je le fais avec un cœur parfait.

Plutôt faillira la pluie à mouiller,
Plutôt les oiseaux dans les arbres failliront à chanter.

— Eh bien ! donc, ma maîtresse, donnez-moi mon congé,
Puisqu'il ne m'est permis de garder amitié.

— Oh ! oui, mon serviteur, je vous donnerai votre congé,
A la condition que vous me reviendrez encore ;

A la condition qu'encore vous me reviendrez,
Je n'ai pas mérité d'être abandonnée.

Comme j'étais allé au lit prendre un peu de repos,
Je crois qu'elle était passée, l'heure de minuit,

Moi d'entendre un oiseau fredonner une chanson,
Sur le bord de la rivière, tout près de l'eau profonde.

Et moi de me lever sur le bord de mon lit,
D'écouter l'oiseau bleu qui chantait gai :

Il disait, l'oiselet, si gentiment en sa langue ;
« Voilà, mon serviteur chéri, qu'elle est désolée, ta maîtresse,

Setu, ma ... .ion ker, glac'haret da vestrès ;
Ar rest deu? l e deziou 'vo en tristidigès ;

Ar rest ... he dézion 'vo en tristidigès,
Na ra met scuill daëro gant glac'har hac enkrés.

Beza 'zo deuz he ligne ho deveus fantazi
Eneb d'he bolonte douet d'hi dimezi ;

Tud hac a zo d'ezhi certen car alliet,
Gret am eus ma fossupl, me na n'on ket kiriec.

— Envnic Sant Niçolas, te 'zo mad em andret,
Kerz 'wit-on 'n hi bete, ma fossupl am eus gret.

Mar be èt da gousket, antre pront en he c'hambr,
ha ro d'ezhi ma lizer hep ober complimant.

Mont a ra an envnic neuze incontinant
Da brezanti 'l lizer d'am mestrès en he c'hambr ;

da brezanti d'ezhi ma lizer cachedet,
Pehini a oa ganthan dre galz a boan nijet.

Ma Mestrès a oa fur, hen lenne dre douzter ;
An dour deuz he daoulagod a c'hlebie ar paper,

O tont da gonzideri touchanta préposio
am boa me merket d'ezhi ebars en bezr gomjo.

Retorn a ra an envnic evit ma c'honsolin,
lizer ganthan 'n he vec da digass respont d'in.

Pa resivis he lizer, ma c'halon a dripe,
Evel eun oanic bihan en heol, da viz mae.

Keranborn, 1848.

Voilà, mon ami cher, qu'elle est désolée, ta maîtresse,
Le reste de ses jours s'écoulera dans la tristesse ;

Le reste de ses jour s'écoulera dans la tristesse,
Elle ne fait que verser des larmes dans la désolation et l'angoisse.

Il en est parmi les siens à qui la fantaisie est venue
De la vouloir marier contre sa volonté.

Ce sont gens qui lui sont à coup sûr apparentés,
Moi, j'ai fait mon possible, et je n'y suis pour rien.

— Petit oiseau de Saint Nicolas, tu es bon à mon endroit [1],
Va pour moi jusqu'à elle. — J'ai fait mon possible.

— Si elle est allée se coucher, entre vite en sa chambre,
Et donne-lui ma lettre, sans faire de cérémonies.

Voilà l'oiseau parti alors, incontinent,
Pour présenter la lettre à ma maîtresse, dans sa chambre ;

Pour lui présenter ma lettre cachetée,
Qu'il avait à grand'peine emportée dans son vol.

Ma maîtresse, qui était sage, la lut avec lenteur.
L'eau de ses deux yeux mouillait le papier,

En venant à considérer quels touchants propos
Je lui avais écrits, en brèves paroles.

L'oiseau s'en retourne pour me consoler,
Avec une lettre dans le bec, pour m'apporter réponse.

Quand je reçus sa lettre, mon cœur bondissait,
Comme un petit agneau au soleil, au mois de mai.

Keranborgne, 1847.

---

[1] Les paysans bretons appellent le Martin-pêcheur l'oiseau de Saint Nicolas.

AR VERJEREN HAC AN DENG-ENTIL

Eur verjerennic iaouanc o viret he denved,
Hac eun den-gentil iaouanc hen eus hi rancontret.
Hen eus goullet diganthi hac hi roje he grâd
Da vont ganthan eun nozvez d'ur gambr, en ti he dad,

— Ho ! salv ho craz, emezhi, me na roïn ma grâd
Da vont ganec'h eun nozvez d'ur gambr, en ti ho tad.
Ho stad hag ho calité verit caout re huël :
C'hui a zo eun den-gentil, a vanc d'ac'h dimezel.

— N'è ket gant dimezelled e-man ma fantasi,
Ganec'h-hu 'c'h è, berjeren, mar caret ma c'hredi.
Mar caret dont eun nozvez ganin-me da gousket,
Me ho craïo dimezel, hac itron, mar caret.

— N'è ket ma c'hondition beza hanvet itron :
Eur verjerennic iaouanc è ma c'hondition,
Eur verjerennic iaouanc en servij eun ti mad.
Benoz doue d'ac'h, òtrò, hac ho trugarecad !

— Zod ho cafan, berjeren ; mar n' gomerret arc'hant,
Deut-hu ganin-me d'ar stâl, da choas accoutramant,
Eul lostennic violet, hac eun all incarnal ;
Dre ma fe, berjerennic, c'hui ve brao da vragal.

Eur manchigo taffetas pò da lacad out-hi :
Dre ma fe, ar verjeren, c'hui ve brao da zimi.

— Miret c'hui ho tamezo d'an neb ho goulenno ;
Me zo well ganin lien da lacad war ma zro ;
Rac me a wiskfe kentoc'h eur vroz lien balin,
Kent wiskfen ho tamezo hac ho mezerio fin.

— Hirie a ra eun devez dimeuz a domder vraz :
Deut-hu ganin, berjeren, dindan eur boudic glaz ;
Fi o me discoezo d'ac'h eun darn ma action,
Ha goude nin raï hon daou bouquet a wir galon.

LA BERGÈRE ET LE GENTILHOMME

Une jeune bergère gardant ses moutons,
Et un jeune gentilhomme l'a rencontrée.
Il lui a demandé si elle consentirait
A aller avec lui (passer) une nuit dans la chambre, chez son père.

— Oh ! sauf votre grâce, dit-elle, je ne consentirai pas
A aller avec vous (passer) une nuit dans la chambre, chez
[votre père.
Votre état et votre qualité demandent que vous ayez des femmes
[de haut parage :
Vous êtes un gentilhomme, il vous faut une demoiselle.

— Ce n'est pas à des demoiselles que s'adresse ma fantaisie,
C'est à vous, bergère, si vous voulez m'en croire.
Si vous voulez venir coucher une nuit avec moi,
Je vous ferai demoiselle, et dame, si vous le désirez.

— Ce n'est pas ma condition d'être appelée madame :
Jeune bergère, telle est ma condition,
Jeune bergère au service d'une bonne maison.
La bénédiction de Dieu, sur vous, Monsieur, et merci !

— Je vous trouve sotte, bergère ; si vous n'acceptez
Venez avec moi à la boutique, choisir une toilette,
Un petit jupon violet, et un autre écarlate :
Sur ma foi, bergère, vous seriez jolie à voir vous pavaner.

Des manchettes de taffetas vous aurez à y coudre :
Par mon serment, vous seriez jolie à épouser.

— Gardez vos damasseries pour qui en voudra ;
Moi, j'aime mieux de la toile pour mettre autour de moi :
Car je revêtirais plutôt une jupe de toile de ballin,
Que vos damasseries et vos étoffes fines.

— Aujourd'hui il fait une journée de grande chaleur :
Venez avec moi, bergère, sous un buisson vert ;
Là, je vous ferai voir quelque peu de ce que je puis faire.
Et ensuite nous tresserons tous deux bouquet de vrai cœur.

11

— Eun Douc 'zo bars an ne, hac hon gwel hac hon c'hlew,
Na oufemp plec'h monet ewit cuzet out-han.
Pâd eur momedic amzer hon be contantamant,
Ha goude hon be hon daou calz a afflijamant.

— Me wel an noz o troublan, an heol oc'h izellad,
Kenavezo, berjeren, pa na 'non ket d'ho crad !
— Kenavezo d'ac'h, otro, hac ho trugarecad !
Done da rei d'imp hon daou peb a avantur vad !

Keranborn. — 1848.

MAB AR ROUE HAC AR VERGERENNIC.

En crec'h, en traon, gant ar c'hoajo (*bis.*)
A zo eur vergerenn eno,
  Si bon, la jolie bergère,
  Si bon la belle jolie !

  Canan a ra ken brao, ken dous !
Mouez eun dimezellic a deus !
  Mab ar Roue a lavare :
— Dibret-hu d'in ma incane ;
  Dibret-hu d'in ma incane,
Ma c'h in d'ar c'hoajo da vale !

  — Berjerenn, cânet eur chanson,
An hini 'gânec'h bremazon.
  — Allaz ! ne allan mui canan,
Gant ar c'heuz d'am breur iaouancan !
  Gant ar c'heun d'am breur iaouancan,
'Zo war ar mor o navigan !

— Un Dieu est dans le ciel, qui nous voit et nous entend ;
Nous ne saurions où aller pour nous cacher de lui.
Pendant un court instant, nous aurions du plaisir,
Et après, nous aurions tous deux beaucoup d'affliction.

— Je vois la nuit qui devient trouble et le soleil baisser ;
Au revoir, bergère, puisque je ne suis pas à votre gré !
— Au revoir, monsieur, et merci à vous !
Dieu nous donne à tous deux chacun une bonne aventure[1] !

Keranborgne. — 1848.

LE FILS DU ROI ET LA BERGERETTE.

En haut et en bas, au long des bois,
Il y a là une bergère,
  Si bon, la jolie bergère,
  Si bon la belle jolie !

  Elle chante si joliment, si doucement !
C'est la voix d'une petite demoiselle que la sienne.
  Le fils du Roi disait :
— Sellez-moi ma haquenée ;
  Sellez-moi ma haquenée,
Que j'aille aux bois me promener.

  — Bergère, chantez une chanson,
Celle que vous chantiez à l'instant.
  — Hélas ! je ne puis plus chanter.
Tant j'ai regret à mon frère le plus jeune !
  Tant j'ai regret à mon frère le plus jeune
Qui est sur la mer à naviguer !

---

[1] Le souhait de « bonne aventure » est, en Bretagne, un souhait de prochain mariage

Na mar teufe d'am breur mervel,
Me ve princès a Vreiz-Izel.
  Me a dougfe an dantélès,
Kerkent ha me a ve princès.
  Me a dougfe frizettenno,
Aour hac arc'hant 'n em godello !

Mac'harit GRÉNÈS.

TRE GWIRGENEC HA GWIRGENAC.

Tre Gwirgenec ha Gwirgenac,
'M eus eur vestrès eun tu bennac :

  He diou-jod 'zo caër 'vel an deiz :
He far na gavfec'h ket en Breiz ;

  Sonn eo 'n he za 'vel eur blanten,
A greiz ma c'halon hi c'harrien.

  — Ma dousic, ho pedi a ran,
A greiz ar galon a dougan,

  Da gaout evit-on amitie,
Dreist an eil mignon d'egile.

  — Penoz birviken ober ze ?
Caout evido'h amitie ?

  N'am eus ennoc'h eun nep fianz,
En nep fesson, nep assuranz.

  — Reit-hu d'in alc'houez ho chardin,
D'ober eur bouket louzou fin ;

  D'ober eur bouket louzou fin
A leuvant hac a durcantin.

  — Ma rofen d'ac'h ma alc'houeo,
Cassfac'h ganac'h ma boukédo.

Que s'il arrivait à mon frère de mourir,
Je serais princesse de Basse-Bretagne ;
Je porterais de la dentelle,
Aussitôt que je serais princesse.
Je porterais des frisettes,
De l'or et de l'argent dans mes poches !

Marguerite GRENÈS, *Guénesan, en Bégard,* septembre 1883.

ENTRE GWIRGENEC ET GWIRGENAC.

Entre Gwirgénec et Gwirgénac [1],
J'ai une maîtresse, quelque part :
Ses deux joues son belles comme le jour ;
Sa pareille vous ne trouveriez pas en Bretagne ;
Elle est droite sur pied comme une plante.
Du fond de mon cœur je l'aimais.

— Ma douce, je vous prie,
Du fond du cœur que je porte,
D'avoir pour moi de l'affection,
De m'aimer plus que tout autre.

— Comment jamais faire cela ?
(Comment) avoir pour vous de l'affection ?
Je n'ai en vous aucune confiance,
D'aucune manière, aucune assurance.

— Donnez-moi les clefs de votre jardin,
Pour faire un bouquet de plantes fines ;
Pour faire un bouquet de plantes fines,
De lavande et de thym.

— Si je vous donnais mes clefs,
Vous emporteriez mes bouquets ;

[1] Noms de lieu imaginaires.

Cassfac'h ganec'h ma boukedo,
'C'h afac'h gant-he e-mès ar vro.

— Ha pa guitafemp hon c'hanton,
Nin iel da Paris pe da Rom.

— Biken ma bro na guitaïs
'Balamour da bôtr a garis ;

Nann, den iaouanc, ha credit se,
'Balamour d'ac'h n' riu ket ive !

— Me 'c'h a breman d'ober al lez,
Pell euz ar gèr, d'eur bennherès.

Honnès hi deuz aour hac arc'hant,
A lacaï ma c'halon contant.

ENEZEN SANT-MALO

Na ma ouijen-me canan 'vel ma 'c'h oûn compozi,
Me gomposje eur zonic vije d'am fantasi ;

Me gomposje eur zonic, ha na vijen ket pell,
Da daou den deuz ar c'hontre, en em garrie fidel.

Pa ve carante barfet aman en-tre daou den,
Joaüz vent 'vel eun eostic o canan 'n eun drezen.

Ha goude bezan caret, ha laket ho fians,
Ve glac'haret ho c'halon, mar na ve recompans.

— C'hui, 'mezhan, ma mestrezic, 'zo kiricc d'am zourmant,
Ganec'h e-man ma dessign, ha d'ac'h-c'hui am eus c'hoant ;

Ganec'h e-man ma dessign, ha d'ac'h-c'hui am eus c'hoant,
C'hui 'c'h eus an ingratiri 'n andret ma zantimant!

— Tawet, ma zervijer, na lavaret ket se,
Rac kement a deziret garfen a arrufe.

Ma ligne zo contrel d'ar pez a c'hoantaët,
Ewit ac'hann da dri bloaz, ma mignon, n'am pô ket.

Vous emporteriez mes bouquets,
Vous les emporteriez hors du pays.

— Qu'importe que nous quittions notre canton ?
Nous irons à Paris ou à Rome.

— Jamais mon pays je ne quittai,
Pour l'amour d'un gars que j'aimai.

Non, jeune homme, et croyez-le,
Pour l'amour de vous je ne le ferai non plus !

— Moi je vais maintenant faire la cour,
Loin de la maison, à une héritière.

Celle-là a or et argent,
Elle me rendra le cœur content.

Chanté par Marguerite PHILIPPE, 15 août 1870.

L'ILE DE SAINT-MALO

Si je savais chanter, comme je sais composer,
Je composerais une chansonnette, qui serait à mon gré.

Je composerais une chansonnette, et cela prestement,
A deux personnes de la contrée, qui s'aimaient fidèlement.

Quand il y a amour parfait entre deux êtres,
Ils sont joyeux, comme un rossignol qui chante dans une haie.

(Mais) après s'être aimés et avoir eu confiance (l'un dans l'autre)
Ils ont le cœur navré, si (leur amour) n'est pas récompensé,

— C'est vous, dit (l'homme), ma maîtresse, qui êtes cause de
[mon tourment.
C'est à vous que je pense, c'est vous que je désire ;

C'est à vous que je pense, c'est vous que je désire,
Et vous êtes assez ingrate (pour mépriser) mon amour !

— Taisez-vous, mon serviteur, ne dites pas cela, [plissent;
Car quels que soient vos vœux, je souhaiterais qu'ils s'accom-

(Mais c'est) ma famille qui s'oppose à ce que vous désirez ;
Pas avant trois ans, mon ami, vous ne m'aurez.

— Tri bloaz 'zo calz ha neubeud a amzer de dremen.,
An hini ve o c'hortos a gav hir an termén.

Gwellan m'oufemp da ober ve em dispartia,
Wit beza net a gojo, da c'hortoz an tri bloa.

Rac mar choimfemb er vro-man hon daou da em garet,
Deufe an dud da laret a vefemb mignoned.

Me iello da Sant-Malo, lec'h zo eun enezen,
Ebars en creiz ar mor dòn, dispoz d'ar ienien,

'Lec'h n'am bo nep plijadur ha nep contantamant,
Nemet ar glao, an awel, hac a bep sort tourmant.

— Possubl ve, ma zervijer, ve balamour d'in-me
Em lacafac'h 'n eun danjer 'n eun tourmant er gis-se.

Ma holl vado en antier, ha c'hoaz na int ket d'in,
N'int cap da baëan ar boan souffret'balamour d'in.

— Ho fesson vad, ma mestrès, zo capab d'am paëa,
Gant ma c'hallin hi c'havet, na c'houlennan netra.

Az zòn-man a zo zavet gant eur c'hloarec iaouanc ;
Me ho ped, hen excuset, na eo ket c'hoaz savant ;

Doue na ro ket d'an holl peb-hini he c'houlen ;
Kement hec'h â d'ar studi na vent ket bétéïn.

Hema zo 'r c'hloarec iaouanc o retorn d'he ganton,
Hac a gav bezr an amzer nae o canan eur zon.

Trois ans, c'est beaucoup et peu de temps à passer.
Celui qui attend trouve longue (à venir) l'échéance.

Ce que nous saurions faire de mieux, ce serait de nous séparer,
Pour qu'il n'y ait rien à dire sur notre compte, en attendant
[que les trois ans (se passent),

Car si nous continuions, en ce pays, à nous aimer tous deux,
Les gens en viendraient (vite) à prétendre que nous serions
[trop amis.

Moi, j'irai à Saint-Malo, là où il y a une île,
Au milieu de la mer profonde, exposée à la froidure ;

Là je n'aurai ni plaisir ni joie (d'aucune sorte),
Rien que la pluie, le vent, et toute espèce de souffrances.

— Serait-il possible, mon serviteur, qu'à cause de moi
Vous vous mettriez en un danger, en une souffrance de ce genre.

Tous mes biens en entier, ils ne m'appartiennent pas encore,
Ne suffiraient pas à vous payer de la peine que vous souffrez à
[cause de moi.

— Vos bonnes façons, ô ma maîtresse, suffisent à m'en payer,
Si je puis me les concilier, je ne demande rien (davantage).

Cette chanson a été levée par un jeune clerc ;
Je vous prie, soyez indulgents pour lui, il n'est pas encore habile ;

Dieu n'accorde pas toujours à chacun sa demande ;
Tous ceux qui vont aux études ne deviennent pas prêtres.

Celui-ci est un jeune clerc, qui s'en retourne en son canton,
Et qui trouve le temps (plus) court en chantant une chanson.

Chanté à Keranborgne, février, 1849.

SECREJOU AR C'HLOAREC

Bemnoz, bemnoz, 'bars ma goele pa 'c'h an,
E-lec'h cousket, nemet goela na ran ;

E-lec'h consket, nemet goéla na ran,
Pa deu zonj d'in deuz an hini garan.

Me ia' bemde da forest Coatamour,
En esperans d'ho cuelet kerc'had dour.

Pa ho cuelan o tont a dreuz ar c'hoajou,
War an delliou me laca ma secrejou.

— D'eun dra dister e contet ho secrejou,
Ma ho contet d'an delliou 'bars ar c'hoajou.

Pa zeui ar glao, an awel, an tourmant,
Setu collet ho secrejou, den iaouanc.

Gwelloc'h vefe o scriva 'n em c'halon,
Eno chomfent, cloaregic, gravet don.

Viçantan GUILLOU, *Guerlisquin*, 1888.

LES SECRETS DU CLERC

Chaque nuit, chaque nuit, dans mon lit quand je vais,
au lieu de dormir, ce n'est que pleurer que je fais.

Au lieu de dormir, je ne fais que pleurer,
Quand je me prends à songer à celle que j'aime.

Je vais chaque jour à la forêt du Bois-d'amour,
Avec l'espérance de vous voir venir puiser de l'eau.

Quand je vous vois venir à travers les bois,
Sur les feuilles (des arbres) je dépose mes secrets. [crets,

— C'est à un confident bien fragile que vous contez vos se-
Si vous les contez aux feuilles, dans les bois.

Quand viendra la pluie, le vent, la tourmente,
Voilà perdus vos secrets, jeune homme !

Mieux vaudrait les écrire dans mon cœur ;
Là ils demeureraient, gentil clerc, gravés profondément.

Vincente Le Guillou, *Guerlesquin*, 1888.

CLOAREC MONTROULES

Eur c'hloaregic bihan euz a gér Vontroulès
A zo deut d'ar vro-man ewit choas eur vestrès ;

Met choazet 'n eus unan pellic dimeuz he di ;
Eur marc'h mad renco caout 'wit mont d'hi zaludi.

Ar c'hloaregic a làre, p'arrue 'n tâl an nor :
— Zao a lec'h-se, minorès, da zigerri da zor,

Zao a lec'h-se, minorès, da zigerri da zor,
E-man da vuia caret aman o c'houll digor.

— Petra 'zo aze, 'mezhi, d'ar c'houlz-man euz an noz,
Pa dle peb den a fesson beza èt da repoz ?

Petra 'zo aze, 'mezhi, keit-man aròc an de ?
Ma vije den a fesson, e vije 'n he wele.

— Deut ganin, minorezic, deut-hu ganin d'am bro,
Me choazo d'ec'h eun habit a gaëra danvez 'zo ?

Me choazo d'ec'h eun habit dimeuz a satin griz,
Ma làro tud ma bro 'm bo bet merc'h eur markiz.

Me breno d'ec'h eun habit dimeuz a satin gwenn,
Ma làro tud ma bro 'm bo bet eun dimezell.

— O salv-ho-craz, emezhi, me n'on ket eur baourès,
Me n'in ket ganec'h d'ho pro 'n giz d'eur c'houriganès.

Me renco beza testou, bêlec d'am eureujo ;
Neuze, cloaregic iaouanc, me iel ganec'h d'ho pro ;

Me renco beza testou, bêlec d'am eureuji,
Neuze, cloaregic iaouanc, me iel ganec'h d'ho ti ;

Neuze vad, cloarec iaouanc, me iel ganec'h d'ho ti,
Ha keit ma vin en buhez, oblijet d'ec'h a vin.

LE CLERC DE MORLAIX

Un petit clerc de la ville de Morlaix
Est venu en ce pays se choisir une maîtresse ;

Mais il en a choisi une un peu loin de sa maison ;
Il faudra qu'il ait un bon cheval pour l'aller saluer.

Le petit clerc disait, en arrivant près de la porte :
— Lève-toi de là, mineure, pour ouvrir ta porte ;

Lève-toi de là, mineure, pour ouvrir ta porte,
Ton plus aimé est ici demandant qu'on lui ouvre.

— Qu'y a-t-il là, dit-elle, à cette heure de la nuit,
Où tout honnête homme devrait être allé reposer ?

Qu'y a-t-il là, dit-elle, si tôt avant le jour ?
Si c'était un honnête homme, il serait au lit.

— Venez avec moi, mineurette, venez avec moi dans mon pays,
Je vous choisirai un habit de la plus belle étoffe qui soit ;

Je vous choisirai un habit de satin gris, (si beau)
Que les gens de mon pays diront que j'aurai eu la fille d'un marquis.

Je vous achèterai un habit de satin blanc, (si beau)
Que les gens de mon pays diront que j'aurai eu une demoiselle.

— Sauf votre grâce, dit-elle, je ne suis pas une pauvresse,
Je n'irai pas avec vous à votre pays, à la façon d'une gourgandine.

Moi, il faudra qu'il y ait des témoins, un prêtre, à mon mariage,
A cette condition, jeune clerc, je vous suivrai dans votre pays ;

Il faudra qu'il y ait des témoins, un prêtre à mon mariage,
A cette condition, jeune clerc, je vous suivrai dans votre maison ;

Alors oui, jeune clerc, je vous suivrai dans votre maison,
Et, tant que je serai en vie, je vous serai attachée.

Chanté par Marie-Anne LE NOAN, *Duault.*

ANNAIC AR FICHANT

Selaouet hac e clevfet, hac e clevfet canan,
	ha breman,
Eur zònic coant a newez gompozet er bloaz-man,
	ha du-man ;
'Zo grêt da zaou den iaouanc euz a barrouz Moëlou,
	hac ho daou ;
Dezir braz 'zo 'n ho c'halon da veza priejou,
	hac ho daou.

— Bonjour d'ec'h, Anna 'r Fichant, bonjour d'ec'h a lâran,
	ha breman :
Pe-lec'h 'man ho tad Juluan, pa n'hen guelan o toman,
	ha breman ?
— 'Man duze 'n parc al liorz, nac o voustellad ed,
	me a gred ;
Et-hu d'am goull digant-han, n' viot ket refuset,
	me a gred.

— Bonjour, Juluan 'r Fichant, bonjour d'ec'h a lâran,
	ha breman :
Conje d'ho merc'h da zimi diganac'h c'houlennan,
	ha breman.
— Ma merc'h n' vo ket dimezet, aròc eur bloaz pe daou,
	ah ! iaou !
Iaouankic mad ho cafan d' zevel tiegezou,
	hac ho taou.

Abars eur pennad goude, ar plac'h 'zo chommet clanv,
	han ! han !
Mont 'ra he zad Juluan da gaout ar goazic man,
	ha breman.
— Bonjour d'ec'h Ervoan Riou, bonjour d'ec'h a lâran,
	ha breman ;
Baoue diweza m' ho cuelis, ma merc'h 'zo chommet clanv,
	— han ! han !

ANNETTE LE FICHANT

Écoutez et vous entendrez, et vous entendrez chanter,
    et maintenant,
Une chansonnette jolie composée cette année,
    et chez nous ;
Qui est faite à deux jeunes gens de la paroisse de Moëlou,
    et (à) tous deux ;
Grand désir ils ont au cœur d'être époux,
    et tous deux.
« — Bonjour à vous, Anne le Fichant, bonjour à vous je dis,
    et maintenant :
Où est votre père Julien, que je ne le vois se chauffer,
    et maintenant ?
— Il est là-bas dans le courtil, à mettre du blé en meules,
    Je crois ;
Allez me demander à lui, vous ne serez pas refusé,
    Je crois ;
— Bonjour, Julien le Fichant, bonjour je vous dis,
    et maintenant :
Permission pour votre fille de se marier je vous demande,
    et maintenant.
— Ma fille ne sera point mariée, avant un an ou deux,
    ah ! iaou !
Bien jeunets encore je vous trouve pour fonder ménage,
    et tous deux. »
Quelque temps après, la fille est restée malade,
    han ! han !
Son père Julien va trouver le gars susdit,
    et maintenant.
— Bonjour à vous, Yves Riou, bonjour à vous je dis
    et maintenant ;
Depuis la dernière (fois) que je vous vis, ma fille est restée ma-
    — han ! han !

— Pa oan bet euz hi goulen, d'in-me n' hi rojac'h ket,
me a gred :
Nac it-hu breman en dro, hac eun all 'ta clasket,
mar caret.
— Bonjour, ma merc'h Annaïc, setu d'imp calonad,
ma merc'h vad,
Goude bet en sant Moëlou gant Ervoan o couscad,
ma merc'h vad !

FANTIC BOURDEL

Fantic Bourdel, ar plac'hic coant,
Zo ët da varkizës da Werrand.

Fantic Bourdel a vonjoure,
Bars en Gwerrand, pa arrue :

— Demad ha joa 'bars an ti-man,
Markiz Gwerrand pelec'h e-man ?

Bars en Gwerrand, dindan ar zàl,
A zo eur feunteun dour clouar,

Zo out-hi eur scudel arc'hant,
Ewit debauch ar merc'hed coant...

An dro d'ar c'hastel hi deus grèt,
'N tàl ar feunteun 'c'h ê digwezet ;

'N tàl ar feunteun 'c'h ê digwezet,
Ar scudel arc'hant deus cavet ;

Ar scudel arc'hant deus cavet,
He leiz a dour a deus efet.

Fantic Bourdel a lavare
D'an ôtro markiz, deuz ar beure :

— Otro markiz, mar am c'haret,
d'am digass d'ar gèr e teufet.

Quand je fus vous la demander, point vous ne me la donneriez,
   Je crois ;
Retournez-vous en maintenant, et cherchez-en un autre,
   si vous voulez.
— Bonjour, ma fille Annette, voici pour nous un crève-cœur,
   ma bonne fille,
Après que vous avez été, à saint Moëlou, avec Yves coucher,
   ma bonne fille...

Chanté par Marie-Anne Le Bouanis

FRANÇOISE BOURDEL

Françoise Bourdel, la jolie fille,
Est allée (comme) marquise à Guerrand.
   Françoise Bourdel bonjourait
A Guerrand, quand elle arrivait :
   — Bonjour et joie en cette maison !
Le marquis de Guerrand où est-il ?

   A Guerrand, sous la salle,
Il y a une fontaine d'eau tiède,
   A laquelle pend une écuelle d'argent
Pour débaucher les jolies filles.
   Le tour du château elle a fait,
Près de la fontaine elle est parvenue,
   Près de la fontaine elle est parvenue,
L'écuelle d'argent elle a trouvé ;
   L'écuelle d'argent elle a trouvé
Plein l'écuelle d'eau elle a bu.

   Françoise Bourdel disait
A monsieur le marquis, le matin :
   — Seigneur marquis, si vous m'aimez,
Me ramener à la maison vous viendrez.

'N otro markiz a lavare
D'he bôtr marchossi ha neuze :

— Ekipet d'in ma c'harreos cloz,
Ma 'c'h in da Vontroulès fenoz

Pa oa o tiskenn ru Miniec,
A oe ar c'harreos digorret ;

A oe ar c'harreos digorret,
'Wit vijent gant an hol gwelet,

Ha ma lavare pôtred kêr :
— Arru ê 'r varkizez er gèr.

Fantic Bourdel a lavare
D'an ôtrò markiz en de-ze :

— Prenet d'in eun davanjer glaz,
'Wit ma raïo an dud d'in plas.

Pemp cant scoet arc'hant hi deuz bet,
'Wit mezur he mab, pa vo ganet.

— Tawet, Fautic, na oelet ket,
Me deui a wechou d'ho cuelet...

Canet gant eun nééerez a Plégat-Gwerrand.

MARGODIC.

O retorn deuz Sant Iann-ar-Biz,
D'ac'h, Margodic, a brometis

Birviken james feumeulen
Met-oc'h, Margot, na eureujfenn.

— Salocraz, otro, trugare !
N' véritan ket an enor-ze,

C'hui a zo mab eur c'honseiller,
Me a zo merc'h eur jardinier.

Monsieur le marquis disait
A son valet d'écurie, alors :

— Équipez-moi mon carrosse fermé,
Que j'aille à Morlaix, cette nuit.

Comme ils descendaient la rue Miniec,
Le carrosse fut ouvert,

Le carrosse fut ouvert ;
Pour qu'ils fussent de tous aperçus,

En sorte que disaient les gars de la ville :
La marquise est arrivée à la maison.

Françoise Bourdel disait
A monsieur le marquis, ce jour-là :

— Achetez-moi un tablier bleu,
Afin que le monde se dérange pour me faire place.

Cinq cents écus d'argent elle a eu,
Pour la layette de son fils, quand il sera né.

— Taisez-vous, Françoise, ne pleurez pas,
Je viendrai quelquefois vous voir...

Chanté par une fileuse de *Plégat-Guerrand*

LA PETITE MARGOT

I

En revenant de Saint-Jean-du-Doigt,
A vous, Margodic, je promis

Que jamais, au grand jamais, femme,
Si ce n'est vous, Margot, je n'épouserais.

Sauf votre grâce, monsieur, merci !
Je ne mérite pas cet honneur.

Vous êtes le fils d'un conseiller,
Je suis la fille d'un jardinier.

— 'Wit-on d' veza mab a di braz,
Margodic, me n' ran ket a gas,

Gant ma hallin-me beza well
Euz ho carante 'roc merwell.

— Ma c'harante, keit ma vewin,
Wit se, otro, hoc'h assurin.

Se, otro, hoc'h assurin rin,
Met nann en hano da dimi.

— Margodic, d'in-me leveret,
Petra 'zo caus n'am c'haret ket ?

Petra 'zo caus n'am c'haret ket ?
Me 'm eus mado, c'hui n'oc'h eus ket.

— Hac ho pe mado, 'mei, otro,
Me 'meus genet, hac ho dalvò ;

Hac a dalv muioc'h ma genet
Wit kement mad ho'ch eus er bed.

'Wit-on me da veza dister,
Ha beza merc'h eur jardiner,

Me oar lenn, scrivan war baper,
Coulz ma oar mab eur c'honseiller.

— Margot, Margot, ma dousic coant,
C'hui deufe ganin-me d'am c'hambr ?

C'hui deufe ganin-me d'am c'hambr ?
A bemp cant scoet m'ho crai contant.

— Miret, otro, ho pemp cant scoet,
Pe reit-int d'an nep a garfet ;

Pe reit-int d'an nep a garfet,
Wit-on me n'ho goulennan ket.

— Margodic, lavaret-hu d'in,
C'hui deufe ganin-me d'am zi ?

C'hui deufe ganin-me d'am zi ?
Me vewfe anoc'h disoursi ;

Ha me ho cuisco en *goege*,
Hac en pourpr hac eu *cadrine*.

— Ar *goëg*, otro, 'zo d'an iliz,
Hac ar pourpr a zo d'ar boure'hiz,

— Pour être fils de grande maison,
Margodic, je ne fais aucun cas,

Pourvu que je puisse me trouver mieux
De votre affection, avant de mourir.

— Mon affection, tant que je vivrai,
Pour cela, monsieur, je puis vous en assurer.

Pour cela, monsieur, je vous en assurerai,
Mais non en vue du mariage.

— Margodic, dites-moi,
Qu'est-ce qui est cause que vous ne m'aimez point ?

Qu'est-ce qui est cause que vous ne m'aimez point ?
J'ai des biens, vous n'en avez pas.

— Et quand même vous auriez des biens, monsieur,
Moi, j'ai de la beauté, qui les vaut bien !

Et elle vaut plus, ma beauté,
Que tous les biens que vous avez au monde !

Bien que je ne sois qu'une femme de peu,
Bien que je ne sois que la fille d'un jardinier,

Je sais lire, écrire sur papier,
Tout aussi bien qu'un fils de conseiller.

— Margot, Margot, ma douce jolie,
Viendriez-vous avec moi dans ma chambre

Viendriez-vous avec moi dans ma chambre ?
Je vous ferai heureuse et riche de cinq cents écus.

— Gardez, monsieur, vos cinq cents écus,
Ou donnez-les à qui il vous plaira ;

Ou donnez-les à qui il vous plaira !
Pour moi, je n'en veux point.

Margodic, dites-moi,
Viendriez-vous avec moi à ma maison !

Viendriez-vous avec moi à ma maison ?
Je vous ferais une existence sans souci.

Je vous habillerai de *goege*
Et de pourpre et de *cadriné* [1]

— Le *goeg*, monsieur, ne sied qu'aux gens d'église,
Et la pourpre appartient aux bourgeois,

---

[1] Goeg et cadriné, tissus anciennement usités et dont je ne connais pas les noms en Français.

D'an dud gentil ar *c'hadrine;*
Me n' c'houlennan nicun an-he.

Tam diaoul hini deuz ma ligne
Na' n eus bet dec scoet a leuve ;

Na n eus bet dec scoet a leuve,
Me n'ouzon ket ar c'hontjou se

— P'in d'ho coulenn, Margot, d'ho ti,
Na ret ket a wall-respont d'in,

Met roët d'in eur respont-vad,
'Vel ma roas ho mamm d'ho tad !

— Ho ! euz ar goulenn a refet
Otro, a veet respontet ;

Rac, mar goulennet agreabl,
C'hui vo respontet favorabl ;

Ha mar goulennet dishonest
Ho complimant finisso prest.

II

— Margodic, lavaret-hu d'in,
Breman pa 'z oc'h dimezet d'in ;

Breman pa 'z oc'h dimezet d'in,
Ha c'hui am c'har dreist peb-hini.

— Ho ! ia sur, ho caret ran-me
'Vel m'am bije genet, leuve ;

Ma vijac'h er prison laket,
Endan tri alc'houe ranfermet,

Me angachfe ma hol leuve
Ewit ho tennan ac'hane.

Mac'harit Fulup, 1872.

Aux gentilshommes le cadriné ;
Moi je ne veux aucune de ces étoffes.

Du diable, si nul de ma race
A eu dix écus de rente,

A eu dix écus de rente !
Je ne connais pas ces comptes-là.

Quand j'irai vous demander, Margot, à votre maison,
Ne me faites pas une réponse fâcheuse,

Mais faites-moi une réponse favorable,
Comme celle que fit votre mère à votre père.

Oh ! suivant la demande que vous ferez,
Monsieur, vous serez répondu.

Car si vous demandez agréablement,
On vous répondra favorablement.

Mais si vous faites demande malhonnête,
On coupera court à votre compliment

II

— Marguerite, dites-moi,
Maintenant que vous êtes devenue ma femme,

Maintenant que vous êtes devenue ma femme,
Si vous m'aimez par-dessus chacun ?

Oh ! oui bien sûr, je vous aime,
Comme si j'avais beauté et rentes.

Si vous étiez mis en prison,
Enfermé sous trois clefs,

J'engagerais toute mes rentes,
Pour vous tirer de là.

Marguerite PHILIPPE, 1872.

PENNHERÈS KERNENON.

Selaouet hol hac a clewfet
Eur son 'zo newez gomposet ;
Eur sonic newez gomposet,
Da zaou den iaouanc ez eo gret.
 An aotrou Rozar a c'houlenne
  Dirizon la rie !
En Kernenon pa 'z arrue :
Dirizon la rière lon la dirizon !

— Demad ha joa bars an ti-ma,
Ar bennherès pelec'h ema ?

— Ema duze en bord ar ster
O titiran he lienn sclezr.

— Pennherezic d'in-me laret
Pelec'h eo èt ho tomestiked ?

— Et int d' gass ann oc'henn d'ann dour,
Aotro Rozar, et d'ho zicour.

— N'eo ket ewit douran oc'hon
On deut hirio da Gernenon ;
Nemed ewit ober al lez,
Mar oc'h-c'hui contant, pennheres.

— Aotro Rozar, d'in-me laret
War ho troad oc'h deut d'am gwelet ?
N'eus ket a gezec en ti ho tad,
P'oc'h deut d'am gwelet war ho troad ?

— Pennherezic, goapad a ret,
En ti ma zad-me so kezec :
Me am eus eun incane gwenn
Hac eur brid arc'hant en he benn,

Alaouret cornio he diou lez,
'So mad d'ho tougenn, Pennherès.

— N'eo ket war eun incane gwenn
'Veu-me douget d'ann oferenn,

L'HÉRITIÈRE DE KERNENON

Écoutez tous et vous entendrez
Une chanson nouvellement composée ;
Une chansonnette nouvellement composée,
A deux jeunes gens elle est faite.
   Monsieur Rozar demandait

     Dirizon la rie !
A Kernenon quand il arrivait :
Dirizon la rière lon la ! dirizon !

— Bonjour et joie en cette maison !
L'héritière où est-elle ?

— Elle est là-bas, au bord de la rivière,
A étirer du linge clair.

— Gentille héritière, dites-moi
Où sont allés vos domestiques ?

— Ils sont allés mener les bœufs à l'eau,
Monsieur Rozar, allez les aider..

— Ce n'est pas pour mener à l'eau des bœufs
Que je suis aujourd'hui venu à Kernenon ;

Ce n'est que pour faire ma cour,
Si vous y consentez, héritière.

— Monsieur Rozar, dites-moi,
Est-ce à pied que vous m'êtes venu voir ?

Il n'y a donc pas de chevaux chez votre père,
Que vous veniez me voir à pied ?

— Gentille héritière, vous faites moquerie,
Dans la maison de mon père il y a des chevaux ;

Je possède une haquenée blanche,
Avec une bride d'argent en tête,

Sur ses flancs caparaçon aux pointes dorées,
Et qui est bonne à vous porter, héritière.

— Ce n'est pas sur une haquenée blanche,
Que l'on me porte à la messe ;

'N eur c'harrcos alaouret hec'h an,
Peder rod arc'hant diudan-han.

— Pennherezic, glorusès oc'h,
Comz a ra ann dut ac'hanoc'h ;

— Penaos comzfer ac'hanon-me
Perc'henn pemp mill scoed a leuve ?

— Pennherezic, d'in-me laret,
Pe seurt leuve eo a douchet ?

— Eur boezell gwiniz, mil ha seiz,
A douch ma zad a Venez-Breiz,

Hac eur maout bemdez a Leon
Ha na eus buguel nemed-on ;

Na eus pennheres er vro-me
A varcho eur paz araoc-on-me ;

Nemed hinin ar Gerdadraou,
Mar gra eur paz, na raï ket daou ;

Ha mar march daou, na reï ket tri,
Rac me varcho kerkent hac hi ;

Ha ma march tri, na reï ket pewar,
Rac carget eo d'ez-hi he faner ;

Carget eo d'ez-hi he faner
Control da hinin eur merser :

Ar merser a zoug war he chouc,
Ar bennheres a zour araoc.

Eur païsant diwar er meas
A neus sammet [1] ar bennheres.

(Canet gant Mlle A^ls An Noan-Duault.

---

[1] Var : tromplet.

C'est dans un carrosse doré que je vais,
Avec quatre roues d'argent sous lui.

— Gentille héritière, vous êtes bien fière,
Le monde jase de vous.

— Comment jaserait-on de moi,
Qui possède cinq mille écus de rente ?

— Gentille héritière, dites-moi
Quelle espèce de rentes touchez-vous ?

— Une boisselée de froment, plus mille et sept,
Que touche mon père de Ménez-Breiz [1],

Et un bélier par jour du Léon,
Et il n'y a d'autre enfant que moi.

Il n'y a héritière en ce pays
Qui marche d'un pas avant moi,

Si ce n'est celle de Kerdadraon,
Et si elle le fait d'un pas, elle ne le fera pas de deux ;

Et si elle le fait de deux, elle ne le fera pas de trois,
Car je marcherai aussi vite qu'elle.

Et si elle le fait de trois pas, elle ne le fera pas de quatre,
Car on lui a rempli son panier ;

On lui a rempli son panier,
Au rebours de celui d'un colporteur ;

Le colporteur porte sur son dos,
L'héritière porte par devant ;

Un paysan de la campagne
A d'un fardeau chargé [2] l'héritière.

(Chanté par Mlle A^{ie} Le Noan).

---

[1] Peut-être la montagne de Bré, qui est inculte.
[2] VAR: trompé.

AR VESTRÈS CLANV

Me na n'on ket joaüs, ha n'allan ket bezan,
O clevet ac'h eo clanv ma dous, an hini garan.

Ma cretfen mont d'hi zi, me iaffe d'hi gwelet,
Hac a gassfe ganin eun draïc mad bennaquet.

— Debonjour d'ac'h, ma mestrès, gwell braz ho cafan chan- [chet !
Aboe diwezan gwech, ma mestrès, m'oa ho cuelet !

— Pera ve cauz d'in-me na ven me ket chanchet ?
An derrien zo ganin, a neus ma gwall òzet.

— Bezan meus du-man gwin, 'boe eizvet ma maëronès,
Me a digasso d'ac'h, mar carret efan, ma mestrès.

— Gwell eo ganin-me dour
Deuz feunteun ma gwir amour,

Evit ma c'h eo gwin-clairet
Digant an hini garan ket.

— Kenavo ta, ma mestrès, kenavo 'r c'hentan gwelet,
Douc hac ar Werc'hes d'ho dalc'ho 'n ho clenvet !

— Kenavo ta, ma mignon, kenavo 'r c'hentan gwelet :
Me requet digant Doue birviken iac'h na vefet !

LA MAITRESSE MALADE.

Je ne suis pas joyeux, et je puis pas l'être,
En oyant dire qu'elle est malade, ma douce, celle que j'aime.
Si j'osais aller à sa maison, j'irais la voir,
Et emporterais avec moi une douceur quelconque.

— Bonjour à vous, ma maîtresse, je vous trouve bien grande-
[ment changée,
Depuis la dernière fois, ma maîtresse, que je vous ai vue.

— Comment ne serais-je pas changée,
J'ai en moi une fièvre qui m'a rudement secouée. [marraine :

— J'ai chez moi du vin, depuis le service de huitaine de ma
Je vous l'apporterai, s'il vous plaît en boire, ma maîtresse.

— J'aime mieux de l'eau
De la fontaine de mon véritable amour,

Que du vin clairet
De la part de celui que je n'aime pas.

— Adieu donc, ma maîtresse, adieu jusqu'au premier revoir !
Dieu et la Vierge vous maintiennent en votre maladie !

— Adieu donc, mon ami, adieu jusqu'au premier revoir :
Je requiers de Dieu que jamais bien portant ne soyez.

REMED AN AMOUROUS CLANV

Clewet hoc'h euz gant an dud fur
Eo mad corrija an natur ;

Eo mad corrija an natur,
Rei an amitié dre vuzur.

Biscoaz glao n'eus grêt na dawje,
Awel grenv na diminuje ;

Amitié domm entre daou den
Gant an amzer a .em gav ién.

Gwell eo amitié leiz an dorn,
'Wit na eo madó leiz ar forn ;

Gant amitié 'zo plijadur,
Ha gant madó tammaladur.

Genet ma mestrès a zo braz ;
Eun diou-jod ru, daoulagad glaz,

Hac eur geno ken direet
Ma ra mil vad d'in hi gwelet.

Eun daoulagad a zo 'n he fenn,
Ken sclezr ha dour en eur werenn ;

He zâl 'zo 'vel eun hanter loar ;
En creiz ma c'halon me hi c'har.

Evel eur graouen muscadès
Ez eo calonic ma mestrès ;

Gant eur graouen a zo c'houez mad,
Carante merc'h 'zo direat.

Pa vin clanv fall war ma guele,
Digasset ma dous ma bete,

Ha mar na ro d'in ar iec'het
N'am euz ezom a gen remed ;

LE REMÈDE DE L'AMOUREUX MALADE

—

Vous avez entendu (dire) aux gens sages
Qu'il est bon de corriger la nature ;

Qu'il est bon de corriger la nature,
De ne donner sa tendresse qu'avec mesure.

Jamais il n'a fait de pluie qui ne cessât,
De vent violent qui ne diminuât.

Tendresse chaude entre deux êtres
Avec le temps se refroidit.

Mieux vaut tendresse plein la main,
Que des biens plein le four ;

Avec la tendresse il y a plaisir,
Et avec les biens (il n'y a que) reproches.

La beauté de ma maîtresse est grande :
Deux joues roses, deux yeux bleus,

Et une bouche si séduisante
Que cela me fait mille biens de la voir.

Une paire d'yeux sont dans sa tête
Aussi clairs que de l'eau dans un verre ;

Son front est comme une moitié de lune :
Du fond de mon cœur je l'aime.

Comme une noix de muscade
Est le petit cœur de ma maîtresse ;

Avec la noix il y a bonne odeur,
Amour de fille est chose exquise.

Quand je serai gravement malade, sur mon lit,
Conduisez ma douce jusqu'à moi,

Et si elle ne me rend la santé,
Je n'ai pas besoin de (chercher) autre remède ;

Ma mestrès coant, pa arrio,
A bewar zra ma zoulajo,

Ma lemo a boan, a anvoui,
A chagrin hac a velconi.

Keranborn. — 1848.

ZON CLOAREC PEMPOUL

En-tre kèric Pempoul ha palès ar Roue,
Eman an Duc a Oelo o sevel eun arme ;

Eman an Duc a Oelo o sevel eun arme.
Me 'zo eur c'hloarec iaouanc a lavar mont ive.

Pa oer er magnificat, ebars ar gouspero,
C'hantren eur c'hloarec iaouanc, gant he gamarado ;

C'hantren eur c'hloarec iaouanc, en satin guenn guisket ;
Calon ar vergerennic a oa rejouisset.

Hi tistreï en dro, làret d'hi c'hamaradès kér,
— Setu duont eur c'hloarec a escopti Tréger !

Setu duont eur c'hloarec a escopti Tréger !
Mar meritan an enor, e tei d'am c'hass d'ar gèr.

P'oa achu 'r magnificat, ive ar gouspero,
Hi da zaludi 'r c'hloarec, ebars en bèr gomzo :

— Salut d'ac'h, cloarec iaouanc, ha d'ho compagnonès !
— Ha d'ac'h ive, bergeren, ha d'ho camaradès !

— Ha pa valefen aman seiz lew en dro da gèr,
Me na gavfen ket unan capab d'am c'hass d'ar gèr ;

Me na gavfen ket unan capab d'am c'hass d'ar gèr,
Nemet oc'h, cloarec iaouanc, a deufe da ober.

— Salocràz, bergerennic, evit se na rin ket,
Rac me a zo da Doue gant ma zud prometet ;

Ma maîtresse jolie, quand elle arrivera,
De quatre choses me soulagera,

Me tirera de peine, d'ennui,
De chagrin et de mélancolie.

Keranborgne. — 1848.

LE CLERC DE PAIMPOL

Entre la petite ville de Paimpol et le palais du Roi,
Est le Duc de Goélo, en train de lever une armée ;
Est le Duc de Goélo en train de lever une armée.
Je suis un jeune clerc qui prétends partir aussi.

Comme on était au magnificat, pendant les vêpres,
Entra un jeune clerc, avec ses compagnons ;
Entra un jeune clerc, avec ses compagnons :
Le cœur de la petite bergère en fut tout réjoui.

Elle, de se détourner, de dire à sa compagne chérie :
— Voici là-bas un clerc de l'évêché de Tréguier ;
— Voici là-bas un clerc de l'évêché de Tréguier,
Si je mérite pareil honneur, il viendra me conduire à la maison.

Quand fut terminé le magnificat, et aussi les vêpres,
Elle alla saluer le clerc, en quelques brèves paroles :

— Salut à vous, jeune clerc, et à votre compagnie !
— Salut à vous, bergère, et à votre compagne !   [de la ville,
— Et quand je marcherais ici l'espace de sept lieues à l'entour
Je ne trouverais pas un seul homme digne de me conduire à la
                                                    [maison,
Je ne trouverais pas un seul homme digne de me conduire à la
A moins que vous, jeune clerc, vous ne veniez le faire.   [maison,

— Sauf votre grâce, petite bergère, cela, je ne le ferai pas,
Car je suis à Dieu par mes parents promis ;

Rac me a zo da Doue gant ma zud prometet,
Hac oboïssan d'ezhe, bergeren, a zo rèd.

— Na na n'oc'h ket beleget, ken neubent na oc'h saer,
Ma allet cass d'ho ligne eun digare bennac.

Na me ho crayo noter, pe brizer, ma keret ;
Ha pa goustfe pemp cant scoet, arc'hant na vanco ket.

— Me a zo pell 'zo amzer o saludin merc'hed,
Biscoaz ho ken diavis n'am boa me zaludet.

Adieu d'ac'h, bergerennic, ha d'ho camaradès !
— Ha d'ac'h ive, 'mei, cloarec, ha d'ho compagnonès !

Intanvez Peutite. Kerbors.

PERRINA COAT

Mar plij gancc'h a zilaoufet
Eur zon 'zo newe gompozet,
  Digue don ma dondaine !
  ié, ié
  Digue don ma don dé !

Eur zon 'zo newe gompozet,
D'eur plac'hic iaouanc hi zo grèt.

D'eur plac'hic iaouanc hi 'zo grèt,
Perrina Coat ec'h è hanvet.

Perrina Coat zur a oele,
Na gafe den hi c'honzolje ;

Na gafe den hi c'honzolje,
Nemert Tersec, hennès a re.

— Tewet, Perrin, na oelet ket,
Me rei ho timi par gerfet.

Perrina Coat, deuz a Vulien,
Selezroc'h wit dour en eur weren,

Car je suis à Dieu par mes parents promis ;
Et l'obéissance envers eux, bergère, est chose due.

— Vous n'êtes pas ordonné prêtre ni à ce point consacré,
Que vous ne puissiez alléguer à votre famille un prétexte quelcon-
Et moi je vous ferai notaire, ou priseur, si vous le désiriez,   [que.
Dût-il en coûter cinq cents écus, l'argent ne manquera pas.

— Voici bien longtemps que je salue des filles,
Jamais je n'en avais salué d'aussi osée que vous.

Adieu à vous, petite bergère, et à votre compagne !
— Et à vous aussi, jeune clerc, et à votre compagnie.

Veuve Peutite. Kerbors. — (août 1883).

PERRINA COAT

S'il vous plaît, vous écouterez
Une chanson nouvellement composée,
Diguedon ma dondaine
ié, ié,
Digue don ma don dé !

Une chanson nouvellement composée,
A une jeune fille elle est faite.

A une jeune fille elle est faite :
Perrina Coat on la nomme.

Perrina Coat certes pleurait,
Ne trouvait personne pour la consoler ;

Ne trouvait personne pour la consoler,
Si ce n'est Tersec ; celui-là le faisait.

— « Taisez-vous, Perrine, ne pleurez pas,
Je vous fournirai mari, quand il vous plaira ! »

Perrina Coat, de Buhulien,
(Au teint) plus clair que de l'eau dans un verre,

Eun inkin glaz war he barlen,
Eur merinos en he c'herc'hen,

Eur c'harcan aour an dro d'he gouc,
Ha gant Tersec int pêet tout !

P'a Perrinic en toullou clos,
Ve Tersec o chach war he broz,

Ve Tersec o chach war he broz ;
— Perrin, poent ô mont da repos !

Deuz an Tour d'Auvergn ve gewlet
Vont ganthan d'he gambr da gousked ;

Ha ma ve huchet war Dersec,
— Te ec'h ô zur cog ar merc'hed !

— Tewet, Perrin, na oelet ket,
Me hoc'h eureujo, pa gerfet.

Set' int dimêt hac eureujet,
Hac êt 'n eur guele da gousked !

Anna DRUTOT. *Péderneo.*

PLAC'HIC LANHUON

SONIC

Ebars en kêr Lanhuon a zo eur plac'h iaouanc
Hac a deuz tri amourous da bere a deus c'hoant.

Ar c'hentan zo piquer-min, egile zo toër,
Egile zo quiginer, da heman eo an affer.

Me am eus roët d'ezhi boutou diou wec'h griet.
Me a garrie, coantennic, beza gancoc'h cousket.

Deut-hu ganen-me, Monic, deut-hu ganen d'am zi,
Na pô netra da ober, nemet em bourmeni.

Un tablier bleu sur son giron,
Un (châle de) mérinos autour de ses épaules,

Un collier d'or autour de son cou,
Et c'est Tersec qui a tout payé !

Quand va Perrine dans les petits coins,
Tersec est (par derrière) qui tire sur sa jupe ;

Tersec est par derrière qui tire sur sa jupe :
— « Perrine, il est temps de s'aller reposer ! »

De la Tour d'Auvergne, on la voit
Aller avec lui dans sa chambre coucher ;

En sorte que l'on crie après Tersec
— « Tu es à coup sûr le coq des filles ! »

— « Taisez-vous, Perrine, ne pleurez pas,
Je vous épouserai, quand il vous plaira ! »

Les voilà fiancés et mariés,
Et allés dans un lit se coucher.

Anna Trutot. *Pédernec.*

LA FILLETTE DE LANNION

PETITE CHANSON

Dans la ville de Lannion, il y a une jeune fille
Qui a trois amoureux dont elle est (également) éprise.

Le premier est piqueur de pierre, l'autre est couvreur,
L'autre est cuisinier, c'est celui-ci qui l'emporte.

J'ai donné à la jeune fille des chaussures deux fois cousues,
J'aimerais, gracieuse, être avec vous couché.

Venez avec moi, Monic, venez avec moi dans ma maison,
Et vous n'aurez rien à faire que vous promener.

M'ho lacaï en eur guele ebars en tal an tan,
Dindan tapisso voulouz, linsellio lien moan ;
Hac eun aval orangès vô a bep corn d'ezhan,
Hac eur rossignol bihan war-c'hore o canan.

Me ho lacaï 'n eur gador ebars en toul ma dor,
Lec'h ma welfet al listri o vragal war ar mor...

... Me 'wel arri al listri, hac hi stignet en du,
Aotro Doue ! ma Doue ! Intanvez ez oun sur !

— Tavit, tavit, Monie, tavit, na ouelet ket !
Ho pried a zo marv, 'zo marv ha douaret ;

Ho pried a zo marv, zo marv ha douaret,
Dindan ar marchepied, en iliz an Drindet...

M'oc'h eus c'hoant da glevet piou hen eus gret ar zôn,
M'ô eun toër iaouanc, euz a gèr Lanhuon.

AR BASSAGERÈS

GWEZ KENTA

—

Eur bennehrès iaouanc euz ar gèr a Vontroulès
Na war vordic an dour 'zo èt da bassagerès ;

'Zo èt da bassagerès na war vordic an òd,
Hac a deus bet cavet eur vag a oa war flod.

Ma zo digwèt d'hi c'hâd, eun dez, eun den iaouanc ;
Hen d'oa en abondans a aour hac a arc'hant :

— Lavaret d'in, plac'h iaouanc, a c'hui a gemerfe
Eun den iaouanc 'n ho pag, ewit tremen aze ?...

... Plac'hic, plac'hic iaouanc, breman d'in lavaret
Pegement a goustfe caout hoc'h amourousted ?

— Hanter cant scoet, 'mezhi, oh ! ia, en arc'hant gwenn,
P'ôtramant, mar keret, ebars en aour melen.

— Dalet ma valizen, leun a aour hac arc'hant,
Comerret ha miret ar pez raïo ho c'hoant.

Je vous mettrai dans un lit, à côté du feu,
Sous des tapis de velours, des draps de toile fine.

Et une pomme d'orange sera à chaque coin du lit,
Et un petit rossignol au-dessus chantera.

Je vous mettrai dans une chaise, au seuil de ma porte,
D'où vous verrez les barques bondir sur la mer.

... Je vois venir les barques, et elles tendues de noir.
Seigneur Dieu ! mon Dieu ! Je suis veuve à coup sûr.

— Taisez-vous, taisez-vous, Monic, taisez-vous, ne pleurez pas,
Votre mari est mort, est mort et enterré ;

Votre mari est mort, est mort et enterré,
Sous le marchepied, dans l'église de la Trinité.

Si vous avez envie d'entendre qui a fait cette chanson,
C'est un jeune couvreur, de la ville de Lannion.

LA BATELIÈRE

PREMIÈRE VERSION

Une jeune héritière de la ville de Morlaix
Au bord de l'eau s'est faite batelière ;

S'est faite batelière, au bord de la grève,
Et elle a trouvé une barque qui était à flot.

Or, est venu à elle, certain jour, un jeune homme,
Qui avait en abondance et de l'or et de l'argent ;

— Dites-moi, jeune fille, si vous prendriez
Un jeune homme en votre barque, pour passer cet endroit ?

... — Fillette, jeune fillette, maintenant dites-moi
Combien il en coûterait, pour avoir votre amour ?

— La moitié de cent écus, dit-elle, oh ! oui, en argent blanc,
Ou autrement, si vous préférez, en or jaune.

— Tenez ma valise, pleine d'or et d'argent,
Prenez-en et gardez autant qu'il vous plaira.

Neuze, war ar mor dôn pa int bet digwezet,
Da c'hoari gant ar plac'h ec'h è bet 'n em laket.

— Losket, losket, 'mezhi, gant aon bout tamalet,
Aman 'zo calz a dud hac a vefemp guelet ! [1]

AR BASSAGERÈS
(EILVET GWEZ)

— M'ho salud, Izabellic, gant ho pagic vihan !
Petra a rez te aze war ar mor, da unan ?
Da zello ha da fesson a gafan ken brillant
Evel an heol binniget, pa bar er firmamant.
— Petra è 'r c'homzou-ze ho peus lavaret d'in
A ia bete ma c'halon d'ober nec'hamant d'in ?
Me 'zo eur vinorezic oajet a bemzec vla,
Hac am eus calz da diwall c'hoarvefe d'in netra :
Diwezad a ven goude da zonet da oela ;
An enor, pa ve collet, n' gafer ken da brena.
— N'è ket 'wit coll da enor ha da virginite,
Izabellic, am eus bet kement a liberte ;
Ma 'z è 'wit goull diganit ha te a ve contant
Da gemer eun den iaouanc ebars da vatimant.
— Oh ! ia, 'mez-hi, den iaouanc, tostèt d'am batimant,
Ar c'homzou oc'h eus laret ma deus rentet contant.

Izabellic a lare, pa dostaë d'he bro ;
— Me 'meus tapet eur pichon, n'oun ket hac hen chommo :
Me 'm eus tapet eur pichon ebars ma batimant,
Hac a deu d'hen anleuvi gant eur galon contant.

Louiz an TALEC, Méné-Bré. — 1868.

---

[1] VAR : Aman 'zo calz a dour hac a vefemp beuzet.

Alors, sur la mer profonde quand ils sont arrivés,
A lutiner la fille il s'est mis. [proche
— Lâchez, lâchez, dit-elle, de peur qu'on ne vous fasse re-
Ici il y a beaucoup de monde et nous serions vus [1].

LA BATELIÈRE

(DEUXIÈME VERSION)

— Je vous salue, petite Isabelle, avec votre petit bateau !
Que fais-tu là sur la mer, toute seule ?
Tes regards et ta mine, je les trouve aussi brillants
Que le soleil béni, quand il paraît au firmament.
— Qu'est-ce que ces paroles que vous m'avez dites,
Qui vont jusqu'à mon cœur me causer de la gêne ?
Moi je suis une orpheline, âgée de quinze ans,
Et j'ai beaucoup à faire attention qu'il ne m'arrive rien :
Bien tard je serais après à me mettre à pleurer ;
L'honneur, quand il est perdu, on n'en trouve plus à acheter.
— Ce n'est pas pour (te faire) perdre ton honneur et ta virginité,
Petite Isabelle, que j'ai pris tant de liberté.
C'est pour te demander si tu consentirais
A prendre un jeune homme dans ta barque.
— Oh ! oui, dit-elle, jeune homme, approchez de ma barque,
Les paroles que vous avez dites m'ont rassurée.

La petite Isabelle disait, quand elle approchait de son pays ;
— J'ai attrapé un pigeon, je ne sais s'il restera ;
J'ai attrapé un pigeon dans mon bâtiment,
Et je viens l'enlever, avec un cœur content.

Louis Le Talec. — *Pâtre*
sur la montagne de Bré. — 31 août 1868.

---

[1] Var : Ici il y a beaucoup d'eau, et nous serions noyés.

AN TRI MARC'HEGER

Disul vintinn, pa zavis,
Tri marc'heger a rancontris ;

Tri marc'heger accoutret mad,
Daou 'oa war varc'h, unan war broad.

An daou war varc'h ma zremenas,
'N hini war droad ma zaludas ;

'N hini war droad ma zaludas,
Eur poc pe daou a c'houlennas.

— Comerrit daóu, ha ma losket.
— Ma c'halon baour 'zo gonezet ;

Ma c'halon baour 'zo gonezet
Gant eur plac'h coant 'm eus rancontret.

Ma zad, ma mamm ho deus madou
Ewit ma c'hass d'ar scolajou ;

D'ar scolajou, da Sant-Briec,
Wit ober ouzin eur bêlec.

Ewit bêlec me na vin ket ;
Gwell eo ganin beza crouget !

Gwell eo ganin beza crouget,
Gant eur gordenn tric'huec'h troated !

Gwell eo ganin beza beuzet
Bars ar mor dòn, tric'huec'h gouret ;

Bars ar mor dòn, tric'huec'h gouret,
'Lec'h ma ve tapet ar pesked,

Ha pa veint braz, a veint laket
D'ober chaous gwenn d'ar soudardet.

Noz kenta ma ofern newez,
Peder boutez 'ndan ma guele,

LES TROIS CAVALIERS

Dimanche matin, quand je me levai,
Trois cavaliers je rencontrai,

Trois cavaliers bien accoutrés,
Deux étaient à cheval, un à pied.

Les deux à cheval me dépassèrent,
Celui à pied me salua,

Celui à pied me salua,
Un baiser ou deux il demanda.

— Prenez-en deux, et me lâchez !
— Mon pauvre cœur est conquis ;

Mon pauvre cœur est conquis
Par une fille jolie que j'ai rencontrée.

Mon père, ma mère ont du bien
Pour m'envoyer aux écoles,

Aux écoles, à Saint-Brieuc,
Pour faire de moi un prêtre.

Prêtre, je ne le serai pas,
J'aime mieux être pendu ;

J'aime mieux être pendu
Avec une corde de dix-huit pieds !

J'aime mieux être noyé
Dans la mer profonde, à dix-huit brasses !

Dans la mer profonde, à dix-huit brasses,
Là où l'on attrape les poissons,

Et quand ils sont grands, on les met
A faire de la sauce blanche aux soldats.

La première nuit qui suivra ma messe nouvelle,
(Je veux avoir) quatre chaussures sous mon lit ;

Peder boutez dindan ar banc,
Ouz ma c'hoste eur plac'hic coant ;

Ouz ma c'hoste eur plac'hic coant,
Me boco d'ezhi p'am bô c'hoant.

AR C'HLOAREC FRIPON

Coantic ec'h ô ma mestrès, ha caër evel an dour,
Luc'hi a ra hi bisaj evel eur mezellour.
Ha me o c'houlenn out-hi, dre ma oa plac'hic coant,
Ha hi lojfe eun nozwez eur c'hloaregic iaouanc.
Hi o laret d'in disken, disken ha dont en ti :
— Credin ran a zo moyen evit ho repui.
Ha me o vont gant-hi dindan eur boud spern-gwenn,
Ben ma deujomp ac'hane 'mamb troadet eur rozenn (bis) ;
Hac a zo padet out-hi ar spaz a nao miz crenn.

— Me hâ brema da Baris, da boursu ma studi ;
'N han' Doué, minorezic, reit eun dra bennac d'in !
— Ha me vonet d'am armel, o rei d'ez-han cant scoet,
Eun dousenn mouchouero, ter pe beder roched ; (bis)
A-baoue, ma daoulagad na d'eus-han ket gwelet.
Ne allan mont da Baris, ne allan mont da Rom,
Dalc'het on gant ar c'hloarec, er gèr a rencan chom ;
Ne allan mont da Baris, ne allan mont neb-tu,
Dalc'het on gant ar c'hloarec da granchad el ludu.

Pa oa ar vinorezic oc'h ober he c'hanvou,
Oa ar c'hloaregic iaouanc er prennestr o selaou.
— Tawet, ma minorezic, plac'hic a humor-vad,
Rac mar d'è bew ar bugel, aman e-man he dad.
Cant scoet en penn ar c'hawel d'hen lacad ruskellad,
Cotillon d'ar vagerès ha mezeren d'ar mab.

Quatre chaussures sous le banc.
A mon côté une fillette jolie ;

A mon côté une fillette jolie,
Je l'embrasserai, quand j'en aurai envie

LE CLERC SÉDUCTEUR

Joliette est ma maîtresse, et belle comme l'eau,
Son visage brille comme un miroir.
Et moi de lui demander, comme elle était fille jolie,
Si elle logerait une nuit un jeune petit clerc. [maison
Elle de me dire de descendre, de descendre et de venir dans la
— Je crois qu'il y a moyen de vous donner l'hospitalité.
Et moi d'aller avec elle sous un buisson d'épine blanche,
Quand nous revînmes de là, nous avions planté une rose,
Et qui lui dura l'espace de neuf mois francs.

— Moi, je vais maintenant à Paris, poursuivre mes études,
Au nom de Dieu, orpheline, donnez-moi quelque chose !
— Et moi d'aller à mon armoire, de lui donner cent écus,
Une douzaine de mouchoirs, trois ou quatre chemises ;
Depuis, mes deux yeux ne l'ont plus revu.
Ne puis aller à Paris, ne puis aller à Rome, [rester ;
Je suis retenue par les œuvres du clerc, à la maison il me faut
Ne puis aller à Paris, ne puis aller nulle part, [dre
Je suis retenue par les œuvres du clerc à cracher dans la cen

Quand était la mineurette à faire ses lamentations funèbres,
Était le jeune clerc à la fenêtre à écouter.
— Taisez-vous, orpheline, fillette d'humeur facile,
Car s'il est vivant, l'enfant, ici est son père ;
(Je donne), cent écus au bout du berceau pour le faire bercer,
Cotillon à la nourrice et maillot à l'enfant.

MARI

Demad, Mari, ma mestrès, demad d'ac'h a laran ;
Setu me deut d'ho cuelet 'wit ar vech diwezan ;

Setu me deut d'ho cuelet, hen nâc'h na allan ket,
'Wit ma vo laket an de ma vefomp dimezet.

Deut c'hui ganin, ma mestrès, da gavoud ma ligne,
Ha me a iello ive gant-oc'h da gâd ho re.

— E-leal, ma zervijer, bet on 'câd ma ligne,
Hac ho deus lâret d'in-me biken ze na vije.

— Deut c'hui ganin, ma mestrès, da vordic ar c'hoajo,
E-lec'h ma ve an awel o hija an deillo ;

E-lec'h man al lapoussed o canan ho fredon,
Réjouissan ma speret, ober gai ma c'halon.

Deut c'hui ganin, ma mestrès, da vordic ar rivier,
Da vale war ar ieot glaz, 'wit tremen an amzer ;

Da barlant war ar ieot glaz 'bet' an heur a greiz-de,
Pe ôtramant 'n ho jardin, dindan eur bout lore.

... En de all me oa mezo, da gouezan war ar ru ;
Ma mestrès a oa eno a zelle ouz-in dû ;

Ma mestrès a oa eno ma gwelet o couezan.
— Collet ganin ho craz vad ! adieu d'ac'h a laran.

Me a garje, ma mestrès, p'ho cuelis da gentan,
Vijen bet war ma guele diou pe der sizun clanv,

Covesèt, zacramantet, gant eur bêlec nouët.
Ha gant-se 'ta, ma mestrès, m'ho ped, ma c'houzolet.

— Petra consolazion oufen-me da rei d'ac'h,
Met ho kemer da bried ha bezan fidel d'ac'h ?

— Mar na vec'h ket fidelloc'h, en amzer da donet,
Wit na n'oc'h bet, ma mestrès, en amzer dremenet !...

MARIE

Bonjour, Marie, ma maîtresse, bonjour je vous dis.
Me voici venu vous voir, pour la dernière fois ;

Me voici venu vous voir, je ne le puis nier,
Pour qu'on fixe le jour où nous serons mariés.

Venez avec moi, ma maîtresse, trouver mes parents,
Et j'irai aussi avec vous trouver les vôtres.

— Ah ! dame, mon serviteur, j'ai été trouver mes parents,
Et ils m'ont dit que jamais cela ne se ferait.

— Venez avec moi, ma maîtresse, à la lisière des bois,
Où l'on entend le vent faire bruire les feuilles ;

Où les oiseaux chantent leurs fredons,
Pour me réjouir l'esprit, m'égayer le cœur.

Venez avec moi, ma maîtresse, au bord de la rivière,
Nous promener sur l'herbe verte, pour passer le temps,

Causer sur l'herbe verte, jusqu'à l'heure du midi,
Ou bien dans votre jardin, sous un buisson de laurier.

... L'autre jour j'étais ivre, à choir sur la rue ;
Ma maîtresse était là, qui me regardait d'un œil noir ;

Ma maîtresse était là, qui me regardait tomber.
— J'ai perdu vos bonnes grâces ! Je vous dis adieu.

J'aurais voulu, ma maîtresse, quand je vous vis pour la pre-
[mière fois,
Que j'eusse été sur mon lit, trois ou quatre semaines, malade,

Confessé, muni des sacrements, par un prêtre extrémisé.
Ainsi donc, ma maîtresse, je vous en prie, me consolez !

— Quelle consolation pourrais-je vous donner,
Sinon vous prendre pour époux et vous demeurer fidèle ?

— Si vous ne m'êtes pas plus fidèle, dans le temps à venir,
Que vous ne l'avez été, ma maîtresse, dans le temps passé !...

Sansiplan marc'hadourès a zo war an douar
Eo hini an dud iaouanc, c'hui, ma mestrès, hen goar :

Ar c'hentañ bezan tiet, an eil bezan fiet,
An dervet, coll ar fortun, — diwallet, mar keret !

Keranborn. — 1870.

M'AM BIJE BET CRAYON

M'am bije bet crayon, pluen, liou ha paper,
Me 'gomposje eur zon, da dremen an amzer ;
Me 'gomposje eur zon d'in ha d'am mestrès coant,
Deus plantet em c'halon eur fleuren a dourmant.
Me a wel ma mestrès 'n he jardin retiret,
Beuzet en he dèlo, o planta tri boket ;
O planta tri boket euz ar c'héra fleurio,
D'ober he c'hurunen, eun de a erruo ;
Hac o planta tri all euz a fleurio newe
'Wit ober ma hini, na da dri de goude.
Me a wel ma mestrès indan eul loreen,
Imach ar grucifi ganthi en he c'herc'hen,
Imach ar grucifi ganthi en he c'herc'hen ;
Ober a ra d'in ztn da vonet 'n hi c'hichen.
— N'eo ket c'hui, ma mestrès, ho poa lavaret d'in
Da bemp bloa war-n-ugent 'teujac'h d'am dimezi ?
Da bemp bloa war-n-ugent 'teujac'h d'am dimezi,
Ha pa grocjac'h 'n ho c'huec'h 'teujac'h d'am eureuji ?
— Ma vijec'h en Paris procuror pe noter,
'N deujac'h ket da zellet euz eur plac'h ken dister.
— Ma vijen en Paris, emperor pe roue,
Ha c'hui, ma mestrès coant, o clasc bara hemde,

La plus fragile marchandise qu'il y ait sur la terre
Est celle des jeunes gens ; ma maîtresse, vous le savez :

D'abord être trompé, ensuite avoir eu confiance [voulez]
En troisième lieu, perdre sa fortune[1], — Prenez garde, si vous

---

SI J'AVAIS EU CRAYON

Si j'avais eu crayon, plume, encre et papier,
Je composerais une chanson pour passer le temps ;
Je composerais une chanson à moi et à ma maîtresse jolie,
Qui m'a planté dans le cœur une fleur de tourment.
Je vois ma maîtresse, en son jardin retirée,
Noyée dans ses larmes, qui plante trois bouquets ;
Qui plante trois bouquets des plus belles fleurs,
Pour faire sa couronne, un jour viendra ;
Et qui en plante trois autres de fleurs nouvelles,
Pour faire la mienne, trois jours après.
Je vois ma maîtresse sous un laurier,
(Elle porte) l'image du crucifix à son cou ;
(Elle porte) l'image du crucifix à son cou,
Elle me fait signe d'aller près d'elle.
— N'est-ce pas vous, ma maîtresse, qui m'aviez dit
Qu'à vingt-cinq ans vous vous fianceriez à moi ?
Qu'à vingt-cinq ans vous vous fianceriez à moi,
Qu'au début de vos vingt-six vous m'épouseriez ?
— Si vous étiez à Paris, procureur ou notaire, [tion.
Vous ne jetteriez pas les yeux sur une fille d'aussi petite condi-
— Si j'étais à Paris, empereur ou roi, [de chaque jour,
Et vous, ma maîtresse jolie, (condamnée) à mendier votre pain

---

[1] Perdre sa fortune, signifie manquer le bon mariage sur lequel on comptait.

'Teufen d'oc'h eureuji gant eur gwir garante.
— Ma zud 'zo erru coz hac en cadusite,

Hac a vefent rouinet ma hafen digant-he ;
N'eo ket just timêfen eneb d'ho bolante.

— Na, ma mestrezic coant, d'in-me 'ta lavaret,
Goude maro ho tud, na da betra 'c'h efet ?

— M' am bije bet mado, 'vel ziouas ! n'am eus ket
A vije d'ar gouant a c'hoantefen monet.

— Na mar eo da gouant a teziret monet,
Me ho craï leanes er gouant ma kerfet ;

Me ho craï leanes indan eun habit wenn,
Hac a iel da velec indan eur zoudanen...

Ec'h an c'hoas eur veach bete ti ma mestrès
Ha pa golfen ma foan, grêt am eus aliès.

Bet on 'n ti ma mestrès, bete dar he c'halon,
N'am eus cavet netra a gonzolasion ;

Nemet eur galon trist hac en captivité
Na ve 'n ti ma mestrès, pa 'c'h an-me 'n hi bete.

Coulzeoude 'c'h hellan-me gant gwirion lavaret
Am eus bet grêt al lez da fleuren ar merc'hed ;

Am eus bet grêt al lez, hep meprizout hini,
Na gafin ket he far dre lec'h ma tremenin.

Que je vous épouserais (encore) avec une amour parfaite !
— Mes parents commencent à vieillir et à devenir caducs,

Et ils seraient ruinés, si je les quittais ;
Il n'est pas juste que je me marie contre leur volonté.

— Ça, ma maîtresse jolie, dites-moi donc,
Après la mort de vos parents, que deviendrez-vous ?

— Si j'avais eu du bien, comme hélas ! je n'en ai pas,
C'est au couvent que j'eusse souhaité d'aller.

— Si c'est au couvent que vous désirez aller,
Je vous ferai religieuse, dans le couvent que vous voudrez ;

Je vous ferai religieuse, sous un habit blanc,
Et je me ferai prêtre, sous une soutane...

Je vais encore une fois jusque chez ma maîtresse,
Et quand j'y perdrais ma peine, je l'ai fait bien souvent !

J'ai été chez ma maîtresse, jusqu'à la porte de son cœur,
Je n'y ai pas trouvé ombre de consolation ;

Un cœur triste et en captivité, [elle.
C'est tout ce qu'il y a chez ma maîtresse, quand je vais jusqu'à

Pourtant je peux en toute vérité dire
Que j'ai fait la cour à la fleur des filles ;

Que j'ai fait la cour, sans mépriser personne,
(A une fille telle) que je ne pourrai trouver sa pareille (nulle
(part) où je passerai.

CLOAREC KERTANGUY

Pa oa ar c'hloarec iaouanc o lenn he lizero,
Arruas eur c'hannader da annons ar c'hélo ;
— Terrupl, cloaregic iaouanc, ho cavan dizoursi,
Hac hen dimêt ho mestrès dimeuz a Gerdanguy ;
Hac hen dimêt ho mestrès eneb d'hi zantimant,
Hac èt gant eun aufredour deuz a gèr-clos Wengamp.

Ar c'hloarec, pa 'n eus clewet, a zao 'n he zà vatant,
'C'h a da gâd he vewel-braz gant ar gommandamant :
— Cabrestr d'in ma incane, roës-te kerc'h d'ez-hi,
Me 'renc monet da gousket fenoz da Gerdanguy.

P'arruas en Kertanguy, a oant hol o coanian ;
Ar c'hloarec da zaludin ar re-goz da gentan.
— Na d'ac'h-c'hui, cloarec iaouanc ! Petra zo a newe,
Ma 'z oc'h-c'hui en Kertanguy, d'ar c'houls-man deuz an de ?
— Aliès, aroc breman, am eus lojet 'n ho ti,
Ha fenoz a rin arc, ma ve commandet d'in...
N' c'heus ket a zonj, ma mestrès, 'boue pardon Lanvode,
Ho poa d'in-me assuret ha touet dre ho le;
Ho poa d'in me assuret ha touet dre ho le
A vijemp-nin unisset, pa blichje gant Douc ?
Mar oc'h c'hui, ma mestrezic, rouanes ar gened,
Ni moamb bet eul lestr caër, c'hui ac'h eus hi freuzet ;
Ia c'hui ac'h eus hi freuzet, hep caout consians,
Ha ma rentet languissant, hep caout esperans.
Da c'hortoz an urz raetal, couls en de vel en noz,
C'hui 'm rent en captivité, vel en prizon Bro-Sòz.
— Mar ve an hol gaptived 'bars en ho liberte,
'Vel ma 'z oc'h, ma zervijer, gant ar c'hraz a Douc,
A ve couit ar Roue Franç da baëan neb tribut
Na da Sòz, na da Varbar ewit caout he dut.
— M'ho comparaj, ma mestrès, ouz eur feillen derw gwenn,
Pe ouz eun costic hanv, war vec eur zapinen ;
Pe ouz eun costic hanv, war vec eur zapinen ;
Ar re-ze dro, a zistro, gant ar pewar awel.
— C'hui a goze, den iaouanc, evel eun avocad

LE CLERC DE KERTANGUY

Comme le jeune clerc était en train de lire ses lettres,[1]
Arriva un messager pour annoncer la nouvelle :
— Terriblement, jeune clerc, je vous trouve insouciant,
Quand est mariée votre maîtresse de Kertanguy ;
Quant est mariée votre maîtresse, contre son goût,
Et partie avec un orfèvre de la ville-close de Guingamp !

Le cloarec, lorsqu'il a entendu, se lève tout debout,   [ordres :
Et d'aller trouver son domestique principal pour lui donner ses
— Bride-moi ma haquenée, donne-lui de l'avoine ;
Il faut que j'aille coucher cette nuit à Kertanguy.

Quand il arriva à Kertanguy, ils étaient tous à souper ;
Le cloarec de saluer les vieux d'abord :
— Et (bonjour) à vous, jeune clerc ! qu'y a-t-il de nouveau,
Que vous voilà à Kertanguy, à cette heure du jour ?
— Bien des fois, avant celle-ci, j'ai logé en votre maison,
Et cette nuit je le ferai encore, si on m'y convie,..   [Lanmodez
N'avez-vous pas souvenance, ma maîtresse, qu'au pardon de
Vous m'aviez donné assurance et juré votre serment ;
Vous m'aviez donné assurance et juré votre serment
Que nous serions unis, quand il plairait à Dieu !
Si vous êtes, ô ma maîtresse, la reine de la beauté,
N'avions-nous pas (aussi) un beau navire ? Vous l'avez brisé ;
Oui, vous l'avez brisé, sans en avoir remords,
Et m'avez rendu languissant, faute d'espérance.
En attendant l'ordre précis, aussi bien le jour que la nuit[2],
Vous m'avez rendu captif, comme (si j'étais) en la prison
— Si tous les captifs étaient autant en liberté,   [d'Angleterre.
Que vous l'êtes, vous, mon serviteur, grâce à Dieu,
Le Roi de France n'aurait à payer tribut
Ni à Saxon, ni à Barbare, pour racheter ses gens.   [blanc,
— Je vous compare, ma maîtresse, à une feuille de chêne
Ou à un rossignol d'été, sur la cîme d'un sapin ;
Ou à un rossignol d'été sur la cîme d'un sapin,
Lesquels tournent et tournent encore aux quatre vents.
— Vous parlez, jeune homme, comme un avocat,

[1] D'étudier dans ses livres.
[2] En attendant votre consentement ; — mais le vers paraît altéré.

Pe vel eur filozof, pe eun doctor benac.
Neb ho clewfe o parlant deuse prest da laret
A ven zottoc'h ewit-oc'h ! Met me 'm eus ho approuvet,
Hac a ra ken neubeud vàn o clewet ho comzo
'Vel ma ra eur ween derw, ve maro seiz blâ zo.
— M'ho comparaj, ma mestrès, diouz an durzunel,
Pîni dê 'wit deumeurans ar menero huel ;
Honnès na ra ket a gaz pegent rust ve 'n amzer,
Ha pa blijo gant doue a deuio an douster.
— Nann ! nann ! me n'on ket capabl da gredin ho pe c'hoant
D'hem c'harout en ho calon, evel ma ret zeblant ;
Rac c'hui rofe da gredin da verc'hed diaviz,
A ve war grouio raden a tiwan fleurdeliz ;
Rac c'hui rofe da gredin da verc'hed zodezet
A ve war grouio raden tiwan lavand fleuriet !
— Arsa-'ta, ma mestrezic, lâret, en bezr gomzo,
A contant 've ho ligne a timèfemp hon daou.
— Ia, contant ve ma ligne ! Na perac-'ta na ve ?
Neuze, me 'm eus ma c'hunan pretansion war ze ;
Neuze, me 'm eus ma c'hunan war ze pretansion :
An-neb a uz a gle choas, evel just ha raizon.
— Arsa-ta, ma mestrezic, kenavo lâran d'ac'h !
Ken 'liès plas m'ho cuelin, me am bo joa ouzoc'h.
Na n'oc'h ket deuz ma etat, dre m'oc'h païzantès,
Met mar goullet zervijin, deut d'am zi da vatès.
— Arsa'-ta, cloarec iaouanc, c'hui a allo lâret
Pô clewet ma zantimant ; eun all na raïo ket.
Me a zo bet re fragil o contan ma doare,
Met breman me vô *diroc* eun neubeudic war-ze ;
Me a zo bet re fragil 'contan ma zantimant,
Met breman me vô diroc, en touez an dud iaouanc.

Jan Yvon AR MERL. — *Keranborn, Plouaret.*

Ou comme un philosophe ou un docteur quelconque.
Qui vous entendrait discourir en viendrait vite à dire
Que je suis plus sotte que vous ! Mais moi, je vous connais par
Et suis aussi peu sensible à vos paroles   [expérience,
Que le serait un chêne, mort depuis sept ans.
— Je vous compare, ma maîtresse, à la tourterelle,
Qui a pour demeure les montagnes élevées ;
Il lui importe peu, à celle-là, combien rude est le temps,
Elle laisse à Dieu le soin de ramener le beau temps.
— Non ! Non ! je suis impuissante à croire que vous ayez envie
De m'aimer en votre cœur, comme vous en faites semblant ;
Car vous donneriez à croire à des filles sans jugement   [lys ;
Que c'est sur des racines de fougère qu'il pousse des fleurs de
Car vous donneriez à croire à des filles assoties   [fleurie.
Que c'est sur les racines de fougère qu'il pousse de la lavande.
— Or ça donc, ma maîtresse, dites en brèves paroles   [deux.
Si vos parents seraient satisfaits de nous voir nous marier tous
— Oui, satisfaits seraient mes parents ! Et pourquoi non ?
D'ailleurs, j'ai moi-même mes prétentions là-dessus ;
D'ailleurs, j'ai moi-même là-dessus mes prétentions ;
C'est à qui doit user d'une chose de la choisir, disent la justice
— Or ça donc, ma maîtresse, adieu je vous dis ! [et la raison.
Quelque part que je vous voie, je vous ferai fête.   [sanne ;
Vous n'êtes pas à ma convenance, parce que vous êtes pay-
Mais si vous désirez entrer en service, venez en ma maison
— Or ça donc, jeune clerc, vous pourrez dire [comme servante.
Que vous aurez lu dans mon âme : nul autre ne le fera.
J'ai été trop naïve en racontant mes impressions,
Mais désormais je serai plus réservée là-dessus ;
J'ai été trop naïve en racontant mon sentiment,
Mais désormais je serai réservée parmi les jeunes gens.

            Jeanne-Yvonne LE MERL. — *Keramborgne, Plouaret.*

ERVOAN CAMUS.

Ervoan Camus a gane gai,
'Clasc he gezec eur zul veure ;
Ervoan Camus a Blouillau,
Brawa pòtr iaouanc 'zo er vro.

Hac he gezec p'hen deus cavet,
War eur c'hlazenn eo azeet ;
War ar c'hlazenn p'eo azeet,
He fri da voadan 'zo 'm laket :

— Petra newe c'hoarve d'in-me,
Na mar goad ma fri ken beure ?
Na mar goad ma fri ken abred ?
Custum d'hen ober na è ket.

Hen harpan he benn 'n eun derwen,
Commans da zonjal, da gomprenn ;
Commans da zonjal, da gomprenn,
'C'hortoz tud 'n ofern da dremenn.

— Ma c'hoar, plac'h an ofern veure,
Petra 'c'h eus clewet a newe ?
— Newentiz 'walc'h am eus clewet,
Pa 'zè marw an hini garet.

Ervoan Camus, na pa glewas,
Ter guech d'an douar a goueas ;
Ter guech d'an douar eo couect,
He c'hoar paour, n-eus-han goureet :

— Tewet, ma breur, na ouelet ket !
Tewet, ma breur, em gonzolet !
Merc'hed awalc'h a zo er vro ;
C'hui 'zo iaouanc hac a gafo ;
C'hui 'zo iaouanc hac a gafo,
Hag ar re-goz a dremeno.

YVES CAMUS

Yves Camus chantait galment,
(En allant) chercher ses chevaux, un dimanche matin :

Yves Camus, de Ploumilliau,
Le plus beau jeune gars qu'il y ait au pays.

Et quand il a trouvé ses chevaux,
Sur le gazon il s'est assis ;

Sur le gazon, quand il s'est assis,
Son nez à saigner s'est mis.

— Qu'est-ce qui me survient de nouveau,
Que mon nez saigne si matin ;

Que mon nez saigne de si bonne heure ?
Il n'est pas coutumier de le faire.

Lui, d'appuyer sa tête à un chêne,
De se mettre à songer, à méditer ;

De se mettre à songer, à méditer,
En attendant les gens de la messe de passer.

— Ma sœur, fille de la messe du matin [1],
Qu'avez-vous entendu de nouveau ?

— Assez de nouveauté j'ai entendu,
Puisqu'elle est morte, celle que vous aimez...

Yves Camus, quand il entendit,
Trois fois à terre tomba.

Trois fois à terre il est tombé,
Sa pauvre sœur l'a relevé :

— Taisez-vous, mon frère, ne pleurez pas !
Taisez-vous, mon frère, consolez-vous !

Assez de filles sont au pays,
Vous êtes jeune et en trouverez ;

Vous êtes jeune et en trouverez,
Et les vieux s'en passeront.

---

[1] Qui revenez de la messe du matin.

— Hac 've ken liès 'blac'h er vro
Hac a zabrénen a zo er mor,
 Me n'am bô hini anezhe,
P'eo gwir è marw ma c'harante ;
 Biken euret n'vô war ma fenn,
P'è marw Mari ar Penduenn.

Mari Hulo, à *Plouaret*.

MERC'HED KERGROAZ

 Selaouet hol, hol selaouet
Eur bâl 'so newez gomposet (bis)
Tiridi-tiridei, dei, dei, lam-toura
 Toura tra la lei !!

Eur bâl 'so newez gomposet,
Da verc'hed Kergroaz ez eo grêt.

 A zo grêt da verc'hed Kergroaz,
O vont en noz da c'hoari 'r vaz.

 Treuzi reont diou ster, pe der,
'Tont d'ann nozwez da Draon-Maner.

 En Traon-Maner p'int arruet,
N'eo ket da zansal ez int êt ;

 Êt int d'he gambr gant ann otro,
Da c'hoari 'n dinz hac ar c'harto.

 N'oa ket 'n nozwez peurachuet,
Fortun ar merc'hed a oa grêt.

 Ar merc'hed paour-man a oele,
Na gavent den ho c'honzolje ;

 Na gavent den ho c'honzolje,
Med an otro, hennès a re.

— Y eût-il autant de filles au pays,
Qu'il y a de grains de sable dans la mer,

Je n'aurai aucune d'entre elles,
Puisqu'il est vrai que mon amour est morte ;

Jamais mariage ne sera sur ma tête,
Puisque est morte Marie Penduenn [1].

Marie Hulo, *Plouaret* 1848.

LES FILLES DE KERGROAZ

Ecoutez tous, tous écoutez
Un air de danse nouvellement composé.
Tiridi-tiridei, dei, dei, lam-toura
  Toura tra la lei !

Un air de danse nouvellement composé,
Aux filles de Kergroaz il est fait.

Qui est fait aux filles de Kergroaz,
Qui s'en vont la nuit faire les quatre cents coups.

Elles passent deux rivières, ou trois,
Pour aller à la soirée à Traon-maner.

A Traon-maner quand elles sont arrivées
Ce n'est pas danser qu'elles sont allées.

Elles sont allées à sa chambre avec le seigneur
Jouer aux dés et aux cartes.

La soirée n'était pas achevée,
Que la fortune des filles était faite.

Les pauvres filles que voici pleuraient,
Elle ne trouvaient personne qui les consolât ;

Elles ne trouvaient personne qui les consolât,
Si ce n'est le seigneur, celui-là le faisait.

---

[1] Penduenn « celle à la tête noire » et aussi « roseau. »

'N otro lâre d'ezhe bepred :
— Tawet, merc'hed, na oelet ket !

Tawet, merc'hed, na oelet ket,
'Wit ho puhe na golfet ket,

'Wit ho puhe na golfet ket ;
Met oc'h enor na laran ket.

— Gwell eo ganin merwel mil gwech,
Ewit coll ma enor eur wech,

Rac an enor, pa ve collet,
Ewit arc'hant n'hen caver ket !

'Wit laket 'n taboulin tro kêr,
'N enor kéz na deu ket d'ar gêr.

Ha lost ar c'haz war ar min-glaz,
'N hini oar homan a oar c'hoas ;

Ha gar ar gazec war ma scoa,
Me 'm eus hi lâret 'wit netra ;

Ha lost ar big war an drezen,
Setu achu ma c'hanaouen.

(Mab Lucas).

MARC'HARIT COANT
(IEZ GUENED)

Chileuët hol, o chileuët
Eu sonic nevez 'zo savet,
Da Varc'harit oc'h Kergluyar,
Proprican plac'h war ann douar.

Hac he mamm a lâre d'êhi :
— Marc'harit keh, coantic oc'h-c'hui !
— Petra vern d'eing bud e ken brao,
Pa n'am dimezet ket atao ?

Le seigneur leur disait toujours ;
— Taisez-vous, filles, ne pleurez pas !

Taisez-vous, filles, ne pleurez pas,
Quant à votre vie, vous ne la perdrez pas ;

Quant à votre vie, vous ne la perdrez pas,
Mais votre honneur, je ne dis pas.

— J'aime mieux mourir mille fois,
Que perdre mon honneur une fois ;

Car l'honneur, quand on l'a perdu,
Avec de l'argent on ne le retrouve pas !

On a beau faire faire au tambour le tour de la ville,
Le cher honneur ne revient pas à la maison.

Et la queue du chat sur l'ardoise,
Celui qui sait cette chanson en connaît d'autres ;

Et la jambe de la jument sur mon épaule :
Je l'ai débitée pour rien (gratuitement) ;

Et la queue de la pie sur la haie.
Voilà terminée ma chansonnette !

(Lucas Fils).

MARGUERITE LA JOLIE
(DIALECTE DE VANNES)

Écoutez tous, et écoutez
Une chansonnette nouvelle, qui a été levée
A Marguerite de Kerglujar,
La fille la plus proprette qu'il y ait sur terre.

Et sa mère lui disait :
— Chère Marguerite, que vous êtes jolie !
— Que me sert d'être si belle,
Puisque vous ne me mariez toujours pas.

Pa ve ann avaleun en ru,
Réd è he gutul, ha doc'htu ;
Coei ra euz ar voenn ann aval,
Mar n'hen gutuler, ia da fall.

— Ma merc'hic coant, 'n em frealhet,
A-benn ur bloe e vec'h dimèt.
— Ha mar marvan a-raoc ur bloe,
Ma laket en eur bez neve.

Laket tri boket war ma be,
Unan a roz, daou a lore.
P'az eï re dimèt d'ar vered,
E kemerint peb a voked ;

Hac e làrint 'n eil d'egile :
— Chetu ur plac'h iaouanc ame
Pini a zo marv en he c'hoant
Da zoug miroucrou arc'hant !

War ann hent-braz kent ma laket :
Cloc'h evidon na zono ket ;
Cloc'h war ann douar na zono ket,
Bèlec d'am c'herc'had na zeui ket.

STIVAL, *tost de Bontivy*, 1848.

AN HINI VARWAS GANT AR̃ CHOANT DIMI

Ar plac'h a zavas beure mad,
Ewit lacâd he c'hoeff er fad.

He mamm a lavare d'ezhi :
— « O Douc ! braoa plac'h oc'h-chui !

— « Petra dàl d'in-me beza coant,
« Pa na allan caout ma c'hoant ?

— « Tawet, ma merc'h, na oelet ket,
« Bars eur blà, c'hui vò dimezet !

Quand la pomme est rouge,
Il faut la cueillir, et tout de suite ;
La pomme tombe de l'arbre,
Si on ne la cueille, elle se gâte.

— Ma fillette jolie, ne vous désolez !
Avant un an vous serez mariée.
— Et si je meurs avant un an !...
Mettez-moi dans une tombe neuve.

Mettez trois bouquets sur ma tombe,
Un de roses, deux de laurier.
Quand iront des mariés au cimetière,
Ils prendront chacun un bouquet.

Et il se diront l'un à l'autre :
— Voici une jeune fille ici,
Laquelle est morte au beau milieu de son envie
De porter des miroirs d'argent [1].

Sur la grand'route avant (de m'enterrer) exposez-moi ;
Cloche pour moi ne sonnera point,
Cloche sur la terre ne sonnera point,
Prêtre me chercher ne viendra point.

Stival, près de Pontivy, 1848.

CELLE QUI MOURUT D'ENVIE DE SE MARIER

La fille se leva de bon matin,
Pour bien mettre sa coiffe.

Sa mère lui disait :
— « O Dieu ! la jolie fille que vous êtes !

— « Que me vaut d'être jolie,
« Puisque je ne peux avoir mon envie ?

— « Taisez-vous, ma fille, ne pleurez pas !
« Dans un an, vous serez mariée.

---

[1] Les nouvelles mariées, le jour de leurs noces, portaient des petits miroirs d'argent sur leur coiffure.

— « Eur blâ zo hir da scuill daëro !
« A-benn eur blâ, me vô maro.

« A-benn eur blâ, me vô maro ;
« Dimei neuze neb a garo !..,

« Pa vin maro hac interret,
« Laket ma be 'n creiz ar verred ;

« Laket ma be 'n creiz ar verred,
« Ha warnezhau pewar bouquet !

« Laket warnhan peder rozenn :
« Diou a vô du, diou a vô gwenn.

« Diou a vô du, diou a vô gwenn,
« Wit ma vô canvo en pep penn ;

« Diou a vô rû, diou a vô glaz,
« Wit ma vô canvo en pep plas.

« Ar c'hloer iaouanc, pa dremenfont,
« Peb a bater a lavarfont ;

« Peb a bater, peb a ave,
« Wit ar plac'hic a vô aze ! »

Ar c'hloaregic a lavare,
Dre ar verred pa dremene :

— « Setu aze be eur plac'h coant
« A zo marwet gant keûn d'he c'hoant ;

« Gant keûn da eur c'hloarec iaouanc,
« Deuz a goste 'r gêr a Wengamp ! »

Ar plac'h iaouanc a lavare
Diwar bordic he be newe :

« Cloarec iaouanc, it en hoc'h hent,
« Me a zo breman evel kent !

« Cloarec iaouanc, it en ho tro,
« Ha lest en peoc'h 'r re zo maro.

Mac'harit Fulup.

— « Une année est longue pour verser des larmes !
« Dans un an, je serai morte.

« Dans un an, je serai morte :
« Se marie alors qui voudra !...

« Quand je serai morte et enterrée,
« Mettez ma tombe au milieu du cimetière ;

« Mettez ma tombe au milieu du cimetière,
« Et, sur elle, quatre bouquets !

« Mettez sur elle quatre roses :
« Deux seront noires, deux seront blanches ;

« Deux seront noires, deux seront blanches,
« Afin qu'il y ait deuil, à chaque bout ;

« Deux seront rouges, deux seront bleues,
« Afin qu'il y ait deuil, à chaque place.

« Les jeunes clercs, quant ils passeront,
« Chacun un *pater* ils diront.

« Chacun un *pater*, chacun un *avé*,
« Pour la fillette qui sera là ! »

Le petit clerc disait,
Par le cimetière quand il passait :

— « Voilà la tombe d'une fille jolie,
« Qui est morte de regret à son envie ;

« De regret à un jeune clerc,
« Des environs de la ville de Guingamp ! »

La jeune fille disait,
Du bord de sa tombe neuve ;

— « Jeune clerc, allez en votre chemin,
« Je suis maintenant comme avant !

« Jeune clerc, allez en votre direction,
« Et laissez en paix ceux qui sont morts ! »

Marguerite PHILIPPE.

ALIETTIC AR PALEFRE

Aliettic ar Palefre,
Brawa plac'hic 'zo er c'hontre !

Ma ven-me ganthi o cousket,
Me ve gant ma muia caret.

— Ma c'heginer, ma fotr a di,
Kerz evit-on betec en-hi,

Ha lavar d'ezhi, mar n'hen goar,
Eo plac'h caret war an douar.

— Debonjour d'ac'h-c'hui, Aliet.
— Ha d'ac'h, keginer, p' oc'h deuet ;

— Me 'zeu da zigass d'ac'h lizer
Digant Bernez, ho servijer.

— Trugarez ewit ho lizer :
Debret boed hac it c'hui d'ar gêr ;

Debret c'hui boed, ha retornet,
Lâret d'ho mestr on dimezet...

— Debonjour d'ac'h, ma mestr otro,
D'in-me a zo chanchet kezlo ;

D'in-me a zo kezlo chanchet,
Aliettic 'zo dimezet.

— Ma c'heginer, ma fotr a di,
Kerz evit-on d'ar marchossi,

Ha dibres d'in ma ankane,
Ma 'c'h in da c'hoûd ar wirione.

— Debonjour d'ac'h-c'hui, Aliet.
— Ha d'ac'h-c'hui, Bernez, p'oc'h deuet,

— Kezlo newez, am euz clewet,
Credi 've gwir n'am eus ket gret.

— Ar c'hezlo c'hallfe beza gwir ;
An holl n' ho deuz ket ho dézir,

Ha me am eus eur breur cloarec,
Mar clewfe-ze, a ven lâc'het !

ALIETTE LE PALÉFRE

Aliette Le Paléfré,
La plus jolie fille qui soit dans la contrée !

Si j'étais avec elle couché,
Je serais avec ma plus aimée.

— Mon cuisinier, mon valet de maison,
Va pour moi jusqu'à elle,

Et dis-lui, si elle ne le sait,
Qu'elle est fille aimée sur la terre.

— Et bonjour à vous, Aliette.
— Et à vous cuisinier, puisque vous voilà venu.

— Je viens vous apporter une lettre,
De la part de Bernez, votre serviteur.

— Merci pour votre lettre,
Prenez nourriture, et allez à la maison ;

Prenez nourriture, et retournez
Dire à votre maître que je suis mariée...

— Et bonjour à vous, mon seigneur maître,
En voici d'une autre nouvelle ;

En voici d'une nouvelle tout autre,
Aliette est mariée !

— Mon cuisinier, mon valet de maison,
Va pour moi à l'écurie,

Et selle-moi ma haquenée,
Que j'aille savoir la vérité.

— Et bonjour à vous, Aliette.
— Et à vous, Bernez, puisque vous voilà venu.

— Nouvelle étrange j'ai entendu,
Croire qu'elle soit vraie, je m'en suis gardé.

— La nouvelle pourrait être vraie ;
Tout le monde n'a pas ce qu'il désire.

Et moi, j'ai un frère clerc ;
S'il apprenait cela, je serais tuée.

— Lest ho preur cloarec dengentil,
Ha pa ve ganthan cleze dir ;

Ha pa ve ganthan cleze dir,
Deuz eur scoet hen eus, me'm eus mil ;

Me'm eus eun ti en Landréger,
Tric'huec'h milin war eur rivier,

Ha tric'huec'h milin war eur stang,
Hac a vâl hol gant neud arc'hant.

Ar prennechou en aour melen,
Ann orojo en arc'hant gwenn.

Pemp mil scoet ar bloaz a leuve
N'eo ket an hol 'n eus anezhe.

Hol e vezont d'ec'h, Aliet,
Mar caret dont d'am c'homerret.

— Otro, he tad raïo marvail,
'Welet he vab o paëa tail,

Stouet 'bars an iliz, izel,
Ha c'hui savet a voad huël.

Otro, diskennit, deut en ti,
Lakit ho marc'h er marchossi ;

Lakit ho marc'h er marchossi,
Reit foën ha kerc'h d'han da zibri.

Tapet ho torn bars ma hini,
Ma 'c'h amp hon daou da dimezi ;

Ma 'c'h amp hon daou da dimezi,
Ha goude-ze, da eureuji.

(Caroline ar BOUILL, Euz *Duart*

— Laissez votre frère clerc, le gentilhomme,
Et quand il porterait épée d'acier ;

Et quand il porterait épée d'acier,
Pour un écu qu'il a, moi, j'en ai mille.

Moi, j'ai une maison en Tréguier,
Dix-huit moulins sur une rivière ;

Dix-huit moulins sur un étang,   [d'argent.
Dont toutes les meules tournent à l'aide de courroies en fil

Les fenêtres (sont) en or jaune,
Les portes, en argent blanc ;

Cinq mille écus par an de rente,
Ce n'est pas tout le monde qui en possède autant.

Tout vous appartiendra, Aliette,
Si vous consentez à me prendre.

— Messire, votre père fera esclandre,
Quand il verra son fils payer la taille,

S'agenouiller à l'église, tout au bas,
Alors que vous êtes issu de race haute.

Monsieur, mettez pied à terre, entrez en la maison,
Mettez votre cheval à l'écurie ;

Mettez votre cheval à l'écurie,
Donnez-lui foin et avoine à manger.

Placez votre main dans la mienne,
Que nous allions tous deux nous fiancer ;

Que nous allions tous deux nous fiancer,
Et, ensuite, célébrer notre noce.

Caroline Le Bouill., *de Duault*.

GROEG AR C'HIVIJER

Guech-all a zo bet eun amzer
E carrien me parrous Kemper,

Hac hi c'harrien fidelamant,
Dre 'm boa en-hi eur vestrès coant.

P'oan o retorn a Vontroulès,
Me 'clewet comz euz ma mestrès ;

Me 'clewet unan o làret :
— Mestrès 'n den-man 'zo dimezet ;

Dimezet è he vestrès coant
D'eur c'hivijer euz a Wengamp [1].

Ha me kerkent hac o làret
'C'h ajen da Wengamp d'hi guelet ;

Làret ec'h ajen da Wengamp,
Ewit guelet ma doucie coant...

Pa oan war baveo Guengamp,
Me 'welet ma mestrès 'n hi c'hambr ;

Me 'welet ma mestrès 'n hi c'hambr,
Diraz-hi mezelour ardant.

Ha me da lavaret d'ezhi
N'ajen ket 'n hi c'hambr da gomz gant-hi ;

Ma carrie diskenn war ar pave
Me gomzje out-hi, hep dale...

— Ma mestrès, d'in-me lavaret,
Ha gwir ar c'hezlo 'm eus clewet ?

Ha gwir ar c'hezlo 'm eus clewet ?
Mar d'è gwir oc'h c'hui dimezet ?

---

[1] Setu aze eur c'hloarec kès
A zo dimezet he vestrès.

Set' aze eur c'hloarec iaouanc
'Zo dimezet he vestrès coant ;

'Zo dimezet he vestres coant
D'eur c'hivijer euz a Wengamp.

LA FEMME DU TANNEUR

Autrefois, il y a eu un temps,
Où j'aimais la paroisse de Quimper ;

Où je l'aimais fidèlement,
Parce que j'y avais une maîtresse jolie.

En m'en revenant de Morlaix,
J'ai entendu parler de ma maîtresse ;

J'ai entendu quelqu'un dire :
— La maîtresse de cet homme est mariée ;

Elle est mariée, sa maîtresse jolie,
A un tanneur de Guingamp [1].

Et moi aussitôt de dire
Que j'irais à Guingamp, la voir ;

De dire que j'irais à Guingamp
Voir ma douce jolie...

Quand je fus sur les pavés de Guingamp,
Je vis ma maîtresse dans sa chambre ;

Je vis ma maîtresse dans sa chambre,
Devant elle un miroir ardent.

Et moi de lui dire
Que je n'irais pas dans sa chambre l'entretenir ;

Que si elle voulait descendre sur le pavé,
Je l'entretiendrais, sans délai...

— Ma maîtresse, dites-moi,
Si elle est vraie, la nouvelle que j'ai entendue?

Si elle est vraie, la nouvelle que j'ai entendue,
S'il est vrai que vous êtes mariée ?

[1] Voilà un pauvre clerc
Dont la maîtresse est mariée ;
 Voilà un jeune clerc
Dont la maîtresse jolie est mariée :
 Dont la maîtresse jolie est mariée
A un tanneur de Guingamp

Mar d'ê gwir oc'h-c'hui dimezet,
Ma goalenn d'in-me a rofet,

Rac an arc'hant, an aour melen
N'int ket ouz groeg kivijerrien.

— Cloarec iaouanc, ma escuzet,
Eun dengentil eo am eus bet.

— Hac a ve dengentil ha nobl,
'Man he lojen war vord an od ;

'Man he lojen war vord ar ster,
Henval ouz hini eur c'hivijer.

... Ar wreg iaouanc a lavare,
Er gêr d'he mamm, pa arrue :

— Itron Varia ar Folgoat !
Penos c'hallo ma c'halon pad ?

Penos c'hallo ma c'halon pad,
'Santout c'houez lezr gant he zillad ?

— Tawet, ma merc'h, na oelet ket,
Perc'hen an aour oc'h eus-c'hui bet ;

Perc'hen an aour hac an arc'hant,
Hac ar c'hloarec n'ê nemet coant !

... Et ê 'r c'hivijer da Landréger,
Me garje biken na deufe d'ar gêr !

Na oa ket he gir peur-lavaret,
Eul lizer 'n he dorn 'zo digasset.

Digasset lizer d'ezhi d'ar gêr,
Da lâret oa marw ar c'hivijer.

... Ar c'hloarec iaouanc a lavare.
En cambr he studi, eun de a oe :

— Eun dra a newez 'zo c'hoarvezet ;
Ter feillen em leor a zo breignet ;

Ter feillen 'zo couezet d'an douar,
Intanvezet è an neb am c'har !

Eomp da Wengamp d'hi eureujin ;
Intanvezet ê 'n neb a blij d'in !

———

S'il est vrai que vous êtes mariée,
Ma bague, vous me la rendrez,

Car l'argent, l'or jaune
Ne siéent pas à une femme de tanneur.

— Jeune clerc, excusez-moi,
C'est un gentilhomme que j'ai épousé.

— Fût-il gentilhomme et noble,
Sa loge est sur le bord du rivage ;

Sa loge est sur le bord de la rivière,
Toute semblable à celle d'un tanneur.

... La jeune femme disait,
Chez elle, à sa mère, quand elle arrivait ;

— Dame Marie du Folgoat !
Comment mon cœur pourra-t-il résister ?

Comment mon cœur pourra-t-il résister,
A respirer l'odeur de cuir qu'exhalent ses habits ?

— Taisez-vous, ma fille, ne pleurez pas,
Il possède de l'or, celui que vous avez épousé ;

Il possède de l'or et de l'argent,
Et le clerc n'est que joli (garçon) !

... — Le tanneur est parti pour Tréguier,
Je souhaiterais que jamais il ne revînt à la maison !

Elle n'avait pas fini de parler,
Qu'une lettre en sa main a été remise ;

Qu'on lui a remis une lettre, chez elle,
Pour annoncer la mort du tanneur.

... Le jeune clerc disait,
Dans sa chambre d'étude, certain jour :

— Quelque chose de nouveau est survenu ;
Trois feuilles dans mon livre ont pourri ;

Trois feuilles sont tombées à terre,
Elle est devenue veuve, celle qui m'aime !

Allons à Guingamp l'épouser,
Elle est devenue veuve, celle qui me plaît !

EUR ZON CLOAREC

Disul vintinn pa zavis, war vord ar feuntenn c'hlaz,
Me remerquas ma mestrès o walc'hi he bisach :
Ken caer a oa ar feunteun, ken selezr a oa ann dour,
Ken a em welemb en-hi, vel en eur mezelour.

Ken caer oa ar feunteun evel ann olifant,
Ha war bevar biz d'ar plac'h a oa pemp diamant.
Ha me c'houlenn digant-hi ha me 'c'h aje d'hi zicour
Da c'hourenn ha da diskenn he ficheradic dour ?

— Ho trugarez, den iaouanc, 'vit ho bolante vad,
C'hui 'c'h eus re a vadelès, evit eun tremeniad ;
C'hui a zo diouzoc'h eur vourc'hizès iaouanc,
Hac a voar reï eloquanz hac ar gontantamant.

— N'eman ket em fantazi caout bourc'hizès a-bed,
Ganec'h-hu da gauzeal am Loa c'hoant da vonet.
Hac hi o vonet gant-hen indan eur bodic craou,
'Ben ma teujont a-c'hane, oant mignoned ho daou.

Hac hi o vont gant-hen indan eur bod spern-gwenn,
Hac o troadan eur rozenn, a badas nao miz crenn.
Me 'zo eur c'hloarec iaouanc o poursu ma studi,
En han' Doue, minorès, eun dra bennaket d'in.

Hac hi o vont d'hec'h armel, o reï d'ezhan cant scoed,
Eun dousenn mouchouero hac eur peder roched.
Ma eo fixet d'ar c'hloarec ann amzer d' dont d'ar gêr.
Ma oe fixet d'ezhan, oh ! ia, eiz miz hanter.

Ha setu ann amzer 'oa fixet ac'huët,
Hac ar c'hloarec iaouanc er gêr na arri ket.
Pa oa ar vinorezic en he brasa poaniou,
A oa ar c'hloaregic 'n toul ann nor o selaou.

— Èt gant-hen ma enor, oh ! ia, ha ma mado ;
Na drouc-pedan ket gant-hen, Doue d'hen amando !
— Dalc'het ha couraget, plac'hic a galon vad,
Da c'henel ho pugel, setu arri ann tad !

. . . .

UNE CHANSON DE CLERC

Dimanche matin, quand je me levai, sur le bord de la fontaine
J'aperçus ma maîtresse, qui lavait son visage. [verte,
Si belle était la fontaine, si limpide était l'eau,
Que nous nous voyions en elle, comme en un miroir.

Aussi belle était la fontaine que l'ivoire,
Et sur quatre doigts de la fille il y avait cinq diamants.
Et moi de lui demander si j'irais l'aider
A mettre sur sa tête et à en descendre son petit pichet d'eau.

— Grand merci, jeune homme, pour votre bon vouloir,
Vous avez trop de bonté, pour un passant.
Ce qui vous conviendrait à vous, c'est une jeune bourgeoise,
Qui sache bien parler et qui vous donne de la satisfaction.

— Il n'est en ma fantaisie d'épouser aucune bourgeoise :
C'est avec vous que j'avais envie d'aller causer.
Et elle d'aller avec lui, sous un buisson de coudrier :
Quand ils s'en revinrent de là, ils étaient bons amis tous deux.

Et elle d'aller avec lui sous un buisson d'épine blanche,
Et ils y emmanchèrent une rose, qui dura neuf mois juste...
— Je suis un jeune clerc, qui poursuis mes études,
Au nom de Dieu, orpheline, (donnez)-moi quelque chose.

Et elle d'aller à son armoire, de lui donner cent écus,
Une douzaine de mouchoirs et quatre chemises. [à la maison,
Puis il fut fixé au clerc le temps au bout duquel il devrait revenir
Et le délai lui fut fixé, oh ! oui, à huit mois et demi.

Or, voilà le temps fixé terminé,
Et le jeune clerc à la maison n'arrive pas...
Quand l'orpheline était dans ses plus grandes douleurs,
Le clerc était au seuil de la porte, qui écoutait :

— Il a emporté mon honneur, oh ! oui, et mes biens;
Je ne lui souhaite pas de mal, que Dieu l'amende !
— Tenez bon et prenez courage, fillette de brave cœur,
Pour enfanter votre enfant [1]; voici le père arrivé !

. . . . , ...

[1] Il doit y avoir ici une lacune de quelques vers.

Cotillonenn d'ar vagerès ha maillurenn d'ar mab,
Cant scoed e-penn ar c'havel, da lacad luskellad.
M'ho pije roët d'in-me eun droue-pedenn bennac,
Tanfoeltr bikenn, minorès, n'ho poa gwelt ma daou-droad !

Canet gant Marc'harit Fulup, 1868.

YVONAIC

I

Tostaët hol, tud iaouanc, ha c'hui 'glevo canan
Eur zonic divertissant 'zo zavet er bloa-man,
'Zo grêt d'eur plac'hic iaouanc an oad a bemzec vloaz
Hac a zo bet anlevet an noz kenta ar bloaz.
Ha m'oc'h euz c'hoant da glevet penôs c'hoarveas se,
Tad ar plac'h-man oa mânet clany fall war he wele.
Yvonaïc c'houlenne, eun dewez, ouz he zad :
— Ho conje da zimezi, 'mez hi, ma ve d'ho crad ;
Ho conje da zimezi, 'me ar plac'h, a fell d'in,
D'eun amunuzer iaouanc a barrez Sant-Gily ;
D'eun amunuzer iaouanc a barrez Sant-Gily ;
Dont a ra d'am darempred ha plijout a ra d'in.
— Me 'zo, emê ar pôtr coz, dalc'het gant ar c'hlenved,
Ouspenn, te rô d'in chagrin ha nec'hi ma spered,
Te 'c'h a da gomer eun den an izella degre,
Ha te oc'h allout caout unan deuz da ligne.
Te 'c'h a da gomer eun den an izella degrad,
Ha te oc'h allout caout eun den a ligne vad...

II

Iann Raizon a lavare d'he vewel, an traïtour :
— Gra d'in caout ar bennherès, mar alles ma zicour;
Gra d'in caout ar bennherès, en despet d'he ligne,
Ha me roïo dit dec scoet da gad dillad neve (bis)

Cotillon à la nourrice et maillot au fils,
Cent écus au chevet du berceau, pour faire bercer ;
Si vous m'aviez souhaité quelque mal,
Foutre jamais, orpheline, vous n'auriez revu mes deux pieds.

(Chanté par Marguerite PHILIPPE, 1863.)

YVONNETTE

I

Approchez tous, et vous entendrez chanter
Une chansonnette divertissante, qui a été levée, cette année ;
Qui est faite à une jeune fille âgée de quinze ans,
Laquelle a été enlevée, la première nuit de l'année.
Et si vous avez envie d'apprendre comment cela se fit (le voici) :
Le père de cette fille était resté gravement malade au lit.
Yvonnette demandait, un jour, à son père ; [a grée,
— Votre permission pour me marier, dit-elle, si cela vous
Votre permission pour me marier, dit la fille, je désire,
(Pour me marier) à un jeune menuisier de la paroisse de Saint-
A un jeune menuisier de la paroisse de Saint-Gily, [Gily ;
Il me recherche et il me plaît.
— Moi, je suis, dit le bonhomme, retenu par la maladie,
Et tu viens encore me donner du chagrin et mettre mon es-
[prit à la gêne !
Tu vas prendre un homme de la plus basse condition,
Quand tu pourrais en avoir un de ton rang ;
Tu vas prendre un homme de la plus basse condition,
Quand tu pourrais avoir un homme de bonne lignée !...

II

Jean Raison disait à son domestique, le traître !
— Fais-moi avoir l'héritière, si tu peux me venir en aide ;
Fais-moi avoir l'héritière, en dépit de ses parents,
Et je te donnerai dix écus, pour avoir des habits neufs ;

Ha da gemer da vevel, ar rest deuz da vuhe.
Hac hi hac o nem glewet neuze, eun daou pe dri,
Da brena eur wisdantin, da vont d'hi laëres di.
Ha pa antrejont en ti, ar plac'h oa o trempa ;
Hi teurel ar wisdantin war seudel Yvona.
Yvona, pa d'oa debret eun daou toafad pe dri,
Hac hi tôl he botou-coat en creiz leuren an ti,
Hac o vont da Gerveno, da gavout Iann Raizon.
Set-hi fourret er prizon, ha tapet ar pichon ;
Tapet a oa ar pichon, na oa ket bet a boan,
Ha casset da Gerveno, da beurdibri he c'hoan.

III

Person Saut Gily 'làre, ar zul nessa, 'n he bròn :
— Clewet 'm eus, Sant Giloïs, poa laëret eur pichon.
Ar c'houldri nefa honnès na nefa nemert-hi,
Mes credet, Sant-Giloïs, ret vezo hi renti.
Ar goaz a gomer aon, o clewet ar person,
'C'h a da gouldri Kerveno, da gerc'had he bichon ;
'C'h a da gerc'had he bichon, da gouldri Kerveno,
Hac hen 'c'ha d'hi c'hass neuze da blaçen Keraval,
Da zicour an hini goz d'ober goadigenno.
Iann Raizon a lavare, pa antree en ti :
— Setu aze ho merc'hie, pa na deut da wit-hi.
Bet è 'c'h ober eur bale, da c'hortoz an eured ;
Na c'houllet ket hi rei d'in, met ober a refet.
Ar pôtr coz, p'hen eus clewet, a zao ouz he wele,
Da vont da di ar Justis, an dewarlerc'h beure.
Da vont da di ar Justis, wit ober eun decret ;
Wit m'ho dijent galeo, pe ma vijent dewet...

IV

— Ma zad, me c'houlen pardon, nac a greiz ma c'halon ;
Well è d'in beza eureujet 'wit chom en abandon.
C'hui ive ho poa laëret ma mamm a di he zad,
Ha se n'eus ket ho harzet da ober ligne vad ! »
An hini goz, o clewet, e deus neuze làret :
— Na ei den d'ar galeo, ha na vò den crouget.
Gwell è repari an drouc, mar è grèt ar pec'hed...

Et je te prendrai pour domestique, le reste de tes jours.
Les voilà de s'entendre alors, à deux ou trois,
D'acheter un philtre, (et) d'aller la ravir chez elle.
Quand ils entrèrent dans la maison, la fille trempait (la soupe);
Eux de jeter le philtre dans l'écuelle d'Yvonne,
Yvonne, quand elle eut mangé quelque deux cuillerées ou trois,
Jette là ses sabots, au milieu de l'aire de la maison,
Et s'en va à Kervéno trouver Jean Raison.
La voilà fourrée en cage, voilà prise la colombe;
Prise était la colombe (on n'y avait pas eu grand'peine,)
Et envoyée à Kerveno achever son souper.

III

Le recteur de Saint-Gily disait, le dimanche suivant, dans son
[prône:
— J'ai appris, gens de Saint-Gily, que vous aviez volé une co-
Le colombier qui la possédait n'avait qu'elle. [lombe.
Mais, croyez-m'en, gens de Saint-Gily, il faudra la rendre.
L'homme prend peur à entendre (ce que dit) le recteur,
Il va au colombier de Kerveno chercher sa colombe;
Va chercher sa colombe, au colombier de Kerveno,
Et la rapporte alors à Place-Keraval,
Pour aider la vieille à faire des boudins.
Jean Raison disait, quand il entrait dans la maison:
— Voilà votre fillette, puisque vous ne venez la prendre.
Elle a été faire une promenade, en attendant la noce;
Vous ne voulez pas me la donner, mais vous le ferez (pourtant).
Le bonhomme, quand il a entendu, se lève de son lit,
Pour aller à la maison de justice, le lendemain matin;
Pour aller à la maison de justice, pour faire rendre un jugement,
Qui les condamne aux galères ou à être brûlés...

IV

— Mon père, je demande pardon, du plus profond de mon
J'aime mieux être mariée que de rester à l'abandon. [cœur;
Vous aussi vous aviez volé ma mère, de chez son père,
Et cela ne vous a pas empêché de faire bonne souche.
La vieille, en l'entendant, a dit alors:
— Personne n'ira aux galères, et personne ne sera pendu.
Mieux vaut réparer le mal, si le péché a été commis.

V

Setu oe grêt an eured, gant peb solennité :
Tapet oe an oac'h iaouanc war geïnn eun incane,
Bete-goût teuje d'ezhan dougen bonet he dad.
Na oa ket a drouc-zeblant : commanset oa er fad.

MARGODIC LA BOISSIER

Mar plij gancc'h, silaouet, hac e clewfet canan
Eur chanson divertissant 'zo zavet er bloa-man ;
A zo grêt d'eur plac'h iaouane a deuz cuitêt he bro ;
He c'hérent hac he ligné, hol e-mâint en canvo.

D'an amzer ma oa lacret, oa ar gwaz gant he zad ;
En em disken eur bannac'h, oc'h eva boutaillad ;

En em disken eur bannac'h, oc'h eva d'he iéc'hed ;
— « Otro, ho merc'h Margodic am eus c'hoant da gavet. »

An itron a oa prezant, a respont prontamant :
— « Na grédan ket ec'h afe gant mab eur païzant ;

« He zad a zo den gentil, hé mamm a zo itron,
« Ma merc'h a zo dimezel euz a gondision ;

« Ma merc'h a zo dimezel dimeuz a La Boissier,
« Na gredan ket ec'h afe gant eur palefrigner ! »

Ar gwaz a nefoa speret, na laras gir a-bed,
Hac a lézas an itron d'achui he c'houplet...

Eun de, p'errujont er gêr, a zo d'hê annonset,
Na gant ho merc'h Henori, a oa Margot collet.

Kerkent zo zavet enclasc, partout dre an noblans ;
Na vàn na zâl, na kigin, bars an apartanans ;

Na vàn na zâl, na kigin, na cambr, na marchossi,
Clasket ec'h ê Margodic bete 'bars er c'houldri ;

Clasket ec'h ê Margodic en noblans tro-war-dro,
Bete 'n poul-rod ar vilin a zellé an otro.

V

Voilà que fut célébrée la noce, en grande solennité.
On fit monter le jeune époux sur le dos d'une haquenée,
De crainte qu'il ne lui arrivât de porter le bonnet de son père [1].
Il n'y avait pas à s'y méprendre ; il avait bien commencé.

Chanté à *Kercabin.*

MARGOT DE LA BOISSIÈRE

S'il vous plaît, écoutez, et vous entendrez chanter
Une chanson divertissante, qui a été levée cette année ;
Qui est faite à une jeune fille, laquelle a quitté son pays ;
Ses parents et sa famille, tous sont en deuil.
Au temps où elle fut enlevée, l'homme (le ravisseur) était en compagnie de son père ;
Tout en se versant une goutte, en buvant bouteille,
En se versant une goutte, en buvant à la santé (du bonhomme) :
— « Monsieur, votre fille Margot me plairait pour femme. »
La dame qui était présente s'empresse de répondre :
— « Je ne suppose pas que ma fille puisse épouser le fils d'un paysan ;
« Son père est gentilhomme, sa mère est dame,
« Ma fille est demoiselle de (grande) condition ;
« Ma fille est demoiselle de la Boissière,
« Je ne suppose pas qu'elle soit faite pour épouser un palefrenier ! »
L'homme, qui avait de l'esprit, ne répliqua mot,
Et laissa la dame achever son refrain...

Un jour, comme ils rentraient chez eux, il leur fut annoncé
Par leur fille Hénori, que Margot était perdue.
Aussitôt on entreprend des recherches partout à travers le manoir ;
On ne néglige (de fouiller) ni salle, ni cuisine dans les appartenances ;
On ne néglige (de fouiller) ni salle, ni cuisine, ni chambre, ni écurie ;
On cherche Margot jusque dans le colombier ;
On cherche Margot dans le manoir, de tous côtés ;
Même le trou de la roue du moulin fut exploré par monsieur.

[1] C'est-à-dire le bonnet à cornes, allusion grossière.

« Arru an abardaë, poent è d'imp discuiza,
« Zonet ec'h è cloc'h ar pred, poent ec'h è d'imp coania.

« Goude, nin a goncluo petra a vezo grêt :
« Rêd a vo scriva lizer na d'he moerebezed ;

« Rêd a vo scriva lizer na d'he moerebezed ;
« Ewit ma merc'h Margodic a renkin da gavet.

« Warc'hoas vintin, pa zavin, me scrivo da Wengamp,
« Da gerc'hed an archerrien, oh ! ia, incontinant.

« Neuze 'c'h in da gâd ar gwaz p'hini 'n eus hi laeret ;
« Ewit ma merc'h Margodic a renkin da gavet ;

« Ewit ma merc'h Margodic d'in-me zur a rento,
« Ha mar na ve ket crouget, ec'h ei d'ar galeo ! »

An dewarlerc'h pa zavas, ec'h es da gâd ar gwaz :
— « Clewet am eus Margodic a zo laeret ganac'h ? »

— « Gwir eo : ho merc'h Margodic ha me a nem garrie ;
« Mar vec'h prest d'hon eureuji, marteze 'n em rentfe.

« Ma rafen eur griaden d'am dous, d'am c'harante,
« Ouspenn seiz leo tro war dro ma mouez anavefe.

« Mar na glewfe ket anon, me allfe monet c'hoas
« Da gichen eur goz ween a zo en Lann-Golvâz,

« Pe da ilis ar Feunteun, ha hi ma c'hlewfe prest.
« Mar n'e man en Landerne, hi a zo èt da Vrest.

Mont ra an òtro d'ar gêr, pa n'alle goût netra ;
Ar person a zo furroc'h a deu ive brema,

Ha war digare farsal, hen eus lâret d'ar gwaz :
« Me a oar kercouls ha c'hui pelec'h e-man ar plac'h.

« Breman pa c'h eus hi laeret, c'hui rene hi eureuji,
« Pe na pô ket da vale neblec'h e lec'h ma vin. »

— « Ya zur, p'am eus hi laeret, on prest d'hi eurenji,
« Ha me nem gavo ganec'h elec'h ma larfet d'in.

— « Mar na gredet dont en de, deut en noz, mar caret ;
« Ma ve zerret an ilis, c'hui chommo er porchet. »

An dewarlerc'h pa zavas, 'c'h a gant ar feumeulen,
Ewit mont da eureuji da ilis Sant-Jermen.

Pa oant erru er verred, he breur, he mamm, he zad
A lemas ar plac'h iaouanc digant he c'hamarad ;

He breur a oa iaouancoc'h a neus lâret ractal :
« Heman a zo eun tôl vil a teus grêt d'imp, ma c'hoar !

« Voici le soir, il est temps de nous reposer,
« On a sonné la cloche du repas, il nous est temps de souper.

« Après, nous déciderons ce qu'il y aura lieu de faire :
« Il faudra écrire une lettre à ses tantes ;

« Il faudra écrire une lettre à ses tantes ;
Quant à ma fille Margot, n'importe à quel prix, il me la faut.

« Demain matin, j'écrirai à Guingamp,
« Pour faire venir les gendarmes, oh ! oui, incontinent.

« Alors, j'irai trouver l'homme qui l'a enlevée,
« Ma fille Margot, n'importe à quel prix, il me la faut.

« Ma fille Margot, à coup sûr, il me la rendra,
« Et s'il n'est pas pendu, il ira aux galères ! »

Le lendemain, à son lever, il alla trouver l'homme :
— « J'ai appris que Margot avait été enlevée par vous ?...

— « C'est vrai : votre fille Margot et moi, nous nous aimions ;
« Si vous étiez prêt à nous marier, peut-être se rendrait-elle.

« Si je poussais un cri pour appeler ma douce, mon amour,
« A plus de sept lieues à la ronde, elle reconnaîtrait ma voix.

« Si elle ne m'entendait pas, il me resterait encore la ressource
[d'aller
Près d'un vieil arbre, qui se trouve à Langolvaz[1],   [tôt.
« Ou (d'aller) à l'église de la Fontaine, et elle m'entendrait bien-
« Si elle n'est à Landerneau, c'est qu'elle est partie pour Brest.

Le monsieur retourne chez lui, puisqu'il ne pouvait rien savoir ;
Le recteur, qui est plus avisé, vient à son tour maintenant,

Et, sous prétexte de deviser gaîment, il a dit à l'homme :
— « Je sais aussi bien que vous où est la fille.

« Maintenant que vous l'avez enlevée, votre devoir est de l'épouser,
« Sinon vous n'aurez pas à paraître là où je me trouverai. »

— « Oui certes, puisque je l'ai enlevée, je suis prêt à l'épouser,
« Et je me rencontrerai avec vous là où vous me direz.

— « Si vous n'osez venir de jour, venez de nuit, si vous voulez ;
« Si l'église est fermée, vous attendrez sous le porche. »

Le lendemain, à son lever, il se met en route avec la jeune fille,
Pour aller se fiancer à l'église de Saint-Germain.

Quand ils furent arrivés dans le cimetière, le frère, la mère, le père
Arrachèrent la jeune fille à son amoureux ;

Le frère, qui était plus jeune (qu'elle) a dit aussitôt :
« Ceci est un vilain tour que tu nous as joué, ma sœur !

[1] Près de Morlaix, là où est actuellement l'hippodrome.

« Na pa glewo hon ligne, kerent ha mignoned,
Gant-he dre hol er bed-ma ni a veo cazet. »

Ar plac'hic, pa deus clewet, a deuz bet lavaret :
« Contant on d'hen eureuji, p'hen eus ma anleuvet. »

Met he zad, a oa prezant, a lâras prontamant :
« Me ho casso, Margodic, d'ar gouant da Wengamp ! »...

... « Et ô ma dous d'ar gouant, hac hi gwisket en griz,
Met me iello da ermit, en forest ar Markiz,

Hac a stigno ma lasso war benn eun evnic all,
P'ê achapet ma fichon hac ét ma zenn da fall.

C'hoas a chommis da zonjal eun neubent er porchet,
O welet pegen buhan ec'h ê bet achapet ;

O welet ar finesse hen eus bet ar person,
Digerri dor ar gawet ha leuskel ma fichon.

Et ô ma dous d'ar gouant, hac hi gwisket en gwenn,
Met me iello da ermit, da forest Sant-Jermen,

Hac a stigno ma lasso war Coat ar Vilien,
Lec'h biken ma daoulagad na wel ma mestres ken.

Mac'harit FULUP.

AR VESTRES GLORUS

Pa oan em c'hawel, bihanic,
Me 'm oa choaset eur vestrezic,
  Trou la ri lai tra la lan
    Roularilaulaine !

Breman p'omp arru braz hon daou,
A so savet caranteou.

He zad, he mamm, p'ho deus clewet,
D'ar gouant ho deus-hi casset ;

« Lorsqu'en sera informée notre famille, parents et amis,
Nous aurons, partout en ce monde, à subir de leur part mille repro-
La fillette, après avoir entendu, a dit : [ches. »
« — Je suis contente de l'épouser, puisqu'il m'a enlevée. »
Mais son père, qui était présent, s'empressa de répliquer :
— « Je vous expédierai, Margot, au couvent, à Guingamp ! »

Ma douce est allée au couvent, et elle (est) vêtue de gris,
Mais moi, j'irai me faire ermite, dans la forêt du Marquis [1],

Et je tendrai mes lacs sur la tête d'un autre oiselet,
Puisque ma colombe s'est échappée et que mon coup a manqué.

Quelques instants encore, je suis demeuré rêveur, sous le porche,
A voir combien vite elle s'est échappée ;

A voir quelle ruse a eue le recteur
De fermer la porte de la cage et de lâcher ma colombe.

Elle s'en est allée, ma douce, au couvent, et elle vêtue de blanc,
Mais moi, j'irai me faire ermite, à la forêt de Saint-Germain,

Et je tendrai mes lacs sur Coat-Vilien,
Là où jamais mes yeux ne verront plus ma maîtresse.

Marguerite PHILIPPE.

LA MAITRESSE DÉDAIGNEUSE

Quand j'étais dans mon berceau, tout petit,
Je fis choix d'une maîtresse.
   Trou la ri lai tra la lan,
     Roularilanlaine! [deux,

Maintenant que nous sommes devenus grands tous
Il est né des tendresses (entre nous.)

Son père, sa mère, quand ils l'ont appris,
Au couvent l'ont envoyée ;

[1] La forêt du Marquis, ou forêt de Beffou, dans la commune de Loguivy-Plougras, Côtes-du-nord.

Casset ho deus ma dousic coant,
Oh ! ia, da Wengamp d'ar gouant.

Ha pa gousffe d'in pemp cant scoet,
Me iell da Wengamp d'hi gwelet.

Bars en Gwengamp p'on arruet,
Ma mestrès coant am eus gwelet.

— Bonjour ha joa, ma dousic coant,
Deut-on d'ho cuelet da Wengamp.

Lavaret d'in ma mestrezic,
Petra lâr d'ac'h ho calonic ?

— Ma c'halonic a lavar d'in
Caret vad d'ann nep a gar d'in ;

Caret vad d'ann nep a gar d'in,
D'in ma c'hunan, dreist pép-hini.

— Tri re votou am eus uzet,
Ma dousic coant, 'tont d'ho cuelet ;

Prest on d'' uzan 'r bewar re,
Ha c'hoas n'ouzon ket ho toare.

— Mar oc'h scuiz oc'h uza botou,
Deut war zodennou ho lèrou,

Pe grêt ober 'r galochou lezr,
Pe, mar doc'h scuiz, chomit er gêr ;

CALOŃAD EUR VESTRÈS

—

Didosta, envnic rouz, gant da vouez trionfant,
Da zilaou prepozio en-tre daou den iaouanc ;
Da zilaou ar prepozio a zo bet en-tre-z-he ;
Te oa en plas da alloud zilaou piz anezhe ;

Ils ont envoyé ma douce jolie,
Oh ! oui, à Guingamp, au couvent.

Et quand il m'en coûterait cinq cents écus,
J'irai à Guingamp la voir.

A Guingamp quand je suis arrivé,
Ma maîtresse jolie j'ai vu.

— Bonjour et joie, ma douce jolie,
Me voici venu vous voir à Guingamp.

Dites-moi, ma maîtresse gentille,
Que vous dit votre petit cœur ?

— Mon petit cœur me dit
De vouloir du bien à qui m'en veut aussi ;

De vouloir du bien à qui m'en veut aussi,
Et à moi-même, plus qu'à personne.

— Trois paires de sabots j'ai usé,
Ma douce jolie, en vous venant voir ;

Je suis sur le point d'user la quatrième,
Encore ne sais-je pas votre pensée.

— Si vous êtes las d'user des sabots,
Venez sur la semelle de vos bas,

Ou faites faire des galoches en cuir,
Ou si vous êtes las, restez chez vous !

PEINE DE CŒUR D'UNE MAITRESSE

--

Approche, fauvette, avec ta voix triomphante,   [gens ;
Pour écouter les propos (qui ont été échangés) entre deux jeunes
Pour écouter les propos qui ont été (échangés) entre eux ;
Tu étais bien placée pour pouvoir les bien écouter ;

Te oa en plass da alloud zilaou piz anèzhe,
Ar c'homjo elocant a oa bet en-tre-z-he.

Ma mestrezic 'zo hanvel deuz eur boket sousi,
Pe diouz eur rozen ru, pa ve 'n he iëoni ;

Pa ve troc'het he grïo a deu da dristaad ;
O Doue, ma c'halon baour, na oufes biken pâd !

O Doûe, ma c'halon baour, penoz e pâdi te,
Na da lavaret adieu d'hes dous, d'hes carante ?

O Doue, ma c'halon baour, rannan ri gant glac'har,
O lâret adieu d'hes dous, d'hes dous 'n hini da gar !

Disul ar c'hazimodo, 'wit ar bloaz tremenet,
Me a oa gant ma mestrès en corn he c'habinet ;

Ha me o clewet unan o drouc-comz ac'hanon,
'Vel, war ar batimancho, pa ve tenno canon ;

Me o clewet eur gwall-deod o drouc-comz war ma stâd,
Evel an tenno canon 'bars en creiz eur gombad.

Me 'crigin em mestrezic hac hen em retiran,
Ha me o vonet ganthi d'ar c'hambrjo huëllan.

Nac he zad a oa enn-ho, na war toul dòr he gambr,
Eur visaj a oa outhan 'vel bisaj eun tyrant.

— Mar na garet-hu, ma merc'h, dilezel an den-ze,
M'ho privo deuz ma mado, en durant ma buhe !

Fanchon, 'vel ma deus clewet, hec'h â d'he c'habinet,
Na da scrivan eul lizer gant eur galon touchet [1].

[1] Une autre leçon donne une fin différente. La jeune fille répond à l'ordre intimé par son père :

— Ho zalv ho crâz, emezhi, ober se mar ve ret,
Abenn eun tri de aman vin marw hac interret ;

Aben eun tri de aman, vin marw hac interret
'Bars en berred Gurnhuël [1], p' ôtramant er porched !

Ha me ho ped holl breman, pôtred a C'hurnhuël,
Pa glewfet a vin maro, laret peb a beden.

Ha pedet ar vêleïen da dont d'am interrin,
Ebars er c'heur huëllan, en corn ar marchepi.

Laket eur groaz war ma be, ha scrivet war-n-ezhi
Penoz a vin-me marwet gant ar melanconi.

Me ho ped, ma zervijer, pa glewfet vin maro,
Na prenet eun habit du, da dougen d'in canvo ;

Na prenet eun habit du, da dougen d'in canvo,
Rac abalamour d'ac'h-c'hui eo a vin-me maro !

[1] Gurunhuël, commune des Côtes-du-Nord, canton de Belle-Isle-en-terre.

Tu étais bien placée pour pouvoir les bien écouter,
Les paroles éloquentes qui furent (échangées) entre eux.

Ma maîtresse est semblable à un bouquet de soucis,
Ou à une rose rouge, quand elle est en sa gaîté. [tristement;
Quand ses racines sont tranchées, elle vient à se pencher
O Dieu, mon pauvre cœur, tu ne saurais désormais résister !

O Dieu, mon pauvre cœur, comment résisteras-tu,
Lorsqu'il te faudra dire adieu à ta douce, à ton amour ?

O Dieu, mon pauvre cœur, tu te briseras de douleur,
En disant adieu à ta douce, à ta douce qui t'aime !

Le dimanche de Quasimodo, l'année passée,
J'étais avec ma maîtresse, dans le coin de son cabinet,

Et moi d'entendre quelqu'un mal parler de moi,   [non ;
Aussi violemment que, sur les bâtiments, quand on tire le ca-
Moi d'entendre une mauvaise langue mal parler de ma condi-
                                                 [tion,
(En langage) aussi violent que les coups de canon, au milieu
                                                 [d'un combat

Moi d'empoigner ma maîtresse et de me retirer,
Et moi d'aller avec elle aux chambres les plus hautes.

Son père était là, sur le seuil de la porte de sa chambre,
Il avait une face (aussi terrible) que la face d'un tyran.

— Si vous ne consentez, ma fille, à délaisser l'homme que
Je vous priverai de mes biens, durant ma vie !   [voilà,

Françoise, dès qu'elle a entendu, va à son cabinet
Écrire une lettre, avec un cœur blessé[1].

---

[1] — Sauf votre grâce, dit-elle, s'il faut faire cela,
Dans trois jours d'ici, je serai morte et enterrée ;

Dans trois jours d'ici, je serai morte, et enterrée,
Dans le cimetière de Gurunhuel, ou bien dans le porche !

Je vous prie maintenant, gars de Gurunhuel,
Quand vous entendrez dire que je serai morte, de dire chacun une

Et priez les prêtres de venir m'enterrer   [prière ;
Dans le chœur le plus élevé, au coin des marches (de l'autel).

Mettez une croix sur ma tombe, et écrivez sur elle
Que je serai morte de mélancolie.   [serai morte,

Je vous prie, mon serviteur, quand vous entendrez dire que je
Achetez un vêtement noir, pour porter mon deuil ;

Achetez un vêtement noir, pour porter mon deuil,
Car c'est à cause de vous que je serai morte !

— Otro Doue ! ma Doue ! n' gavfen ket cannader
Hac a gasfe ewit-on d'am dous coant eul lizer ?

Gasfe d'ezhan eul lizer ve scrivet gant ma goad,
'Wit ma ouïo ma mignon darn deuz ma c'halonad.

— Na, ma c'hoar Fanchon, scrivet ho lizero, pa gerfet,
Eur c'hannader 'wit ho c'hass d'ac'h-c'hui na vanco ket...

— Na demad d'ac'h-c'hui, tad cri, tad cri ha dinatur,
C'hui resevfe eul lizer deuz dorn ho crouadur ?

C'hui resevfe eul lizer deuz ho merc'h Franseza ?
Lavaret deus d'in e-man 'n hec'h amzer diweza.

He zad o clewed se a ra réflexion ;
Daoust pegen cri ez eo, è touchet he galon ;

Hac hen o pignel neuze na d'he gambr huëllan,
'Chomm eur momedic amzer, ewit em studian...

— Dàlet, ma c'hoar Fanchonic, dàlet al lizer-man,
Commerret scabel da lenn ar pez 'zo war-n-ezhan.

— Ha te, ma breur, emezhi, commer lanz pe gleze,
Ewit treujin ma c'halon, poan na ri ket d'in-me !...

Me a zavo eun dourel war vordic ar mor dôn,
Hac a welo ac'hane demarcho ma mignon ;

Ha me a welo du-hont lestr newe o tonet,
Hac en honnes a vezo ma dous muian caret ;

'Bars en honnes a vezo, ma dous, ma gwir vignon,
An hini hen eus plantet eur pognard em c'halon !...

· · · · · · · · · · · · · · · · · · · ·

Kent 'wit finissan ma zôn, am eus c'hoant da lâret
Eur gir war ar garante 'ntre pôtred ha merc'hed.

Carante ar pôtr iaouanc 'zo pluenn war an dour,
Eur zantimant goloët hac eur speret treitour.

Carante ar plac'h iaouanc a zo scanv 'vel ar pell,
A dremen en eun instant, gant eur barrad awel !

———

— Seigneur Dieu ! mon Dieu ! ne pourrais-je trouver un mes-
Qui porterait pour moi à mon doux joli une lettre ?   [sager

Qui lui porterait une lettre écrite avec mon sang,
Afin que mon ami sache quelques-unes de mes peines de cœur.

— Ma sœur Françoise, écrivez vos lettres, quand vous voudrez,
Messager pour les porter ne vous fera point défaut...

— Bonjour à vous, père cruel, père cruel et dénaturé,
Recevriez-vous une lettre de la main de votre enfant ?

Recevriez-vous une lettre de la part de votre fille Françoise ?
Elle m'a dit qu'elle était à ses derniers moments.

Son père, en entendant cela, se prend à réfléchir ;
Si cruel qu'il soit, son cœur est attendri.

Et lui de grimper alors à sa chambre la plus haute,
(Et) de rester un peu de temps à s'examiner...

— Tenez, ma sœur Françoise, tenez cette lettre,
Prenez un escabeau pour lire ce qu'elle contient.

— Et toi, mon frère, dit-elle, prends lance ou glaive,
Pour me transpercer le cœur, tu ne me feras point de mal !...

Je bâtirai une tourelle sur le bord de la mer profonde,
Et verrai de là les allées et venues de mon ami ;

Et verrai là-bas une barque neuve venir,
Et, en celle-là, sera mon doux (ami) le plus aimé ;

En celle-là sera mon doux, mon vrai ami,
Celui qui m'a planté un poignard dans le cœur !...

. . . .

Avant de terminer ma chanson, j'ai envie de dire
Un mot sur l'amour qui unit garçons et filles.

Amour de jeune gars est une plume sur l'eau,
Un sentiment dissimulé et un esprit traître ;

Amour de jeune fille est léger comme la balle (d'avoine),
Il passe en un instant, avec un coup de vent.

Chanté à Keramborgne, 1848.

OTRO KERCABIN

Me na n'in ket ma unan
Da Gercabin da wit tan,
Rac an otro zo er gêr
A zawfe d'in ma davanjer.

Kercabin goz hac he bôtred
A danzfe war eun assied.
Kercabin goz ha Rozambaou
A zo camaraded ho daou ;
A zo ho daou camaraded
War ar gwin ha war ar merc'hed.

Na 'n eus plac'h iaouanc en Plouëc
Na deus en Kercabin cousket,
Nemert honnont, merc'h Coat-ar Zant,
A rei ive, pa defo c'hoant.

Na 'n eus plac'h iaouanc en Ploézal
Ha na deveus hol peb a schal,
Peb a schal ru pe violet :
Kercabin goz 'n eus ho faëet.

Na 'n eus plac'h iaouanc en Gwengamp
Na dougont peb a groaz arc'hant,
Peb a groaz arc'hant alaouret,
Digant Kercabin a Blouëc.

Na 'n eus groeg iaouanc en Gwengamp
Na deus hol peb a wal' arc'hant,
Peb a wal' arc'hant alaouret,
Digant Kercabin a Blouëc.

Na 'n eus plac'h iaouanc en Plouëc
Na deus hol peb a gorselet,
Peb a gorselet lien fin,
Digant an otrò Gercabin.

En Kercabin a zo eur zâl
'Wit an dut iaouanc da zanzal,
An neb na oar a ve disket
Gant an otrò hac he bôtred.

LE SEIGNEUR DE KERCABIN

Je n'irai pas toute seule,
A Kercabin, prendre du feu,
Car le Seigneur est à la maison,
Qui me soulèverait mon tablier.

Le vieux Kercabin et ses gars
Danseraient sur une assiette.
Le vieux Kercabin et Rosambo
Sont bons camarades tous deux ;
Sont tous deux bons camarades
Pour le vin et pour les filles.

Il n'y a pas jeune fille en Plouëc
Qui n'ait à Kercabin couché,
Si ce n'est cette autre, la fille de Coat-ar-sant,
Qui le fera de même, quand elle voudra.

Il n'y a pas jeunes filles en Ploézal
Qui n'aient toutes chacune un châle ;
Chacune un châle rouge ou violet :
C'est le vieux Kercabin qui les (leur) a payés.

Il n'y a pas jeunes filles à Guingamp
Qui ne portent chacune une croix d'argent ;
Chacune une croix d'argent doré,
Donnée par Kercabin, de Plouëc.

Il n'y a pas jeunes femmes à Guingamp
Qui n'aient toutes chacune un anneau d'argent ;
Chacune un anneau d'argent doré,
Donné par Kercabin, de Plouëc.

Il n'y a pas de jeunes filles en Plouëc
Qui n'aient toutes chacune un corselet ;
Chacune un corselet de toile fine,
Donné par le seigneur de Kercabin.

A Kercabin, il y a une salle,
Pour faire danser les jeunes gens.
Qui ne sait pas (danser) y est instruit,
Par le Seigneur et par ses gars.

En Kercabin a zo eur gambr
Carget a walijer arc'hant,
Gwalijer arc'hant ha re aour,
Ewit trompla ar merc'hed paour.

Intanvez Passé. — *Runan*, 1884.

VARIANTE

Une leçon donne le refrain suivant :

Na gambriolet ket, merc'hed,
  Na gambriolet ket.

Na 'n eus plac'h iaouanc en Plouëc
Na deus en Kergabin cousket,
Met mates vihan Coat-ar-Zant,
Hag ar gemenerès iaouanc.

Na 'n eus plac'h iaouanc en Plouëc
Na deus en Kergabin cousket,
Met honnont, Fantic ar C'harseur,
Pehini 'zo bet er C'hoat-Meur.

CLOAREC ROZMAR[1]

I

Me glew ar c'hloarec o c'huistellad,
O lacad an dour war brat he dad,
Na mil vad a ra d'in hen clewet,
Da c'hortoz an amzer d'hen guelet.

Pa 'z ia ar c'hloarec d'ar pardoniou,
Ve ar muscadeñ en he votou;

---

[1] Il y a une maison noble de Rozmar, à Quemperven, arrondissement de Lannion.

A Kercabin, il y a une chambre
Toute pleine d'anneaux d'argent,
D'anneaux d'argent et d'anneaux d'or
Pour séduire les pauvres filles.

Veuve Passé. — *Runan.*

VARIANTE

Ne cabriolez pas, filles,
Ne cabriolez pas.

Il n'y a jeune fille en Plouëc
Qui n'ait à Kercabin couché,
Sauf la petite servante de Coat-ar-sant
Et la jeune couturière.

Il n'y a jeune fille en Plouëc
Qui n'ait à Kercabin couché,
Sauf celle-là, Françoise le Carseur,
Laquelle a été à Coat-Meur.[1]

LE CLERC DE ROZMAR

I

J'entends le clerc siffler,
En mettant l'eau sur le pré de son père ;

Et (cela) me fait mille biens de l'entendre,
En attendant le temps où je pourrai le voir.

Quand va le clerc aux pardons,
Il a de la muscade dans ses chaussures ;

---

[1] Coatmeur, dans la commune de Landébaeron, canton de Bégard, (Côtes-du-Nord.)

Ve ar muscaden en he votou,
Hac al lavand en he c'hodellou...

— Tawet, ma merc'hic, na voelet ket !
Gwell ewit hennès a eureujfet.

— Gwell ewit hennès mar eureujan,
N'am bô ket bet ma c'hoant er bed-man ;

Hac a vije caz da zen a-bed,
Ma vijen ganthan o clasc ma boed ;

Ma c'hoant er bed-man am ije bet :
Breman 'c'h ellan làret n'am eus ket.

Met mar be bolonte Jezus-Christ,
Me vo intanvezet 'bars tri miz !

Me vô 'bars tri miz intanvezet,
Hac a vô dimêzet d'am c'hloarec !

II

Setu deus bet Jannet he mennet,
Hac 'benn tri miz eo intanvezet ;

Abenn tri miz eo intanvezet,
Ha na 'n eo ket dinêt ar c'hloarec.

Na Janedic 'c'h ê d'an abarde
Na war benn-hent d'ar c'hloaregic-me ;

Na pa oa gant an hent o tonet,
He c'hloarec dous hi deus rancontret :

— Cloarec, cloaregic, ma gortoët,
C'hui 'zo war varc'h, me na on ket ;

C'hui a zo war varc'h, accoutret mad,
Ha me 'zo ama war ma daou droad.

Me am eus gwelet d'ac'h eun amzer
Lec'h em gortojac'h en ho kéver ;

Hac e tiwisejac'h ho manegou,
'Wit lacad d'in per em godellou.

— Hac an amzer-ze mar am eus bet,
'Wit brema, Janedic, n'am eus ket.

Na Janedic, evel ma clewas,
Na ter gwech d'an douar a gouezas ;

Il a de la muscade dans ses chaussures,
Et de la lavande dans ses poches.....

— Taisez-vous, ma fille, ne pleurez pas !
Meilleur que celui-là vous épouserez.

— Meilleur que celui-là si j'épouse,
Je n'aurai pas eu mon envie, en ce monde ;

Dussent les gens y trouver à redire,
Si j'étais avec lui mendiant mon pain,

(Du moins) j'aurais eu en ce monde mon envie,
(Tandis que) maintenant je puis dire que je ne l'ai pas (eue).

Mais, si Jésus-Christ y consent,
Je serai faite veuve, dans trois mois !

Je serai, dans trois mois, faite veuve
Et serai mariée à mon clerc !

II

Voilà que Jeannette a obtenu ce qu'elle désirait,
Et, au bout de trois mois, elle a été faite veuve ;

Au bout de trois mois, elle a été faite veuve,
Et le clerc n'est pas (encore) marié.

Jeannette s'en allait, à la brune,
A la rencontre dudit petit clerc ;

Et comme par le chemin elle venait,
Son doux clerc elle a croisé.

— Clerc, petit clerc, attendez-moi ;
Vous êtes à cheval, moi, je ne suis pas ;

Vous êtes à cheval,
Et moi, je suis ici sur mes deux pieds.

Je vous ai vu un temps
Où vous m'eussiez attendue, pour marcher côte à côte,

Et (où) vous eussiez retiré vos gants
Pour me fourrer des poires dans les poches.

— Si ce temps-là a existé pour moi,
Maintenant, Jeannette, il n'est plus.

Jeannette, sitôt qu'elle entendit,
Trois fois à terre s'affaissa ;

Ter gwech d'an douar ez eo couezet,
Cloaregic Rozmar 'n eus hi goureet :

— Tawet, Janedic, na oelet ket,
Me ia d'ar gêr, ma vefomp dimêt ;

Me ia d'ar gêr, ma vefomp dimêt,
Met ober goab ouzoc'h n'am euz grêt.

Pa oant dimezet hac eureujet,
Ar c'hloarec 'n eus dezhi lâret :

— Penemet ma 'z oc'h-c'hui caonierès,
Me am boa grêt d'ac'h eur garlantès, [1]

Nac eur garlantès a c'hreûn goular,
Hac eur zeïenn du bet 'an douar,

Ewit ober canvou d'ho pried,
Janedic, pa oc'h eus meritet.

Mari-Anna NOAN, claskerès-bara. — Duault.

CLOAREC ROZMAR

(EILVET GWEZ)

I

Ma 'c'h an da Gemper d'ar studi,
Me a gimiado kent ma 'c'h in.....

---

[1] La *garlantès* est une guirlande de verdure et de fleurs que des voisins moqueurs tressent pour une jeune fille dont le galant attitré épouse une autre femme, ou réciproquement, pour un jeune homme dont la prétendue a convolé ailleurs. On la suspend d'ordinaire, la nuit qui précède les bans, soit à un arbre proche de la maison, soit au toit même de la demeure habitée par l'amoureux ou l'amoureuse

Trois fois à terre elle s'est affaissée,
Petit clerc de Rozmar l'a relevée.

— Taisez-vous Jeannette, ne pleurez pas ;
Je vais à la maison, pour que nous soyons fiancés ;

Je vais à la maison, pour que nous soyons fiancés ;
Ce n'est que pour vous plaisanter, ce que j'en ai fait.

Quand ils ont été fiancés et mariés,
Le clerc lui a dit :

— Sinon que vous êtes en deuil
Je vous aurait fait une guirlande ,

Une guirlande de grains de corail
Et une écharpe de soie noire (traînant) jusqu'à terre,

Pour porter le deuil de votre mari,
Jeannette, puisque vous l'avez mérité.

Marie-Anne Le Noan mendiante. — *Duault*.

LE CLERC DE ROZMAR

(DEUXIÈME VERSION)

I

Si je vais à Quimper faire mes études,
Je ferai mes adieux, avant que j'aille.....

délaissés. Quelquefois on remplace la *garlantés* par un mannequin représentant un homme, s'il s'agit de plaisanter l'abandon d'une jeune fille, représentant une femme dans le cas contraire, mais qui, dans l'un et l'autre cas, s'appelle un « Pipi Vacon. » J'en ai vu un à Pleudaniel, qui est resté, quatre années durant, à la même place. On dit encore que l'on a reçu « une guirlande » lorsque, dans un pardon, on est éconduit par une jeune fille que l'on invite à danser.

— Demad d'ac'h, ma dous Fransezan !
Me è d'ar studi eo ec'h an.

— Mar gê d'ar studi eo ec'h et,
Grêt ma arched aroc monet,

Ha ma cizvet, ha ma zervij,
Ma,dez-ar-bloa, 'vel 'man ar c'hiz !

— Mar arri ganac'h neb anvoui,
Ma dousic, scrivet lizér d'in.

II

A-benn eun ter zun ac'hane,
Vânas Fantic war he gwele.

Fantic ar Rolland a lâre
D'he zad, d'he mamm, eun de a oe :

— Ma zad, ma mamm, mar am c'haret,
Eur bêlec d'in-me a glasefet.

— Pa garfet, Fantic, 'vezo grêt,
Casset kezlou bet 'ar c'hloarec.

— Clasket bêlec d'in, pa lâran,
N'eo ket gant cloer ez on breman.

Pa oa nouet, zacramantet,
D'he mamm, d'he zad hi deus lâret :

— Ma zad, ma mamm, mar am c'haret,
Casset kezlou bet 'ar c'hloarec ;

Casset unan a dud ho ti,
P' ôtramant pôtr ar marchossi.

III

Mewel he vestrès 'vonjoure,
En kêr Kemper pa arrue :

— Demad ha joa hol er gêr-man,
Pelec'h 'man ar golaj aman ?

Pelec'h 'man ar golaj aman,
E-man cloarec Rozmar en-hân ?

Cloarec Rozmar, p'hen eus clewet,
He benn er prennestr 'n eus boutet ;

He benn er prennestr 'n eus boutet,
Mewel he dous 'n eus saludet :

— Bonjour à vous, ma douce Francéza !
Moi, c'est à l'étude que je vais.

— Si c'est à l'étude que vous allez,
Faites (faire) mon cercueil, avant d'aller,

Et mon octave, et mon (grand) service,
Mon anniversaire, comme c'est l'usage !

— S'il vous arrive aucun ennui,
Ma douce, écrivez-moi (une) lettre.

II

A quelque trois semaines de là,
Resta Françoise (clouée) sur son lit.

Françoise Le Rolland disait
A son père, à sa mère, certain jour :

— Mon père, ma mère, si vous m'aimez,
Un prêtre pour moi vous chercherez.

— Quand vous voudrez, Françoise, ce sera fait ;
Envoyez (de vos) nouvelles jusqu'au clerc.

— Cherchez-moi un prêtre, puisque je le dis,
Ce n'est pas avec des clercs que j'ai la tête, maintenant.

Quand elle fut extrémisée, qu'elle eut reçu les sacrements,
A sa mère, à son père, elle a dit :

— Mon père, ma mère, si vous m'aimez,
Envoyez (de mes) nouvelles jusqu'au clerc ;

Envoyez un des gens de votre maison,
Ou, sinon, le garçon d'écurie.

III

Le domestique de sa maîtresse bonjourait,
Dans la ville de Quimper, quand il arrivait.

— Bonjour et joie (à) tous, en cette ville ;
Où est le collège ici ?

Où est le collège ici,
Dans lequel se trouve le clerc de Rozmar ?

Le clerc de Rozmar, quand il l'a entendu,
Sa tête à la fenêtre il a fourré ;

Sa tête à la fenêtre il a fourré,
Le domestique de sa douce il a salué :

— Petra newe 'zo c'hoarvezet,
M'oc'h deut da Gemper d'am guelet?

— Netra newe n' 'zo c'hoarvezet,
M'on deut da Gemper d'ho cuelet,

Nemet ho tousic Fransezan
Zo chommet war he gwele clanv ;

Nouet eo ha zacramantet,
'Baoue dec'h eiz de tremenet.

— It war ho troad, dre ar parcou,
Me iel war varc'h, dre an hentchou.

IV

Cloarec Rozmar a vonjoure,
'N ti 'r Rolland coz pa arrue :

— Demad ha joa hol en ti-man,
Bew ha iac'h eo an dud en-han ?

— Bew ha iac'h eo an dud en-han,
Nemet ho tousic Fransezan ;

Nemet ho tousic Fransezan,
'Zo chommet war he gwele clanv.

— Reit d'in eur pennadic golô,
M'in d'c'hoûd hac hi m' anavezo...

V

— Demad d'ac'h, ma dous Fransezan,
Na chanchet braz eo ho cavan.

— Petra ve d'in n' ven ket chanchet,
P'on êt tri de zo a vuhez 'r béd ?...

Cloarec, setu ar wirione
A lâran d'ac'h abeurs Doue :

Breman a vefet grêt bêlec,
Ha 'n hoc'h offern genta varwfet ;

En hoc'h offern genta varwfet,
Ha neuze veomp unanet !

Mac'harit Fulup. — Plûnet 1868.

— Quoi de nouveau est survenu,
Que vous êtes venu à Quimper me voir ?

— Rien de nouveau n'est survenu,
Que je suis venu à Quimper vous voir,

Si ce n'est que votre douce Francéza
Est demeurée sur son lit malade ;

Elle est extrémisée et a reçu les sacrements,
Depuis (il y a eu) hier huit jours passés.

— Allez à pied, à travers les champs,
Moi, j'irai à cheval, par les chemins.

IV

Le clerc de Rozmar bonjourait,
Chez le vieux Rolland, quand il arrivait :

— Bonjour et joie (à) tous en cette maison,
Les gens y sont-ils vivants et bien portants ?

— Les gens y sont vivants et bien portants,
Si ce n'est votre douce Francéza ;

Si ce n'est votre douce Francéza,
Qui est demeurée sur son lit malade.

— Donnez-moi un petit bout de chandelle,
Que j'aille savoir si elle me reconnaîtra...

V

Bonjour à vous, ma douce Francéza,
Bien changée je vous trouve.

— Comment se pourrait-il que je ne fusse pas changée,
Puisque voilà trois jours que j'ai quitté la vie de ce

Clerc, voici la vérité,   [monde ?...]
Que je vous dis, de la part de Dieu :

Maintenant, vous serez fait prêtre,
Et durant votre première messe, vous mourrez ;

Et durant votre première messe, vous mourrez,
Et alors nous serons unis !

Marguerite PHILIPPE. — *Plusunet* 1868.

CLOAREC KEMPER.

Eur plac'h iaouanc euz a Oelo,
A gichen parrez Sant Cado,

Hi deveus scrivet eul lizer,
Da gass d'he c'hloarec, da Gemper.

Ar c'hloarec iaouanc a lâre,
Nac al lizer dre ma lenne :

— Al lizer-man a zo scrivet
Gant eur plac'h iaouanc divezet ;

Me ho ped, c'hui, tud ar plac'h-man.
Da zont dizul da Gerourgan ;

Da zont dizul da Gerourgan,
Nin gavo eno da barlant.

Nac er verred p'int antreet,
He dous cloarec deus rencontret.

— Debonjour d'ac'h, cloarec iaouanc,
C'hui a ra d'am c'halon tourmant.

— Mar eo tourmantet ho calon,
Me na on caus, en neb fesson.

D'am zad, d'am mamm e prometis
A vijen-me den a ilis.

— Beza bêlec 'zo scurpuluz,
Ouspenn, eun etat danjuruz ;

Deuz va ine veoc'h carget,
Ha deuz re ar bénitanted...

— D'am zad, d'am mamm e prometis
A vijen-me den a ilis ;

P'am eus prometet, me iello,
Facho ouzin neb a garo.

— Na pa na allan en neb giz
Nac o tistrei deuz an iliz,

LE CLERC DE QUIMPER

(VARIANTE DE CLOAREC ROZMAR).

Une jeune fille de Goélo,
Des environs de la paroisse de Saint-Cado,

A écrit une lettre
Pour envoyer à son clerc, à Quimper.

Le jeune clerc disait,
La lettre quand il lisait :

— Cette lettre-ci a été écrite
Par une jeune fille éhontée ;

Je vous prie, vous, parents de cette fille,
De venir, dimanche, à Kerourgan ;

De venir, dimanche, à Kerourgan,
Nous trouverons là à causer.

Dans le cimetière quand ils sont entrés,
Son doux clerc elle a rencontré.

— Bonjour à vous, jeune clerc,
Vous faites à mon cœur grand'peine.

— S'il a grand'peine, votre cœur,
Je n'en suis cause, en aucune façon.

A mon père, à ma mère je promis
Que je serais homme d'Église.

— Être prêtre est (chose sujette) à scrupules,
De plus, (c'est) un état périlleux ;

De mon âme vous aurez charge
Et de celles des pénitents...

— A mon père, à ma mère je promis
Que je serais homme d'église ;

Puisque j'ai promis, je le serai,
Se fâche contre moi qui voudra.

Va goalen ha va mouchouër,
Digassit d'in, cloarec, d'ar gêr.

— Ho coalen hac ho mouchouër,
A vezo casset d'ec'h d'ar gêr ;

Hac eur vech all, c'hui, bezit fur,
Na reit netra d'an avantur ;

Na lezt netra d'vont en avel,
Ken veoc'h sûr ho servichel.

CAON AR VESTRÈS MARO.

—

Didostaët, tud iaouanc, ma clewfet ma c'hlemmo ;
Roët d'in, mar zo moïen, zoulajamant d'am poanio.

Allas ! gwal diès ê zoulajin ma speret,
Deuz eun tourmant ken braz na eus ket a remed.

Maro ê ma mestrès, maro ma esperanz !
Adieu d'am flijadur ha d'am hol c'honfianz !

Adieu d'am iaouankiz, adieu d'am flijadur !
Me 'm eus ho c'hollet hol, en eun ober eun heur.

Pa zonjan en desseign am boa mont d'hi gwelet,
Seblantout ra d'in dont da verwel, bep momet.

Ar c'homzo grasiuz dimeuz ma c'harante
A dreuz d'in ma c'halon, evel lanz pe gleze.

Hol armo deuz ar bed, clezeïer, zabrigno,
Na c'hortoët pelloc'h ! achuet ma dezio !

Me a c'houlenn monet da balès an Drinded,
'Lec'h am bô al levenez c'hoaz eur vech d'hi gwelet.

An douster deuz an dour o redec dre 'r c'hoajou,
Tôlet ha distôlet partout dre ar riviero,

Na baouez, noz na deiz, da droublin ma speret,
O tigass a zonj d'in ouz ma muian caret.

— Puisque je ne puis, d'aucune manière,
Vous détourner de l'église,

Ma bague et mon mouchoir,
Rapportez-les moi, clerc, à la maison.

— Votre bague et votre mouchoir
Vous seront rapportés à la maison.

Et, une autre fois, vous, soyez sage,
Ne livrez rien à l'aventure ;

Ne laissez rien aller au vent,
Jusqu'à ce que vous soyez sûre de votre serviteur.

Chanté par Olive Le Brun, Pempoul, septembre 1883.

LE DEUIL DE LA MAITRESSE MORTE

Approchez, jeunes gens, que vous entendiez mes lamentations ;
Donnez-moi, s'il est possible, un soulagement à mes peines.

Hélas ! il est bien malaisé de me soulager l'esprit.
A un tourment si grand il n'y a pas de remède.

Morte est ma maîtresse, morte mon espérance !
Adieu, mon plaisir, adieu toute ma confiance !

Adieu, ma jeunessse, adieu, mon plaisir !
Je les ai tous perdus, en l'espace d'une heure.

Quand je songe au dessein que j'avais d'aller la voir,
Il me semble que je vais mourir à tout moment.

Les paroles gracieuses de mon aimée
Me traversent le cœur, ainsi que lance ou glaive.

Armes, toutes tant que vous êtes dans le monde, glaives, [sabres,
N'attendez plus longtemps ! achevez mes jours !

Je demande à aller au palais de la Trinité,
Là où j'aurai l'allégresse, une fois encore, de la voir.

La douceur (du bruit) de l'eau, courant à travers bois,
Éparse de tous côtés, dans les ruisseaux,

Ne cesse, nuit et jour, de me troubler l'esprit,
En me rappelant le souvenir de ma plus aimée.

Evel eur pesketer ve he vag o veuzin
Tòlet war ar garec, n'all mui sauvetaïn ;

Evel eun houadez èt da fonz ar mor dôn,
È mânet ma c'halon hep consolâsion ;

Evel eun houadez a valo war an dour,
Ez on beuzet em daelou, hep galloud caout zicour ;

Evel eur c'harzed-fleur, carget deuz a louzou,
È carget ma c'halon deuz a huanadou.

Chaden an amitie 'zo eur metal ar padussan,
Ret ê a ve diamant, na pa na deu da uzan :

An houarn hac an dir a uz, gant an amzer,
Mes biken na ve toret diou garante fidel.

Arsa, camaraded, deut brema d'am assistan ;
Me a wel selezramant na allan mui resistan.

Pa glewfet a vin maro, pedet gant ma ine,
'Wit ma 'c'h in d'ar bed-all, war lerc'h ma c'harante !

CLOAREC CREACH-MIKÊL

Gwez-all, pa oann bihanic,
  Digodon tonton !
Er gêr, en ti ma zad,
  Mérino ma dondon
Er gêr, en ti ma zad.

Me oe casset d'ar golach,
'Vit beza disquet mad.
  Pa oe deut poent ar medi,
Me oe kerc'het d'ar gêr,
  Nac evit mont d'ar pardon,
Da chapel sant Mikel.
  Me 'm' boa eur c'hamarad euz a dostic d'am zi,
Ha me monet d'hen pedin evit donet ganin.
  Pa oann c'hoarvezet eno,
Ver gant ar gouspero.

(Je suis) comme un pêcheur dont la barque sombre ;
Jeté sur un écueil, il ne peut plus se sauver ;

Comme une cane tombée au fond de la mer profonde,
Est demeuré mon cœur sans consolation.

Comme une cane qui s'en va au fil de l'eau,
Je suis noyé en mes larmes, sans pouvoir trouver de secours.

Comme une haie de fleurs, pleine de mauvaises herbes,
Est plein mon cœur de soupirs.

La chaîne de l'amour est du métal le plus durable ;
Il faut qu'elle soit en diamant, puisqu'elle ne vient à s'user :

Le fer et l'acier s'usent, avec le temps,
Mais jamais on ne rompt deux amours fidèles.

Or ça, camarades, venez maintenant m'assister ;
Je vois clairement que je ne puis plus résister.

Quand vous apprendrez que je serai mort, priez pour mon âme,
Afin que j'aille en l'autre monde retrouver mon aimée !

LE CLERC DE CREAC'H-MIKÊL

Autrefois, quand j'étais tout petit,
   Digodon, ton ton !
A la maison, chez mon père,
   Mérino ma dondon !
A la maison chez mon père,

   Je fus envoyé au collège
Pour être bien instruit ;
   Quand fut venu le temps de la moisson,
On me fit quérir à la maison,
   Pour aller au pardon,
A la chapelle de Saint-Michel.
   J'avais un camarade tout proche de ma maison,
Et moi de l'aller prier de venir avec moi.
   Quand je fus parvenu là,
On en était aux vêpres.

Ha ni 'vonet da bourmen
Dre ar verred, hon daou.
Pa oe ac'hu 'r gouspero,
Ann dud o vont er maës,
Me elevet diou blac'h iaouanc,
Ann eill 'làret d'eben :
— Setu braoa den iaouanc
'Zo 'n pardon Creac'h-Mikel !
Mar credfenn dont d'hen pedi,
Da dont d'am c'hass d'ar gêr.
— Debonjour d'eoc'h, den iaouanc,
C'hui deufe d'am c'hass d'ar gêr ?
— Evit ho tisabuzi,
Ann dra-ze na rinn ket ;
Me zo eur c'hloarec iaouanc,
O poursu ma studi,
Am eus lezet ma levrio
En ti person Coadri ;
Dre c'hracz ann Aotro Doue,
Me iel d'ho c'herc'had di.
— Na oc'h ket re avancet
Evit galloud dimi ?
— M'am bize c'hoant dimizi,
Me oa dimezet mad,
Da eur Vinores iaouanc
A gichenn ti ma zad ;
Hounnês e deveus mado,
Ha ti-forn ha milinn.
Liorz caer da bourmeni,
En he c'hreiz, eur c'houldri,..

Canet gant Jannet Kerguiduff, en TAULÉ, 1850.

Et nous d'aller nous promener,
A travers le cimetière, tous deux.
  Quand furent finies les vêpres,
Comme le monde sortait,
  Moi d'entendre deux jeunes filles
Se dire l'une à l'autre :
  — Voilà le plus beau jeune homme
Qu'il y ait au pardon de Créac'h-Mikel !
  Si j'osais l'aller prier
De me venir conduire à la maison !...
  — Bonjour à vous, jeune homme,
Viendriez-vous me conduire à la maison ?
  — Désabusez-vous :
C'est là une chose que je ne ferai pas.
  Moi je suis un jeune clerc,
Qui poursuis mes études.
  J'ai laissé mes livres
Chez le recteur de Coadri.
  Par la grâce du Seigneur Dieu,
J'irai les y chercher.
— Vous n'êtes pas trop avancé (dans les ordres)
Pour pouvoir vous marier ?
  — Si j'avais eu envie de me marier,
Je serais bien marié
  A une jeune orpheline
D'auprès de chez mon père.
  Celle-là a du bien
Et four et moulin,
  Beau courtil pour s'y promener,
Avec, au milieu, un colombier...

(Chanté par JEANNE KEROUIDUFF, à *Taulé*, 1850.)
(Collection de Penguern.)

WAR BONT ANN NAONET

Pa oann war bont ann Naonet,
   Lon la !
Euz a em divertissa,
  Ma luron lurette !
  Ma luron lura !

Ha me rancontr ma mestrès
War ar pont o ouela.
  Ha me c'houlenn digant-hi :
— Petra eo d'eoc'h gouela ?
— Ma gwalenn aour, emezhi,
  'Zo couezet er mor, ama.
— Petra rofet-hu d'in-me,
  Ha me 'iel d'hi zapa ?
— Hanter cant scoed, emezhi,
  Roinn, a galon vad.
Hac ar c'henta plonjadenn,
  N'hen eus gwelet netra ;
Ha d'ann eil plonjadenn,
  Er sabran eo touchet ;
Ha d'ann dervet plonjadenn,
  Ar walenn 'n eus touchet ;
D'ar bedervet ploujadenn,
  He galon 'zo beuzet.
He vamm a oa er prennestr,
  O sellet diout-han :
— Ha possubl've, emezhi,
  A ve ma mab beuzet !
War ann aod ann Naonet,
  He gorf 'zo bet cavet ;
Bars en berred ann Naonet
  Ez eo bet douaret.
War galon ann den iaouanc,
  Eur wezenn a zo savet ;
  War galon ar plac'h ioouanc,
Eur rosenn a zo savet,
  El lec'h e tiskenn bemdez
Roue al laboused ;

SUR LE PONT DE NANTES

Quand j'étais sur le pont de Nantes,
    Lon la !
  A me divertir,
  Ma luron lurette,
  Ma luron lura !

Et moi de rencontrer ma maîtresse,
  Sur le pont à pleurer ;
Et de lui demander :
  — Qu'avez-vous à pleurer ?
Ma bague d'or, dit-elle,
  Est tombée dans la mer, ici.
— Que me donnerez-vous,
  Et j'irai l'attraper ?
— Cinquante écus, dit-elle,
  Je donnerai de bon cœur.
Et à la première plongeade,
  Il n'a rien vu ;
Et à la seconde plongeade,
  Le sable il a touché ;
Et à la troisième plongeade,
  La bague il a touché.
A la quatrième plongeade,
  Son cœur s'est noyé.
Sa mère était à la fenêtre,
  Qui le regardait :
— Et serait-il possible, dit-elle,
  Que mon fils soit noyé !
Sur la grève de Nantes,
  Son corps a été trouvé ;
Dans le cimetière de Nantes,
  Il a été enterré.
Sur le cœur du jeune homme,
  Un arbre a poussé ;
Sur le cœur de la jeune fille,
  Une rose a poussé,
Sur laquelle descend (se poser) tous les jours
  Le roi des oiseaux ;

Eur rozenn euz ar gaera
War he bez 'zo savet,
Ma lavar ann dud iaouanc
Bozenn ann eûrusted.

Canet gant Jannet KERGUIDUFF, à *Taulé 1850*.

PENHERÈS PENNANEC'H

(GWEZ KENTA)

Falla maneur a ris biscoaz
A oa cousked gant eur manac'h.

Gant eur manac'h am eus cousket,
Hennès hen eus ma rouinet.

Balean dre-hol dre ma bro,
Làrer manac'hès ac'hanon.

Me em visko en passemant,
En aour melenn pe en arc'hant,

Hac hec'h in neuze da Baris,
Da zaludin ar Roue Louis.

'Vel mac'h antreïnn bars en kêr,
Creno ar pave en antier,

Ken a lavaro ar Roue :
— Jesus ! arri 'zo eun armé !

Na eo ket eun armé ez ê,
Penherès Pennannec'h, 'on-me ;

Me ê penherès Pennanec'h,
A zo perc'henn en meur a lec'h,

Hac a zo pell zo o vale,
O clasq unan ma eureujfé.

Na gavan den capabl da ze,
Nemetoc'h, ma Roue, a ve ?

Une rose des plus belles
 Sur sa tombe a poussé,
Au dire des jeunes gens,
 (C'est) là rose du bonheur.

Chanté par Jeanne KERGUIDUF, à Taulé, 1850.)

L'HÉRITIÈRE DE PENNANEC'H

(PREMIÈRE VERSION)

La pire œuvre que je fis jamais
Ce fut coucher avec un moine ;

Avec un moine j'ai couché,
Celui-là m'a perdue.

N'importe où je marche, par mon pays,
On m'appelle moinesse.

Je m'habillerai en passementerie,
En or jaune ou en argent,

Et j'irai alors à Paris
Saluer le roi Louis.

Sitôt que j'entrerai en ville,
Tremblera le pavé tout entier,

Si bien que dira le roi :
— Jesus ! il arrive (toute) une armée !

Ce n'est pas une armée que c'est,
L'héritière de Pennanec'h je suis.

C'est moi l'héritière de Pennanec'h,
Qui suis propriétaire de maint lieu,

Et qui suis depuis longtsmps en marche
Cherchant un (homme) qui m'épouse.

Je ne trouve personne capable de le faire
A moins que ce ne soit vous, mon Roi !

— Oc'h eureuji na allan ket,
Iaouankic mad è ma fried ;

Chommit en kèr eur c'houpl bloaio,
Mar mar-marw fried, m'oc'h eureujo ;

Ze 'zo d'in-me eur gomz diblaz,
Ober al lez war *vortuaz*.

— Ho mab Dauphin, mar 'man en oad,
Sire, na mar be se d'ho grad ?

Ar roue coz a lavare
D'he balefrinier, en de se :

— Kerc'het d'in plun, liou ha paper,
Evit ma scrivin eul lizer ;

Evit ma scrivin eul lizer
D'am mab Dauphin da dont d'ar gèr,

D'eureuji penherès Pennanec'h,
Hac a vò Roue en ma lec'h ;

D'eureuji penherès Pennanec'h,
Hac a vò roue er palès.

Ar mab Dauphin a lavare
D'he vamm, al lizer pa lenne :

— Låret d'in, ma mamm, hac è mad
Ar propoziou 'lâr d'in ma zad ;

Eureuji penherès Pennanec'h,
Hac a vin roue en peb lec'h ;

Eureuji penherès Pennanec'h,
Hac a vin roue er palès ?

— Na p'am bô gwelet ar parti,
Me làro ha hi a blich d'in.

Tric'houec'h goalennad lienn du
Ha tric'houec'h all en epinn du

Hec'h a d'ober eur bonnet tro
Da guz d'ann Dauphin he gernio ;

C'hoaz a làre ann dogan keiz
Oa manet he gorn braz er-maès.

Canet gant Marc'harit FULUP, *Gwengolo 1868*.

— Vous épouser je ne puis pas,
Bien jeunette est mon épouse ;

Restez en ville une couple d'ans,
Si mon épouse meurt, je vous épouserai.

C'est là de ma part une parole déplacée,
(De compter) pour faire la cour sur un décès.

— Votre fils Dauphin, s'il est en âge,
Sire, et si cela est à votre gré ?...

Le vieux roi disait
A son palefrenier, ce jour-là :

— Va me chercher plume, encre et papier,
Pour que j'écrive une lettre ;

Pour que j'écrive une lettre
A mon fils Dauphin, qui le rappelle à la maison,

(A l'effet) d'épouser l'héritière de Pennanec'h,
Et il sera roi à ma place ;

D'épouser l'héritière de Pennanec'h,
Et il sera roi dans le palais.

Le fils Dauphin disait
A sa mère, quand la lettre il lisait :

— Dites-moi, ma mère, si elles sont bonnes,
Les propositions que me fait mon père,

D'épouser l'héritière de Pennanec'h,
Et je serai roi à sa place ;

D'épouser l'héritière de Pennanec'h,
Et je serai roi dans le palais.

— Quand j'aurai vu (quel est) ce parti,
Je dirai si la fille me plaît.

Dix-huit aunes de toile noire
Et dix-huit autres en épine noire

Vont faire un bonnet
Pour cacher au Dauphin ses cornes ;

Encore il disait, le pauvre cocu,
Que sa grande corne était restée dehors !

Chanté par Marguerite PHILIPPE, *septembre, 1868.*

PENHERÈS PENNANEAC'H

(EIL GWEZ)

Me è pennherès Pennaneac'h,
A zo itron bars en peb lec'h,
'Zo manet dieuz dorn ar Roue,
A zo o vewan en paourente.

Gwasa maneur a ris biscoas
A oe cousked gant eur manac'h ;
Gant eur manac'h am eus cousket,
Hennès hen eus ma rouinet ;

Rac brema, pa valean bro,
Lârer manac'hès ac'hanon.
. . . .

Me rink caout eun acoutramant,
Eur c'harronz aour ha passemant,
Ha mont da vale dre ar vro,
Da glasq unan am c'homerro ;

Mès ha pa valefenn ar bed,
Evit parti na gavfenn ket.
. . . .

En palès ar Roue pa arrue,
Ar roue Franz a salude ;
Hen salude, heb daoulina,
Hennès oa eun hevelep tra !

— Salut d'eoc'h, Roue, Rouanès,
Me 'zo deut iaouanc d'ho palès.
— Petra newentiz oc'h eus grèt,
M'oc'h deut ken ianane d'hon gwelet ?

L'HÉRITIÈRE DE PENNANEC'H

(SECONDE VERSION)

    C'est moi l'héritière de Pennanec'h,
Qui suis dame en tout lieu,
A qui le roi n'a pas voulu donner sa main,
Qui vis en pauvreté.

    La pire œuvre que je fis jamais,
Ce fut coucher avec un moine.
Avec un moine j'ai couché,
Celui-là m'a perdue.

    Car maintenant, quand je bats le pays,
On m'appelle moinesse.
. . . .

    Il faut que j'aie un accoutrement,
Un carrosse d'or et (garni de) passementerie,
Et que j'aille me promener par le pays
Pour chercher quelqu'un qui me prenne (pour femme).

    Mais, quand je parcourrais le monde,
Nul parti je ne trouverais.
. . . .

    Dans le palais du roi quand elle arrivait,
Le roi de France elle saluait ;
Elle le saluait, sans s'agenouiller ;
C'était là une étrange chose !

    — Salut à vous, roi, reine !
Je suis venue jeune à votre palais.
— Quelle nouveauté avez-vous faite,
Que vous êtes venue si jeune nous voir ?

— Me 'zo deut aman a galon vad,
Da c'houl' ho mab Dauphinn, mar 'man en oad.
— Ann oad na vezo ket sellet,
Nac ar galité ken neubed.

Me 'c'h a da scrivan eul lizer

. . . .

(Incomplet.)
Keranborn, *Plouaret*, en 1844.

MARGODIC AR C'HELENNEC.

Margodic ar C'helennec a lavare d'he zad :
Me n'in ket d'ann offern, pa n'am cus ket dillad ;
Ma vijenn en Kerleino, me vije gwisket mad,
En satinn, en voulouz, bep sort dillad a stad [1] ;
En satinn hac en voulouz, en damas marellet,
Rubano war ma botou, 'vel ann dimezelled.
Ann aotro a Gerleino a lavare d'he vroeg ;
— Mar vijeac'h-hu contant, 'm bije c'hoas eur pried ;
Margodic ar C'helennec a gavan 'zo plac'h coant,
Ma squend a welan dreizhi, pa dremen dre ma c'hambr [2].
Ann itron a Gerleino, o vont d'ann offern-bred,
Margodic ar C'helennec a deveus rancontret :
— Lavaret d'in, Margodic, ha c'hui a ve contant
Da donet da Gerleino da ober plac'h a gambr ;
D'ober guele ann aotro, ha da scuban he gambr,
Coulz 'vel da gousked gant-hen, Margot, p'hen defo c'hoant ?

Variantes :

[1] En satin hac en voulouz, bep sort dillad a stad,
Eur bahut ru violet da lacad ma dillad.

[2] — Na me na rajen caz ha pa pije daouzec,
Penevert d'ho pugale, a ve dizenoret.

— Je suis venue ici de bon cœur,
Demander votre fils Dauphin, s'il est en âge.
— A l'âge on ne regardera point,
Ni à la qualité davantage ;

Je vais écrire une lettre...

. . . .

MARGODIC LE QUÉLENNEC

Margodic Le Quélennec disait à son père :
— Je n'irai pas à la messe, puisque je n'ai pas d'effets.

Si j'étais à Kerleino, je serais bien habillée,
En satin, en velours, de toute espèce de vêtements de luxe [1] ;

En satin et en velours, en damas moiré,
Des rubans sur mes chaussures, comme les demoiselles.

Le Seigneur de Kerleino disait à sa femme :
— Si vous y consentiez, j'aurais encore une épouse :

Margodic Le Quélennec est, je trouve, une jolie fille,
Je peux me mirer en elle, quand elle passe par ma chambre [2].

La dame de Kerleino, en allant à la grand'messe,
Margodic Le Quélennec a rencontré.

— Dites-moi, Margodic, si vous accepteriez
De venir à Kerleino faire femme de chambre,

Faire le lit du Seigneur, et balayer la chambre,
Pareillement, coucher avec lui, Margot, quand il le désirera ?

Les variantes suivantes nous ont été fournies par Jacquette Le Brun, de Pédernec.

[1] En satin, en velours, de toute espèce de vêtements de luxe ;
(J'aurais) un bahut rouge violet pour y mettre mes vêtements.

[2] La dame de Kerleino répond à son mari :

— Je me soucierais fort peu que vous en eussiez même douze,
N'étaient vos enfants, qui seraient déshonorés.

— D'ober guele ann aotro, itron, me 'zo contant,
Met 'vit da gousked gant-hen, me n'em eus ket a c'hoant.

Neb a welje Kerleino dindan he raisinenn,
O son gant eur c'hontre-baz, en he zorn eur werenn[1],

O clasq debauch Margodic, allas ! hac hen eus grêt !
Margodic ar C'helennec a zo eur plac'h manquet.

Mar 'm eus-me bet Margodic, me 'm eus hi facet mad,
Pemp cant scoed en aour melenn em boa roët d'he zad ;

Pemp cant scoed en aour melenn em boa roët d'he zad,
Ha d'ec'h kement-all, Margot, vit caout ho graso-mad ;

Semizettenn d'ar vagerès, ha maillurenn d'ar mab,
Cant scoed en corn ar c'hawel, vit lacad rusquellad.

P'arrujeac'h em zi, Margot, me em boa bougedenn,
N'hi dougje ket ma hoqueton, na ma incane gwenn ;

N'hi dougje ket ma hoqueton, na ma incane gwenn,
Ma c'hi hi dougfe brema, divas ha disenclenn !

IVONNAÏC AR GED

—

1

— Piou ê honnont 'zo voud gant ar ru,
Gant he léro zeñ, he boto du ?
Ladiron ladira tra la la ! (*bis*)

— N'ê honnont Ivonnaïc ar Ged,
Perc'henn mado, perc'henn gened ;

---

[1] VAR : Neb a welje ann otro dindan eun ivinen,
O sôn gant eur violans, Margot war he varlenn ;

O sôn gant eur violans, Margot war he varlenn ;
O clasc débauch Margodic. . ziouas ! deut ê a-benn !

— De faire le lit du Seigneur, madame, je suis contente
Mais, quant à coucher avec lui, je n'en ai pas envie.

Il fallait voir Kerleino, sous une vigne,[1]
Jouer de la contrebasse, dans sa main un verre,

Essayant de débaucher Margodic.... hélas ! et il l'a fait.
Margodic Le Quélennec est une fille faillie.

— Si j'ai eu Margodic, je l'ai bien payée ;
Cinq cents écus en or jaune j'avais donné à son père ;

Cinq cents écus en or jaune j'avais donné à son père,
Et à vous autant, Margot, pour avoir vos bonnes grâces ;

Chemisette à la nourrice, et maillot au fils,
Cent écus au coin du berceau, pour faire bercer.

Quand vous arrivâtes dans ma maison, Margot, j'avais bougette (bourse)
Que n'aurait pu porter mon hoqueton, ni ma haquenée blanche ;

Que n'aurait pu porter mon hoqueton, ni ma haquenée blanche ;
Mon chien la porterait, à présent, sans bât et sans sous-ventrière.

A Keramborgne, septembre 1848.

YVONNETTE LE GED

1

— Qui est celle-là, là-bas, qui va par la rue,
Avec ses bas de soie, ses chaussures noires ?
La diron, la dira, tra la la ! (*bis*)

— Celle-là, là-bas, c'est Yvonnette Le Ged,
Qui a fortune, qui a beauté ;

---

[1] VAR : Il fallait voir Kerleino, sous un if,
Jouer du violon, Margot sur ses genoux ;

Jouer du violon, Margot sur ses genoux,
Pour essayer de débaucher Margodic .. hélas ! il en est venu à bout !

Perc'henn mado, perc'henn gened,
Perc'henn da furnés na è ket.

Ann aotro ar C'homt a lâre
D'he bajic bihan, en de-se :

— Me a garrie, 'vit pemp cant scoed,
Mond gant-hi eun noz da gousked.

— Aotro, rot d'in ho pemp cant scoed,
Ha me ho lacaï da vonet ;

Ha me ho lacaï da vonet,
El-lec'h unan, diou, mar caret.

II

Ar pach bihan a vonjouré,
Bars ar maner pa arrue :

— Bonjour ha joa er maner-man,
Ivonnaïc pelec'h eman ?

Hac ar Ged coz a lavaras
D'ar pach bihan, 'vel m'hen clewas :

— Eman duze, en traon ann ti,
Hoc'h ampezi hac o ferri ;

Hoc'h ampezi hac o ferri,
Pachic bihan, it da vèd-hi.

Ar pach bihan a lavare
D'Ivonnaïc, p'hi salude :

— C'hoant hen eus ann aotro 'r baron
Teufeac'h hennoz da Voazhamon.

— N'in ket hennoz da Voazhamon,
Eman er gèr ma breur Guyon ;

Mar gouvezfe hech afenn di,
E vreofe d'in ma izili ;

E vreofe d'in ma izili,
Me a ielo kenta c'hallin.

Qui a fortune, qui a beauté,
Mais de la sagesse, elle n'en a point.

Monsieur le comte disait
A son petit page, ce jour-là :

— Je voudrais, pour cinq cents écus,
Aller avec elle une nuit coucher.

— Seigneur, donnez-moi vos cinq cents écus,
Et je vous ferai coucher avec elle ;

Et je vous ferai coucher avec elle,
Au lieu d'une nuit, deux, si voulez.

II

Le petit page bonjourait,
Dans le manoir quand il arrivait :

— Bonjour et joie, en ce manoir !
Yvonnette, où est-elle ?

Et le vieux Ged dit
Au petit page, dès qu'il l'entendit :

— Elle est là-bas, au bas de la maison,
Qui empèse et qui repasse ;

Qui empèse et qui repasse,
Petit page, va la trouver.

Le petit page disait
A Yvonnette, quand il la saluait :

— Envie à monsieur le baron
Que vous veniez, cette nuit, à Goashamon.

— Je n'irai pas, cette nuit, à Goashamon,
A la maison se trouve mon frère Guyon ;

S'il savait que j'aille là,
Il me broierait les membres ;

Il me broierait les membres ;
J'irai, le plus tôt que je pourrai.

III

Ivonnaïc a vonjourè,
En Goazhamon pa arrue :

— Reït d'in scabel da azean,
Serviedenn d'em die'houezan ;

Serviedenn d'em die'houezan,
Mar ben-me merc'h-caer en ti-man.

Mamm ann aotro a lavaras
D'Ivonnaïc, pa hi c'hlewas :

— Merc'h-caer ama na vefet ket,
Met da c'hortos well' dâ donet ;

Met merc'h ar c'hoint a Lanhuon,
Honnès a vô aman itron..

IV

Pa oa bet tri miz bars ann ti,
Commanz Ivonnaïc pommet.

Aotro Goazhamon a lâre
D'Ivonnaïc, eun dez a oe :

— Parti, Ivonnaïc, pa gari,
N'ioullan ket a verc'hed 'em zi ;

N'ioullan ket a verc'hed 'em zi,
Na pa deu d'ezhe pommet.

Canet gant Mari-Jeanne ANN THAO, euz a *Donquédec, 1873.*

III

 Yvonnette bonjourait,
A Goashamon quand elle arrivait :

 — Donnez-moi escabeau pour m'asseoir,
Serviette pour essuyer ma sueur ;

 Serviette pour essuyer ma sueur,
Si je dois être belle-fille en cette maison.

 La mère du Seigneur dit
A Yvonnette, quand elle l'entendit :

 — Belle-fille ici vous ne serez point,
Sinon pour attendre qu'il en vienne une meilleure ;

 C'est la fille du comte de Lannion,
C'est celle-là qui sera ici dame.

IV

 Quand elle eut été trois mois dans la maison,
Voilà Yvonnette de commencer à pommer.

 Monsieur de Goashamon disait
A Yvonnette, un jour fut ;

 Pars, Yvonnette, quand tu voudras,
Je ne veux pas de filles en ma maison,

 Je ne veux pas de filles en ma maison,
Quand il leur arrive de pommer.

Chanté par Marie-Jeanne LE THAO, de *Tonquédec*, 1873.

RADIC SALIOU

(GWEZ KENTA.)

—

Radic Saliou, ar plac'h coant,
  Tralira, lira, lira, diraineu !
'Zo brodet he saë en arc'hant ;

  He c'hanteleurio goarnisset en aour,
  Tralira, lira, lira, diraineu !
Mès en he henor, hi zo paour ;

  Rac pa sonch d'he mamm ha d'he zad
A ve 'n he guele, cousked mad,

  Hi 've o treuzi ar riviero,
D'vont da Germaner, davèd ann aotro ;

  D'vont da Germaner, davèd ann aotro,
Da c'hoari ann dinez hac ar c'harto.

  Radic Saliou a lâre
Eun noz, en danso, ha neuze :

  — Danset, emezhi, 'r pez a gerot,
Rac evit me na dansin ket.

  Radic Saliou a ouele.
Met ann aotro hi c'honsole :

  — Tawet, Radic, na ouelet ket,
Me raïo ma veet dimezet ;

  Me raïo ma veet dimezet
Da unan ma domestiqued.

  — Mar em be unan a dud ho ti,
Me a rinco caout Lafleuri.

  — Te, Lafleuri, a eureujo
Ma douz coant Radic Salio ;

  Ma douz coant Radic Salio,
Cant scoed en arc'hant gwenn as bô.

RADIC SALIOU

(PREMIÈRE VERSION)

Badic[1] Saliou, la jolie fille,
  Tralira, lira, lira, diraineu !
A sa robe brodée en argent ;

  Ses chandeliers montés en or,
  Tralira, lira, lira, diraineu !
Mais en fait d'honneur, elle est pauvre.

  Car, pendant que son père et sa mère s'imaginent
Qu'elle est au lit, bien endormie,

  Elle est en train de passer les rivières,
Pour aller à Kermaner trouver le seigneur ;

  Pour aller à Kermaner trouver le seigneur,
Jouer aux dés et aux cartes.

Radic Saliou disait,
Une nuit, pendant les danses, alors :

  — Dansez, disait-elle, tant que vous voudrez,
Car, pour moi, je ne danserai pas.

Radic Saliou pleurait,
Mais le seigneur la consolait :

  — Taisez-vous, Radic, ne pleurez pas,
Je ferai en sorte que vous soyez mariée,

  Je ferai en sorte que vous soyez mariée
A un de mes domestiques.

  — Si j'ai un des gens de votre maison,
Il faudra que j'aie Lafleuri.

  — Toi, Lafleuri, tu épouseras
Ma douce jolie, Radic Saliou ;

  Ma douce jolie, Radic Saliou,
Cent écus en argent blanc tu auras.

---
[1] La petite Radegonde.

— Ha p'am be cant all, en aour melenn,
N'aïo ket a gernio war ma fenn.

— Daouest did pe guitad ar vro,
Pe eureuji Radie Salio.

— Mar rinkan cuitaët ar vro,
Balamour da Radie Salio,

A rin d'ar plom ma teuint en-dro,
En Kermaner ha war he dro ;

En Kermaner ha war he dro,
Hac en-dro d'ho justaucor, aotro ;

Rac pa ve trempet ma scudellad,
Mar hi debran, hi c'havan mad ;

Mar n'hi c'havfenn mad, hi lezfenn,
Ha na forsan 'n ezhi war den.

Radie Saliou 'zo dimezet,
Ann aotro Kermaner hi d'eus bet.

Radie Saliou a lâre
Da Lafleuri, eno neuze :

— Me as laco mestr breman em zi,
Hac a roïo d'id eur veureri.

— Et quand j'en aurais cent autres, en or jaune,
Il n'ira pas de cornes sur ma tête.

— Choisis entre quitter le pays,
Ou épouser Radic Saliou.

— S'il faut que je quitte le pays,
A cause de Radic Saliou,

Je mettrai le plomb en mouvement,
A Kermaner et à l'entour :

A Kermaner et à l'entour,
Et autour de votre justaucorps, seigneur,

Car, quand est trempée mon écuellée (de soupe),
Si je la mange, c'est que je la trouve bonne :

Si je ne la trouvais bonne, je la laisserais,
Et ne forcerais personne (à la manger).

Radic Saliou est mariée,
C'est le seigneur de Kermaner qu'elle a eu.

Radic Saliou disait
A Lafleuri, là, alors :

— Je te ferai maître maintenant en ma maison,
Et te donnerai une métairie.

Chanté par Marie-Jeanne AL GUILCHER, 76 ans,
au château de Kercabin, près de *Pontrieux*,
le 12 avril 1880.

PENHERÈS SALIO

(EIL GWEZ)

I

Ar benherezic Salio,
Brava penherès 'zo er vro,
Hac a sonje d'he mamm, he zad,
Ez oa 'n he guele, cousket mad ;

Hac e d-eûs treuzet ter rivier,
Evit monet da Draonmaner,
Da c'hoari 'nn dinso, ar c'harto,
Da divertissan ann aotro.

Pa oant seuiz gant ar c'hoari-ze,
Hec'h ejont ho daou 'n eur guele;
Hec'h ejont ho daou 'n eur guele[1],
Ober eur mab, caer 'vel ann de.

II

Ar benherès a hirvonde,
Na gave den hi c'honsolje ;
Na gave den hi c'honsolje,
Met Traonmaner, henès a re :

— Tawet, penherès, n'oelet ket,
Me hoc'h eureujo, pa garfet ;
M'oc'h eureujo da Lafleuri,
Coanta mevel a zo em zi.

[1] Var :-Hec'h ejont ho daou 'n eur guele
　　　　Da formi eun ine da Doue ;
　　　Da formi eun ine da Doue,
　　　P'e eur c'havalier d'ar Roue.

L'HÉRITIÈRE SALIOU

(SECONDE VERSION)

I

La petite héritière Saliou
(Est) la plus jolie héritière qu'il y ait au pays ;
Et s'imaginaient sa mère et son père
Qu'elle était dans son lit, bien endormie,

Et elle a traversé trois rivières,
Pour aller à Traonmaner,
Jouer aux dés, aux cartes,
Pour amuser le seigneur.

Quand ils en eurent assez de ce jeu-là,
Ils allèrent tous deux dans un lit ;
Ils allèrent tous deux dans un lit
Y faire un fils, beau comme le jour[1].

II

L'héritière gémissait,
Ne trouvait personne qui la consolât ;
Ne trouvait personne qui la consolât ;
Si ce n'est Traonmaner ; celui-là le faisait.

— Taisez-vous, héritière, ne pleurez pas !
Je vous marierai quand vous voudrez ;
Je vous marierai à Lafleuri,
Le plus joli valet qu'il y ait en ma maison.

---

[1] Variante fournie par Jacquette Le Brun, de Pédernec.

Ils allèrent tous deux en un lit,
Pour y former une âme à Dieu ;
Pour y former une âme à Dieu
Ou un cavalier au roi

Na Lafleuri comerret han,
Ha pemp cant scoed ho pô gant-han,
Ya, pemp cant scoed, en arc'hant gwenn,
Ha kement-all en aour melenn.

Hac ann aotro a lavare
D'he vevel Lafleur, eun dez oe :
— Comer 'r benherès da bried,
Ha me roio did pemp cant scoed.

— Gwell' eo ganen cuitad ma bro,
'Get eureuji serc'h ann aotro,
Ha mar rinkan cuitad ma bro,
Me rei d'ar plom ma valeo ;

Me rei d'ar plom ma valeo
En-dro da justaucor ann aotro.
P'am be toullet ma barriquenn,
'Vidon ma-hunan hi virjenn...

Canet gant Mac'harit Fulup.
en <i>Plouaret</i>. — 1868.</div>

RENÉ LAMBAL

(KENTA GWEZ)

Rene Lambal a lavaré,
O clask he gezec, eur zul beuré.
  Irei tra la, tra la la la !

— Ma dousic coant, d'in-me làret,
N'oc'h eus ket gwelet ma c'hezec ?
  Irei tra la, tra la la la !

— C'hui na oc'h ket o kezeca,
C'hui 'zo en hent o verc'heta.

Ce Lafleuri, épousez-le,
Et cinq cents écus vous aurez avec lui,
Oui, cinq cents écus, en argent blanc,
Et autant, en or jaune.

Et le seigneur disait
A son valet Lafleur, certain jour :
— Prends l'héritière pour femme,
Et je te donnerai cinq cents écus.

— J'aime mieux quitter mon pays
Que d'épouser la concubine du seigneur ;
Et s'il faut que je quitte mon pays,
Je ferai au plomb marcher ;

Je ferai au plomb marcher
Autour du justaucorps du seigneur.
Si j'avais mis ma barrique en perce,
C'est pour moi seul que je la garderais...

Chanté par Marguerite PHILIPPE,
à *Plouaret*, — 1868.

RENÉ LAMBAL

(PREMIÈRE VERSION).

René Lambal disait,
En cherchant ses chevaux, un dimanche matin :
    Irei, tra la, tra la la la !

— Ma douce jolie, dites-moi,
N'avez-vous pas vu mes chevaux ?
    Irei tra la tra la la la !

Vous, ce n'est pas des chevaux que vous cherchez,
Vous êtes en route pour courir les filles.

Rene Lambal, p'hen eus clevet,
En-hi a vriad 'zo croget :

— Paouezet, Rene, ouzin-me,
Pe me c'halvo tud ar c'hure.

— Galvet cure, galvet person,
Eur plac'h coant garan em c'halon.

— Ma lezit, Rene, d'vont a-c'hann,
Deut d'am goulenn digant ma mamm ;

Ma lezit, Rene, d'vont d'ar gêr,
Hu deut-hu d'am goulenn, en-bêr.

Ar verc'h iaouanc a lavare,
Er gêr, d'he mamm, pa arrue :

— Mar deu Rene Lambal aman,
Ma mammie, ma nac'het out-han.

— Tawet, ma merc'h, na oelet ket,
Me a disco d'ec'h eur secret ;

Me a disco d'ec'h eur secret,
'Distago ouzoc'h ar baotred :

P'efet da nea, goude coan,
Cassit ganec'h eur pech bihan ;

Cassit ganec'h eur pech bihan,
Ha stignet-han en ho barlan.

René Lambal a voujoure,
'N ti he vestrès pa arrue :

— Demad ha joa hol, en ti-man,
Ha debret ez eo coan en-han ?

— Ia-vad, René, debret è coan,
Na tostaët da dal ann tan.

— Me hec'h a d'azean aman,
Kichenn ma dous, 'zo o nean.

En he c'hichenn p'eo azeet,
He dorn 'n he barlenn 'n eus laket ;

Hen lacad he dorn 'n he barlan,
Ha distignan ar pech bihan.

Hen 'c'h ober eur griadenn forz,
Hac o lampad crenn bars ar porz.

René Lambal, quand il a entendu,
A plein bras l'a étreinte :

— Cessez, René, de m'enlacer,
Sinon j'appellerai les gens du vicaire.

— Appelez vicaire, appelez recteur,
Une fille jolie j'aime en mon cœur.

— Laissez-moi, René, m'en aller d'ici,
Venez me demander, à ma mère.

Laissez-moi, René, aller à la maison,
Et venez me demander tantôt.

La jeune fille disait
A la maison, à sa mère, quand elle arrivait :

— Si René Lambal vient ici,
Ma petite mère, cachez-moi de lui.

— Taisez-vous, ma fille, ne pleurez pas,
Je vous enseignerai un secret ;

Je vous enseignerai un secret
Qui détachera de vous les gars.

Quand vous irez filer, après souper,
Emportez un petit piége ;

Emportez un petit piége
Et tendez-le dans votre giron.

René Lambal bonjourait,
Chez sa maîtresse quand il arrivait :

— Bonjour et joie à tous, en cette maison,
A-t-on fini de souper, ici ?

— Oui-da, René, le souper est mangé,
Approchez-vous donc du feu.

— Je vais m'asseoir ici,
Près de ma douce, qui file.

Près d'elle quand il a été assis,
Sa main dans son giron il a mis ;

Lui de mettre sa main dans son giron,
Et de se détendre le petit piége.

Lui de pousser un cri aigu,
Et de ne faire qu'un saut dans la cour.

P'ee René Lambal dre ar c'hoad,
A vije heuillet euz he voad ;

P'ee Rene Lambal dre ann hent,
A vije heuillet penn-da-benn.

Rene Lambal a lavare,
Er gèr, d'he vamm, pa arrue :

— Grèt ma guele, ha gret-han ez,
Rac ma c'halon a zo diez ;

Rac ma c'halon a zo diez,
Cregi 'ra kiès ma mestrès.

— Meur a-wech 'm eus ho-kelennet,
Ann tu a-dreon euz ar c'hezec ;

Ann tu a-dreon euz ar c'hezec,
Ann tu a-raoc euz ar merc'hed !

Canet gant Mac'harit Fulup. — 1868.

RENÉ LAMBAL

(EIL GWEZ)

I

Rene Lambal, ar paotr bihan,
Hec'h a bemde, goude he goan ;

Hec'h a bemde goude he goan
Da gass he gezec he c'hunan.

II

Renean 'r Fur a lavare
D'he breur henan, eun dez a oe :

— Rene Lambal 'zo bet aman,
Ha n'on para ober out-han.

Quand allait René Lambal par le bois,
On aurait pu suivre (ses traces), à son sang.

Quand allait René Lambal par la route,
On aurait pu suivre (ses traces) tout du long.

René Lambal disait,
Chez lui, à sa mère, quand il arrivait :

— Faites mon lit, et faites-le commode,
Car mon cœur est mal à l'aise ;

Car mon cœur est mal à l'aise,
Il mord, le chien de ma maîtresse.

— Bien des fois je vous ai mis en garde
Contre le derrière des chevaux ;

Contre le derrière des chevaux,
Contre le devant des filles !

Chanté par Marguerite PHILIPPE, — 1868

RENÉ LAMBAL

(DEUXIÈME VERSION)

I

René Lambal, le garçonnet,
Va tous les jours, après son souper ;

Va tous les jours, après son souper,
Conduire ses chevaux (aux champs), tout seul.

II

Renée le Fur disait
A son frère aîné, un jour fut :

— René Lambal a été ici,
Je ne sais comment me débarrasser de lui.

— Ma c'hoarie, ouzin-me zentet,
Zentet ouzin hac hen tapfet.

Et da nean 'bars er gambr wenn,
Stignet eur péch en ho parlenn.

III

Rene Lambal a vonjoure,
'N ti ar Fur coz pa arrie :

— Bonjour ha joa hol 'en ti-man !
Ha debret hec'h ô coan aman ?

— Ho ! ia, Rene, debret ô coan,
Didostaët da gad an tan.

— Bonjour ha joa holl 'en ti-man,
Ma dousic coant pelec'h eman ?

— E-man o nean er gambr wenn,
Rene Lambal, et d'he c'hichenn.

En he c'hichenn p'è arriet,
Da drei ar c'haric hec'h è èt ;

Tapout he vrec'h en he c'herc'henn,
Hac he dorn all en he barlenn ;

He dorn er barlenn pa 'z eo èt,
Ar pech bihan 'zo distignet.

— Otro Doue ! ma c'halon gès,
Dentet è kies ma mestrès !

Bop ma 'c'h a Rene dre ann hent,
Chom da gonsideri rout ann dent ;

Bop ma 'c'h a Rene gant ar prat,
C'heuiller he roujou, deuz ar goad.

IV

Rene Lambal a lavare
D'he vamm, er gèr, pa arrie :

— Grêt d'in ma guele, grêt-han èz,
Rac ma c'halonic 'zo diêz ;

Ma c'halonic a zo diêz,
Dentet è kiès ma mestrès !

— Ma sœurette, obéissez-moi,
Obéissez-moi et vous l'attraperez.

Allez filer dans la chambre blanche,
Tendez un piége dans votre giron.

III

René Lambal bonjourait,
Chez le vieux le Fur, quand il arrivait :

— Bonjour et joie à tous, en cette maison !
A-t-on fini de souper ici ?

— Oh ! oui, René, on a soupé,
Approchez-vous du côté du feu.

— Bonjour et joie à tous, en cette maison ?
Ma douce jolie, où est-elle ?

— Elle est en train de filer, dans la chambre blanche ;
René Lambal, allez près d'elle.

Près d'elle quand il est arrivé,
Tourner le rouet il est allé ;

Il a passé son bras au cou de sa fille,
Et (fourré) son autre main dans son giron ;

Quand sa main dans le giron est allée,
Le petit piège s'est détendu.

— Seigneur Dieu ! mon pauvre cœur,
Elle a des dents, la chienne de ma maîtresse !

A mesure que René s'avance par la route,
Il s'arrête pour considérer la marque des dents ;

A mesure que René s'avance par le pré,
On peut suivre ses traces, au sang (qui tombe).

IV

René Lambal disait
A sa mère, chez lui quand il arrivait :

— Faites-moi mon lit, faites-le commode,
Car mon petit cœur est mal à l'aise ;

Mon petit cœur est mal à l'aise ;
Elle a des dents, la chienne de ma maîtresse !

CLOAREC RIWAL

I

Ann aotro ar c'homt a Gergudon
Braoa den iaouane 'zo er c'hanton (*bis.*)

Bez' eo eun den fur, enn den prudant,
Ar c'haeran euz ann dud iaouane. (*bis.*)

Hen eus choazet evit mestrès
Eun dousic coant, eur benherès ; (*bis.*)

Eun dousic coant, eur benherès,
Na è na nobl na boure'hizès. (*bis*)

Ar benherezic a lâre
D'he lezvam gri, eun dez a oe : (*bis*)

— Kempennit ma bouclo arc'hant,
M'in da dansal gant ma douez coant. (*bis*)

— N'è ket 'vit dansal gant ar c'hloarec
Hoc'h eus ho abit wenn gwisket ; (*bis*)

Ann aotro 'r c'homt a Gergudon,
Hennès a garet 'n ho calon. (*bis.*)

— N'è ket perc'henn tregont mil scoed leve
Gommerro eur plac'h veldon-me. (*bis.*)

II

'N aotro ar c'homt a lavare
D'he baotr marchosi, en de-se : (*bis.*)

— Aozit ma c'harronz d'in er-vad,
N'in ket d'ar pardon war ma zroad. (*bis.*)

'N aotro ar c'homt a vonjoure,
El leur-nevez pa arrue : (*bis*)

— Demad ha joa hol 'er vandenn,
Piou honnès gant hec'h abit wenn ? (*bis.*)

LE CLERC RIWAL

I

Monsieur le comte de Kergudon
(Est) le plus joli jeune homme du canton ;

Il est homme de sagesse, homme de prudence,
Le plus beau des jeunes gens.

Il a choisi pour maîtresse
Une douce jolie, une héritière ;

Une douce jolie, une héritière,
Qui n'est ni noble, ni bourgeoise.

La petite héritière disait
A sa cruelle marâtre, un jour fut :

— Astiquez mes boucles d'argent,
Que j'aille danser avec mon doux joli.

— Ce n'est pas pour danser avec un clerc
Que vous avez revêtu votre habit blanc.

Monsieur le comte de Kergudon,
Voilà celui que vous aimez en votre cœur.

— Ce n'est pas le possesseur de trente mille écus de rente
Qui épousera une fille de ma sorte.

II

Monsieur le comte disait
A son valet d'écurie, ce jour-là :

— Préparez-moi mon carrosse,
Je n'irai pas au pardon à pied.

Monsieur le comte bonjourait,
A l'aire-neuve quand il arrivait.

— Bonjour et joie à tous en bande !
Qui est celle-là avec son habit blanc ?

·Piou honnès gant hec'h abit wenn ?
Dansal a ra 'vel eur bizenn. (*bis.*)

— N'eo honnès ar benherès coant,
A zo o tansal gant he c'hoant. (*bis*)

Ar c'homt, evel m'hen eus clevet,
He doc diwar he benn 'n eus lemet ; (*bis.*)

He doc diwar he benn 'n eus lemet,
Ar c'hloaregic 'n eus saludet : (*bis.*)

— Na salut d'hec'h-hu, cloaregic,
C'hui rofe d'in 'r benherezic ? (*bis.*)

D'ober eun dancz hac eur bale,
D'euz ma c'hostez, el leur-nevez ? (*bis.*)

Ar c'hloaregic, p'hen eus clevet,
D'ann aotro hen eus lavaret ; (*bis*)

— 'Vit-hi d'veza ganen el leur-nevez,
Me n'on ket mestr d'he bolonte. (*bis.*)

Ar benherès, pa deus clevet,
Er c'hloarec a-vriad eo croget : (*bis*)

— N'eo ket heman hor foc kentan,
Ann diwezan eo, a gredan. (*bis.*)

Ar c'hloaregic, p'hen eus clevet,
He fri da voada 'zo commancet ; (*bis*)

Ha gant ar c'heuz d'ar benherès,
Eno war al lec'h è marvet. (*bis.*)

'N aotro ar c'homt 'zo eun den mad,
Laca hen cass da di he dad. (*bis.*)

— Dirazoc'h hol, bihan ha braz,
Hec'h a ganen ar benherès ; (*bis.*)

Dirazoc'h hol, coz ha iaouanc,
Hec'h a ganen ar plac'hic coant. (*bis.*)

M'hi lacaïo 'n cambr ann itron,
Hac hi hanvo a Gergudon.

III

'N aotro ar c'homt a lavare,
Euz he garronz pa diskenne ; (*bis*)

Qui est celle-là avec son habit blanc?
Elle danse (légère) comme un pois [1].

— Celle-là est l'héritière jolie,
Qui danse avec son envie (son amoureux).

Le comte, sitôt qu'il a entendu,
Son chapeau de dessus sa tête il a ôté ;

Son chapeau de dessus sa tête il a ôté,
Le petit clerc il a salué :

— Et salut à vous, petit clerc,
Me donneriez-vous la petite héritière,

Pour faire une danse et une promenade,
A mon côté, dans l'aire-neuve?

Le petit clerc, quand il a entendu,
Au seigneur a répondu :

— Bien que ce soit avec moi qu'elle est à l'aire neuve,
Je ne commande pas à sa volonté.

L'héritière, quand elle a entendu,
A étreint le clerc à pleins bras.

— Ce n'est pas ici notre premier baiser,
Mais je crois que c'est le dernier.

Le petit clerc, quand il a entendu,
A saigner du nez a commencé,

Et, de regret à l'héritière,
Là sur la place il est mort.

Monsieur le comte, qui est un homme compatissant,
Le fait transporter chez son père.

— Devant vous tous, petits et grands,
J'emmène cette fille jolie ;

Je l'installerai dans la chambre de madame,
Et la nommerai « de Kergudon » !

III

Monsieur le comte disait,
De son carrosse quand il descendait :

---

[1] Allusion à la légèreté avec laquelle les pois sautent et dansent, dans l'eau qui bout.

— Lacaït ar bir euz ann tan,
D'avan d'ar benherès he c'hoan ; (*bis*)

D'avan d'ar benherès he c'hoan,
A dri sort kig, el-lec'h unan..(*bis*)

. . . .

MARI JAVRÉ

—

Mari Javre, ar benherès,
'Zo eur plac'h vad caqueterès ;
Da gaquetal, da ober goap.
Marie Javre zo beget mad.

Mari ar Moal a c'houlenne
Na euz he merc'h Mari Javré :
— Ma merc'h, Mari d'in-me làret
Pe c'hui am c'har pe na ret ket ?

— Oh, eo, ma mamm, ho-carout 'ran,
Evel ar galon a dougan ;
Na è ket me ann ingratan,
Rac estrevidoc'h a garan.

— Oh ! ia, ma merc'h, carout a ret
Ann hini na garan-me ket ;
C'hui a gar eun tailler iaouanc,
Henès n'è tamm d'am santimant ;

Henès n'è tamm d'am santimant,
Met comerret Ervoan Jorand ;
Evit den brao hen na è ket,
Met mado gant-hen vò cavet.

— Bet droue gant anneb a garo,
Ar mestr tailler me am bezo,
Bez' eo den brao ha dilicat,
Hac eur mestr tailler ann dillad.

— Mettez la rôtissoire au feu
Pour préparer à l'héritière son souper ;

Pour préparer à l'héritière son souper,
(Un souper) de trois sortes de viandes, au lieu d'une seule.
. . . .

MARIE GEFFROY.

—

Marie Geffroy, l'héritière,
Est une fille de bon caquet ;
Pour caqueter, pour se moquer,
Marie Geffroy a bonne langue.

Marie le Moal demandait
A sa fille, Marie Geffroy :
— Ma fille Marie, dites-moi :
M'aimez-vous ou ne m'aimez-vous pas ?

— Oh ! si, ma mère, je vous aime,
Comme le cœur que je porte.
Ce n'est pas moi la moins aimante,
Car il n'y a que vous que j'aime.

— Oh ! oui, ma fille, vous aimez
Celui que moi je n'aime point ;
Vous aimez un jeune tailleur,
Qui n'est pas du tout à mon goût.

Celui-là n'est pas du tout à mon goût,
Prenez plutôt Yves Jorand :
Sans doute, il n'est pas beau garçon,
Mais, avec lui, on trouve du bien.

— Soit mécontent qui voudra,
Le maître tailleur moi j'aurai,
Il est joli garçon et déluré,
Et un maître pour tailler les habits.

Pa 'c'h a 'ar sul 'd'ann offern-bred,
Gant ann noblanz 've saludet ;
Saludet 've gant ann noblanz,
'Vel pa ve mab ar roue Franz.

— Ma ! kerz gant han 'ta, pa gari,
Ma malloz as bô, pa hec'h i.
Malloz hi mamm hi a deus bet,
Ha d'he malheur eo bet kiriec.

Pa oant dimêt hac eureujet,
Gant gwall vuhe na bâdent ket ;
Gant gwall vuhe na bâdent ket,
Ar mestr tailler 'zo partiet.

Mari Javré a lavare,
En presbitor Camlès pa arrue :
— Na debonjour ha joa, ma contr,
Me am eus bet eur gwall respont ;

Malloz ma mamm me am eus bet,
Ha d'am malheur ez eo kiriec.
Person Camlès hen eus lâret
Da Vari Javré, p'hen eus clevet :

— Tawet, Mari, na ouelet ket,
Malloz eur vamm n'ê mann a-bed ;
Malloz eur vamm na ê netra,
Malloz eun tad a zo enn dra.

Mari Javré, mar am zentet,
Aman ganen-me a chomfet ;
Me glasco d'ho pugel magerès,
Braoa groeg iaouanc 'zo en Camlès.

— Bet drouc gant an-neb a garo,
Warlerc'h ma fried me 'ielo,
Ha na seuizin ket o kerzed,
Ken am bô cavet ma fried.

Kenta ma deus cât anezhan,
Ez oa 'n eur sall hoc'h ebattan ;
Ez oa 'n eur sall hoc'h ebattan,
Peder dimezell 'oa gant-han.

— Demad ha joa d'heoc'h, ma fried.
Pell-braz n'am boa-me ho euelet.
— Sell, emezhan, 'r pez iffrontet,
Oc'h ober ouzin he fried !

Quand il va, le dimanche, à la grand'messe,
Par la noblesse il est salué ;
Il est salué par la noblesse,
Comme s'il était le fils du roi de France.

— Eh bien ! suis-le donc, quand tu voudras,
Ma malédiction tu auras, quand tu le suivras.
La malédiction de sa mère elle a eu,
Et de son malheur elle a été cause.

Quand ils furent fiancés et mariés,
Ils faisaient si mauvais ménage qu'il n'y avait pas moyen d'y [résister ;
Ils faisaient si mauvais ménage qu'il n'y avait pas moyen d'y
Le maître tailleur est parti. [résister ;

Marie Geffroy disait,
Au presbytère de Camlez quand elle arrivait :
— Bonjour et joie, mon oncle,
Moi, j'ai une triste destinée.

La malédiction de ma mère j'ai eu,
Et de mon malheur elle est cause.
Le recteur de Camlez a dit
A Marie Geffroy, quand il l'a entendue :

— Taisez-vous, Marie, ne pleurez pas,
La malédiction d'une mère n'est rien du tout ;
La malédiction d'une mère n'est rien ;
La malédiction d'un père est quelque chose.

Marie Geffroy, si vous m'obéissez,
Ici, avec moi, vous resterez.
Je chercherai pour votre enfant une nourrice,
La plus jolie jeune femme qu'il y ait à Camlez.

— Soit mécontent qui voudra,
A la recherche de mon époux j'irai,
Et je ne me lasserai pas à marcher,
Jusqu'à ce que j'aie trouvé mon époux.

Quand pour la première fois elle l'a trouvé,
Il était dans une salle, qui s'ébattait ;
Il était dans une salle qui s'ébattait,
Quatre demoiselles étaient avec lui.

— Bonjour et joie à vous, mon époux,
Il y avait grand temps que je ne vous avais vu.
— Voyez, dit-il, la pièce effrontée,
Qui me prend pour son mari !

Oc'h ober ouzin he fried,
Ha me n'on bet biscoas dimèt !
Eun affronter a oa gant-han
Hac a zistroas warnezhan :

— Mestr tailler, gaou a lâres-te,
Honnès hech è Mari Javre.
— Mar è Mari Javre homan,
Gwall chenchet neuze hi c'havan !

— Ha penaoz na ven-me ket chenchet?
Seiz miz 'zo n'am eus tamm iec'hed,
Gant ann derzienn violentan,
Ha ter gwez bemdez hi c'hrenan.

— Deus ganen d'ann hostaleri,
Me roï d'id remed anezhi ;
Me roï d'id eur remed a grenn,
Na greni bikenn ann derzienn.

Ann hostisès a lavare
D'Vari Javre, eno neuze :
— Mari Javre, mar am zentet,
Banne digant-han na evfet.

— Pa ve ar vestl a rofe d'in,
Mar lâr d'in evan, hec'h evin.
Gwasoc'h 'get ar vestl hi deus bet,
Evet e deus goad eun tousec !

Evet e deus goad eun tousec ;
War leur ann ti ez è couezet ;
War leur ann ti ez è couezet,
Daou vugel 'deus dispartiet.

Mari Javré a lavare,
War leur ann ti, en he gourve :
Merc'hedigo iaouanc, m'ho ped,
Divroïdi n' gomerret ket :

Comerret unan ho contre,
Pô anaoudèges en-han araoc-se :
Me 'm eus eur mestr tailler da bried,
Ha d'am maro ez eo kiriec ! —

Canet gant Jannet MORVAN,
euz a *Rospès* — 26 mai 1872,

Qui me prend pour son mari,
Moi qui n'ai jamais été fiancé.
Un affronteur était avec lui,
Qui se tourna vers lui :

— Maître taillaur, tu mens,
Celle-là est Marie Geffroy.
— Si c'est Marie Geffroy celle-ci,
Bien changée alors je la trouve !

— Et comment n'aurais-je pas changé ?
Il y a sept mois que je n'ai eu un brin de santé,
Moi qui souffre de la fièvre la plus violente,
Et qui la tremble trois fois par jour.

— Viens avec moi à l'auberge,
Je te donnerai remède contre elle ;
Je te donnerai un remède qui la coupera net ;
Tu ne trembleras plus jamais la fièvre.

L'hôtesse disait
A Marie Geffroy, là, alors :
— Marie Geffroy, si vous m'obéissez,
Pas une goutte de lui vous ne boirez.

— Me donnât-il du fiel,
S'il me dit de boire, je le boirai.
Pire que le fiel elle a eu,
Elle a bu le sang d'un crapaud.

Elle a bu le sang d'un crapaud ;
Sur l'aire de la maison elle est tombée ;
Sur l'aire de la maison elle est tombée,
De deux enfants elle a avorté.

Marie Geffroy disait,
Sur l'aire de la maison étendue :
— Petites jeunes filles, je vous prie,
N'épousez pas d'étrangers.

Prenez un homme de votre *contrée*,
Que vous connaîtrez auparavant :
Moi, j'ai un maître tailleur pour mari,
Et de ma mort il est cause !

Chanté par Jeannette MORVAN de
Rospez — 26 mai 1872.

CANEL VIHAN

Zilaouet hol, ha zilaouet,
  La verdura dondaine !
Eur zòn 'zo newe gomposet,
  La verduron, digue don don,
  La verdura dondaine !

Eur zòn 'zo newe gomposet,
D'eur plac'h iaouanc hi a ze grêt ;

D'eur plac'h iaouanc hi a zo grêt,
Pini zo zod gant ar wersed ;

Pini zo zod gant ar wersed ;
Làret ra 'n dud 'c'h ê brazezet.

Diou rozen dû, diou rozen wenn,
Mari Bonniec ô 'r fleurenn !

Mari Bonniec a lavar
Zevel eun ti en he douar :

Canel vihan a zo contant
Da gâd he lod ar goustamant,

Charren ar veïn, charren ar pri,
Ha darbar er vassoneri ;

Ha darbar er vassoneri,
Ha mont da gousket da vèd-hi.

Pa rofomp tout peb a wennec,
Canel vihan a rei daouzec.

Breman 'c'h ei Canel d'an Indrès,
Da wit newentis d'he vestrès.

Bet ê Canel 'bars ann Indrès
O wit newentis d'he vestrès :

Deût 'zo ganthan newentizo,
Eur boto lèr hac eul lezro ;

Eur boto lèr hac eul lezro,
Tri pe bewar miller spillo ;

PETIT CANEL

Ecoutez tous, et écoutez,
La verdura dondaine,
Une chanson nouvellement composée,
La verduron, digue don don,
La verdura dondaine!

Une chanson nouvellement composée,
A une jeune fille elle est faite;

A une jeune fille elle est faite,
Laquelle raffole des hommes;

Laquelle raffole des hommes;
Le monde prétend qu'elle est enceinte.

Deux roses noires, deux roses blanches,
Marie Bonniec est la (vraie) fleur!

Mari Bonniec ordonne
De (lui) bâtir une maison, sur sa terre;

Petit Canel est content
De prendre sa part dans la dépense;

(De) charroyer les pierres, (de) charroyer l'argile,
Et (de) servir les maçons dans la bâtisse;

Et (de) servir les maçons dans la bâtisse,
Et d'aller coucher avec elle (Marie).

Pour un sou que donnerait chacun de nous,
Petit Canel en donnera douze.

Maintenant Canel partira pour les Indes,
Chercher des *nouveautés* pour sa maîtresse.

Canel a été aux Indes,
Chercher des *nouveautés* pour sa maîtresse:

Il a rapporté *des nouveautés*,
Une paire de souliers et une paire de bas,

Une paire de souliers et une paire de bas;
Trois ou quatre milliers d'épingles,

Spillo bihan ha spillo braz...
Mar car Mari, a defo c'hoas.

Breman 'c'h eio Canel d'ar Roc'h,
Da lacad brallan ann daou gloc'h[1] ;

D'ho lacad zòn war ann ton braz...
Pa vo iac'h Mari, vo grèt c'hoaz.

Breman vo grèt cawel coat sab,
Vo ruskellet gant bec ann troad,

Vo ruskellet gant bec ann troad ;
Ozan crampoes ha ribottad ;

Ozan crampoes ha ribottad,
Mari Bonniec 'zo plac'h mad !...

Vò grèt cawel a goad Rouan,
Hac a ruskello hec'h-unan.

Ma ve poupon pe bouponès,
Vò mamm Mari ar vèronès ;

Ma ve pouponès pe boupon,
Vò Roll Vorvan vò ar pèron.

Prenet davanjer ru ledan,
Da c'holo ar Morvan bihan !

Viçant LAMIDON. Pèderneo 1887.

---

[1] Var : Ganthan eur c'houblad crampous tomm,
Da laket cana « Te Deum ».

Epingles petites et épingles grandes...
Si Marie veut, elle en aura encore.

Maintenant Canel partira pour la Roche,
Faire mettre en branle les deux cloches ;

Les faire sonner, en grande pompe...
Quand Marie sera guérie, on fera encore autant.

Maintenant on fera un berceau en bois de sapin.
Qu'on bercera avec la pointe du pied :

Qu'on bercera avec la pointe du pied.
Apprêtez des crêpes et barattez (du beurre),

Apprêtez des crêpes et barattez,
Marie Bonniec est bonne fille !...

On fera berceau en bois de Rouen,
Qui bercera tout seul.

S'il y a poupon ou pouponne,
C'est la mère de Marie qui sera la marraine ;

S'il y a pouponne ou poupon,
C'est Rolland Morvan qui sera le parrain.

On a acheté un large tablier rouge,
Pour couvrir le petit Morvan.

Vincent LAMIDON. *Pédernec*. — septembre 1888.

Var : Emportant une couple de crêpes chaudes,
 Pour faire chanter le *Te Deum*.

ENVNIC CREC'H-SIMON

Tostaët, iaouankiz, hac e clewfet canan
Eur zòn divertissant, 'zo zavet er bloaz-man ;
'Zo grêt d'eun den iaouanc euz a barrouz Plûnet,
Gant ann newez-amzer a zo bet glac'haret.

Ar pôtr-man oa pôtr fur, hac eur pôtr dilicad,
A gasse ar menaj er gêr, en ti he dad ;
Lacas 'n he fantazi caroud eur plac'h iaouanc,
A barrouz Plougonver, drem-dostic da Wengamp.

Kenta antretien a zavas etre-z-he
A oa deiz foar Maze, war dossenn Menez-Bre ;
Eno hi remercas, ken caër ha ken brillant
'Vel an heol binniget, pa bar er firmamant.

Mont 'ra d'hi zaludin, gant enor ha respet :
— « Salut d'ec'h, merc'h iaouanc, fleurenn ann hol verc'hed,
C'hui rafe d'in 'n enor, ha na veritan ket,
Dont em c'hompagnonès d'ober eun dro ebat ? »

Lâret eure d'ezhan, en em distrei en dro :
— « Na 'n on ket deut aman da werza enorio ;
Dansal hac ebatal, den iaouanc n'ouzon ket,
Met 'vel ouzon ober, veet ket refuzet. »

Arru ann abardeiz, hac hen d'hi c'hass d'ar gêr ;
Monet eure ganthi bete bourg Plougonver

Monet ra dre ann hent, carget a vanite,
Hep zilaou an envned, a gane 'n bec ar gwe ;
Hep zilaou an envned, 'n bec ar gwe o canan ;
Coulscoude 'r re-se lâre ar wirione d'ezhan.

An envned a lavare, diwar vegic ar boud :
— « Te 'c'h a da gass d'ar gêr 'n hini raï da hirvoud ! »
An envnic a lavare, diwar vegic ar bar :
— « Te 'c'h a da gass d'ar gêr neb a raï da c'hlac'har !
Honnès 'zo dimezet d'eun avocad iaouanc,
Hac ar c'henta a varch en Parlamant Gwengamp !

L'OISEAU DE CREC'H-SIMON

Approchez, jeunesse, et vous entendrez chanter
Une chanson divertissante, qui a été levée en cette année,

Qui est faite à un jeune homme de la paroisse de Pluzunet,
Qui, à la saison nouvelle, a été navré.

Ce garçon-ci était un garçon sage, et un garçon déluré,
Qui dirigeait le ménage chez lui, dans la maison de son père.

Il se mit dans la tête d'aimer une jeune fille,
De la paroisse de Plougonver, proche Guingamp.

Le premier entretien qu'ils eurent ensemble   [de Bré.
Eut lieu, le jour de la foire de Saint-Mathieu, sur la montagne

C'est là qu'il la remarqua, aussi belle et aussi resplendissante
Que le soleil béni, quand il se lève au firmament.

Il va la saluer, avec honneur et respect :
— « Salut à vous, jeune fille, fleur de toutes les filles !

Me feriez-vous l'honneur, bien que je ne le mérite pas,
De venir en ma compagnie faire un tour de danse ? »

Elle lui répondit, en se retournant (de son côté) :
— « Je ne suis pas venue ici vendre des honneurs.   [pas,

A danser et à faire des ébats, jeune homme, je ne m'entends
Mais (je ferai) comme je sais faire, pour ne vous refuser point. »

Le soir venu, il va la conduire à la maison ;
Il l'accompagne jusqu'au bourg de Plougonver.

Il va le long du chemin, tout plein de vanité,
Sans écouter les oiseaux qui chantaient, à la cîme des arbres ;

Sans écouter les oiseaux qui, à la cîme des arbres, chantaient ;
Pourtant ceux-là lui disaient la vérité :

Les oiseaux disaient, sur le bout de la branche :
— « Tu vas conduire à la maison celle qui te sera une cause de

L'oiselet disait, du haut du feuillage,   [sanglots ! »
— « Tu vas conduire à la maison celle qui fera ta désolation !

Celle-là est mariée à un jeune avocat,
Qui marche en tête de tous, dans le Parlement de Guingamp ! [1] »

---

[1] Est-il besoin de faire remarquer que si les Etats de Bretagne se sont tenus quelquefois à Guingamp, il n'a jamais existé de *parlement de Guingamp !*

'N den iaouanc a làre, pa retorne d'he vro,
« — Mar am bije zentet ouz an envnidigo,

Mar am bije zentet ouz envnic Crec'h-Simon,
Na vije ket breman glac'haret ma c'halon.

Hennès a làre d'in chomm bepred em c'hartier,
Pas mont da glasc merc'hed da barrouz Plougonver ! »

LANGUIDIC

O vont d'ann offern da Languidic *(ter)*
Me 'm boa choaset eur vestrezic;

Me 'm boa hi choaset tostic d'in, *(ter)*
Eur vrao a blac'h, plijout ra d'in.

N'eo ket balamour ma 'z eo coant, *(ter)*
Plijout a ra d'am zantimant.

— Plac'hic iaouanc, d'in-me làret *(ter)*
A belec'h e teut, pe ec'h et ?

— Dimeuz ar gêr donet a ran, *(ter)*
Da Languidic monet a ran.

— Da Languidic na iefet ket, *(ter)*
Da Landevant, na làran ket.

En Landevant p'int arruet, *(tar)*
En hosteliri ez int êt.

— Demad, hostiz hac hostizès, *(ter)*
Boud oc'h eus gwin mad du evès ?

— Boud 'zo gwin ruz, bond 'zo gwin gwenn, *(ter)*
Ar pez a garfet da c'houlenn.

— Digasit d'in euz ar gwellan, *(ter)*
Calon ma dousic a zo clan.

— Daou zen iaouanc, d'in leveret *(ter)*
C'hui 'zo dimezet pe n'oc'h ket ?

— Oh ! ia, nin 'zo dimet hon daou, *(ter)*
Ni 'zo dindan ann embannaou ;

Le jeune homme disait, quand il s'en retournait à son pays ;
— « Si j'avais obéi aux petits oiseaux,

Si j'avais obéi à l'oiselet de Crec'h-Simon,
Je n'aurais pas maintenant la désolation au cœur.

Celui-là me conseillait de rester toujours dans mon quartier,
De ne pas aller chercher des filles dans la paroisse de Plougon-
[ver !

LANGUIDIC

En allant à la messe à Languidic,
J'avais choisi une maîtresse.

Je l'avais choisie tout près de moi,
Une fille d'entre les jolies, elle me plaît.

Ce n'est point parce qu'elle est jolie,
Elle plaît à mon sentiment.

— Jeune fille, dites-moi,
D'où venez-vous, ou bien où allez-vous ?

— C'est de la maison que je viens,
C'est à Languidic que je vais.

— A Languidic vous n'irez pas ;
A Landévant je ne dis pas.

A Landévant quands ils sont arrivés,
A l'hôtellerie ils sont allés.

— Bonjour, hôtelier et hôtelière,
Avez-vous du vin bon à boire ?

— Il y a du vin rouge, il y a du vin blanc,
Ce qu'il vous plaira demander.

— Apportez-moi du meilleur,
Le cœur de ma douce est malade.

— Deux jeunes gens, dites-moi,
Etes-vous mariés ou ne l'êtes-vous pas ?

— Oh ! oui, nous sommes mariés tous deux,
Nous sommes sous les bans.

N'eo ket 'n ho ti, tavarnourès, (ter)
Am boa me choaset ma mestrès :

Me 'm boa hi choaset tostic d'in (ter)
Eur vrao a blac'h, plijout ra d'in ;

N'oa ket balamour ma oa coant, (ter)
Plijout a re d'am zantimant.

Canet gant M^{lo} Ane ann Noan.

MAB AR BOUREW

Eun den iaouanc deuz a Baris,
'Deût da Landréger da vourc'his,

Hen eus choazet da vestrès ker
Brawa plac'h iaouanc 'zo en kêr,

A vadou hac a galite,
Brawa plac'h iaouanc 'zo er c'hê.

Ann den iaouanc a c'houlenne
Deuz he vestrès, p'hi zalude :

— Ma mestrès kér, d'in leveret,
Pegoulz e vefomp dimezet ?

— Ze na glewfet ket, 'wit fete,
Ken ouïn doare ho ligne.

— Mar peus calz a c'hoant d'hen clewet,
Doare ma ligne a ouifet.

Et da gaout eun orolacher
Pini a zo aze, en kêr ;

Pini a zo aze en kêr,
Hennès anve, neï en antier.

Ar vourc'hizès a vonjoure,
'N ti 'n orolacher p'errue :

— Debonjour d'ac'h, orolacher !
Doare 'r parizian, 'zo en kêr.

Ce n'est pas dans votre maison, tavernière,
Que j'avais choisi ma maîtresse ;

Je l'avais choisie tout près de moi,
Une fille d'entre les belles, elle me plaît :

Ce n'était point parce qu'elle était jolie,
Elle plaisait à mon sentiment.

(Chanté par Mlle A^ne Le Noan.)

LE FILS DU BOURREAU

Un jeune homme de Paris,
Venu (s'établir) à Tréguier, comme bourgeois,

A choisi pour maîtresse chérie,
La plus jolie jeune fille qu'il y ait en ville,

Ayant de la fortune et de la qualité,
La plus jolie jeune fille qu'il y ait au quai.

Le jeune homme demandait
A sa maîtresse, comme il la saluait :

— Ma maîtresse chérie, dites-moi,
Quand serons-nous fiancés ?

— Cela vous ne l'entendrez pas, du moins aujourd'hui,
Pas avant que je n'aie des renseignements sur vo\ famille.

— Si vous avez grande envie de l'entendre,
La position de ma famille vous saurez.

Allez trouver un horloger,
Lequel est là, en ville ;

Lequel est là, en ville,
Celui-là la connaît tout au long.

La bourgeoise *bonjourait*,
Chez l'horloger quand elle arrivait :

— Et bonjour à vous, horloger !
Qu'est-ce que ce Parisien, qui est en ville ?

— Ar Parizian 'zo en kêr
C'hall beza douget en litier,

Hennès 'n eus diou a c'hoerezed,
A ve en carrons pourmenet ;

A ve en carrons pourmenet,
Ha c'hui, bourc'hizès, na vec'h ket.

— Mar anzavit ar wirione,
Me roïo d'ac'h cant scoed leuve.

— Mar fell d'ac'h goûd ar wirione,
Mab bourrew ann Naonet hec'h è.

Hennès c'hone arc'hant *dgoïo* ?
O voustra war an diouscoaïo ;

Hac he vamm 'zo ragacherès,
'N marc'had ar pour hac ar panès ;

'N marc'had ar pour hac ar panès,
War ar ruiou o werza lès ;

Hac ar vantel 'zo war he chouc,
Mantel al laer 'zo deuz ar groug.

Ar Parizian a c'houlenne
Deuz he vestrès, p'hi zalude :

— Ma mestrès ker, d'in leveret
Petra 'zo bet d'ac'h-hu lâret ?

— Lâret 'n eus d'in 'n orolacher
Glejec'h bea douget en litier ;

Penos peus diou a c'hoerezed
Pere ve en carrons douget ;

Pere ve en carrous douget,
Ha me, bourc'hizès, na ven ket.

C'hoaz hen eus d'in lavaret mad
C'h eo bourrew ann Naonet ho tad ;

Hac ho mamm 'zo ragacherès
'N marc'had ar pour hac ar panès ;

'N marc'had ar pour hac ar panès,
War ar ruiou o werza lès ;

Hac ar vantel 'zo war he chouc,
Hini al laer 'zo deuz ar groug.

— Ma mestrès ker, mar am c'haret,
Ruban zei glaz d'in a rofet ;

— Le Parisien qui est en ville
Peut se faire porter en litière.

Celui-là a deux sœurs
Que l'on promène en carrosse ;

Que l'on promène en carrosse,
Et vous, bourgeoise, vous n'avez pas cet honneur.

— Si vous confessez la vérité,
Je vous donnerai cent écus de rente.

— Si vous souhaitez savoir la vérité,
(Eh bien !) c'est le fils du bourreau de Nantes.

Celui-là gagne de l'argent (sans peine ?)
En appuyant sur les deux épaules (des pendus) ;

Et sa mère est revendeuse,
Au marché des poireaux et des panais ;

Au marché des poireaux et des panais ;
(Elle va) par les rues, vendre du lait ;

Et le manteau qu'elle a sur le dos
(Est) le manteau du voleur qui est accroché au gibet.

Le Parisien demandait
A sa maîtresse, quand il la saluait :

— Ma maîtresse chérie, dites-moi,
Qu'est-ce qui vous a été dit ?

— Il m'a dit, l'horloger,
Que vous devriez être porté en litière ;

Que vous avez deux sœurs,
Lesquelles on promène en carosse ;

Lesquelles on promène en carosse,
Tandis que moi, bourgeoise, je n'ai pas cet honneur.

De plus, il m'a dit bel et bien
Que le bourreau de Nantes est votre père ;

Que votre mère est revendeuse,
Au marché des poireaux et des panais ;

Au marché des poireaux et des panais,
(Qu'elle va) par les rues, vendre du lait ;

Et que le manteau qu'elle a sur le dos
Est celui du voleur qui pend au gibet.

— Ma maîtresse chérie, si vous m'aimez,
Ruban de soie bleue vous me donnerez ;

Ruban zeï glaz, ru moug ha gwenn,
Mad da derc'hel ma bleo melenn.

— Eur lass canab gafan 've mad,
'Wit bourrew Naonet,eo da dad !

— Me bromet d'ann orolacher
'M ò he vuhe, kent mont deuz kèr !

— 'N orolacher n' ò drouc a-bed :
Gant tud ar ru am eus clewet ;

Gant tud ar ru am eus clewet :
Rac-se kit 'n ho tro, pa garfet.

CLOAREGIC AR STANC.

Me 'zo eur c'hloaregic iaouanc,
A zo ma zi war vord ar stanc.
  Drin, drin, ma mère,
  De l'argent pour bouère !

A zo ma zi war vord ar ster,
Evel hinin eur c'hevijer.

Biscoaz n' am eus laket ma foan
Da garet plac'h, nemert unan ;

Da garet eur plac'h triouac'h la ;
Nemet p'hi gwelan na ran joa.

N'allan na lenn na studia,
Gant kiri 'r merc'hed o nea ;

Ispisial Jannet ar Rouz,
Gant he daoulagad amourous ;

Na p' ec'h an-me d'an offern-bred,
Me na lâran pater a-bed,

Ruban de soie bleue, rouge foncé et blanche,
Propre, à retenir mes cheveux blonds.

— Un lacet de chanvre serait, je trouve suffisant,
Quand on a, comme vous, le bourreau de Nantes pour père.

— Je garantis à l'horloger
Que j'aurai sa vie, avant de quitter la ville !

— L'horloger n'aura aucun mal !
C'est des gens de la rue que j'ai (tout) appris,

C'est des gens de la rue que j'ai (tout) appris ;
Ainsi, partez en votre direction, quand bon vous semblera !

Gillette COAT, *Plestin*. — 1876.

LE JEUNE CLOAREC DU BORD DE L'ÉTANG

Je suis un jeune clerc,
Qui ai ma maison sur le bord de l'étang.
Drin, drin, ma mère,
De l'argent pour boire !

Qui ai ma maison au bord de la rivière,
Tout comme celle d'un tanneur.

Jamais je n'ai pris la peine
D'aimer fille, si ce n'est une ;

D'aimer une fille de dix-huit ans ;
Ce n'est qu'en la voyant que je me sens en joie.

Je ne peux ni lire, ni étudier,
Avec (le bruit que font) les rouets des filles, en filant ;

Surtout (celui de) Jeanne Le Roux,
Avec ses deux yeux amoureux.

Et, quand je vais à la grand'messe,
Je ne dis aucune prière ;

Nemet sellet dreïst bec ma scoa,
Da gât ar vestrès coant am oa...

Ma mamm, ma zad p'ho deus goufet,
D'ar studi da Baris 'c'h on casset...

Na pa oan en Paris o studi,
Digassas ma mestrès lizer d'in,

Na da donet d'ar gêr ac'hanc,
Mar ma c'hoant d'hi gwelet en buhe ;

Da donet d'ar gêr prontamant,
Ma weljen beo ma mestrès coant.

Ha me o paca ma levrio,
Hac o vont en trezec ma bro.

Pa oan o vont gant an hent braz,
Clewis ar c'hleïer o sôn glas ;

Clewis ar c'hleïer o zôn glas,
Tòliou bihan ha tòliou braz ;

Clewis ar c'hleïer 'zôn canvo,
D'am mestrès coant a oa maro.

Pa antreis ebars ann ti,
Oa ar belec ouz hi noui.

War ma daoulinn ec'h on stouet,
Gwalc'h ma c'halon em eus goelet.

P'oa êt ann dud e-mès ar gambr,
Me da vuele ma dousic coant ;

Ha ma mestrès o làret d'in :
« Na oelet ket 'balamour d'in !

« Cloarec iaouanc, mar am c'haret
« 'Balamour d'in na oelet ket.

« Goelet 'blamour d'ar Messias,
« Zo marwet 'wit-omp war ar groas. »

N' da ket he gir peurachuêt,
Ma mestrès coant a zo marwet.

Ar veleïen, en gwenn gwisket,
A gass ma dousic d'ar verred ;

Ar veleïen, gwisket en gwenn,
A ia 'n eur ganan, dre ann hent ;

A ia biou ann hent 'n eur ganan
Me 'ia dre 'r parcò, 'n eur oélan ;

(Je ne fais) que regarder pardessus le bout de mon épaule,
Du côté de la maîtresse jolie que j'ai...

Ma mère, mon père, quand ils ont su,
A l'étude, à Paris, m'ont envoyé...

Comme j'étais à Paris, à l'étude,
Ma maîtresse me fit tenir une lettre,

(Pour me dire) de m'en revenir à la maison,
Si je désirais la revoir en vie ;

De revenir à la maison, bien vite,
Pour revoir encore vivante ma maîtresse jolie.

Et moi de faire un paquet de mes livres,
Et de m'en aller vers mon pays.

Comme je venais par la grand'route,
J'entendis les cloches sonner le glas;

J'entendis les cloches sonner le glas,
A petit coups et à grands coups;

J'entendis les cloches sonner le deuil,
Pour ma maîtresse jolie, qui était morte.

Lorsque j'entrai dans la maison,
Le prêtre lui administrait l'extrême-onction.

A deux genoux je me suis prosterné,
De tout mon cœur j'ai pleuré.

Quand l'assistance fut sortie de la chambre,
(Je m'approchai) du lit de ma douce jolie ;

Et ma maîtresse de me dire :
— « Ne pleurez pas à cause de moi !

« Jeune clerc, si vous m'aimez,
« à cause de moi ne pleurez pas !

« Pleurez (plutôt) sur le Messie,
« Qui a expiré pour nous, sur la croix. »

Elle n'avait pas fini de parler,
Que ma maîtresse jolie est morte.

Les prêtres, de blanc vêtus,
Conduisent ma douce au cimetière ;

Les prêtres, vêtus de blanc,
S'en vont en chantant par la route ;

S'en vont le long de la route, en chantant,
Moi, je vais à travers champs, en pleurant.

Ar veleien gane gant joa,
Me a oéle, sujet am oa.

'Bars ann ilis p'on antreet,
'Dreg eur pilier 'c'h on daoulinet.

P'oa ét tout ann dud ac'hane,
Me ac'h es ive war ar be.

Na d'ar gêr pa oan o tonet,
Eur plac'h iaouanc 'm eus rancontret ;

Eur plac'h iaouanc, gwisket en gwenn,
Coeff lien Kintin war he fenn.

O Doue, brawa feumeulen,
Penamert a oa dierc'hen !

— « Cloarec iaouanc, d'in-me lâret,
« Pe-lec'h ec'h et pe ec'h oc'h bet ?

— « Deuz ma eured co a teuan,
« ha d'ar gêr brema co ec'h an.

— « Cloarec iaouanc, gaou a leret,
« Deuz m'interramant co a tet ;

« Hac ec'h on deut, a-heurs Doue,
« da lâret dit chanch a vuhe ;

« Dilezel ar gwinn, ar merc'hed,
« Studia da vont da vêlec ;

« Ha pa vi te ét da velec,
« Peder offern 's-pô da lâret :

« Unan d'hes tad, un all d'hes mamm,
« Unann ewit-out da unann ;

« Eun all dirac ar Speret-Glan
« Wit m'em delivro deuz ma foan !

« Hac er baradoz, pe war dro,
« Mar grez er fad, ni em welo[1].

(Greg Mao.)

---

[1] Var. : « 'N ho offern genta a varwfet ;
    « Neuze a vin-me delivret. »

Les prêtres chantaient allégrement,
Moi, je pleurais, j'en avais sujet.

Dans l'église quand je suis entré,
Derrière un pilier je me suis agenouillé.

Quand tout le monde se fut retiré,
J'allai aussi (m'agenouiller) sur la tombe.

Et, comme à la maison je m'en revenais,
Une fille jeune j'ai rencontré ;

Une fille jeune, vêtue de blanc,
Avec une coiffe de toile de Quintin sur la tête ;

Oh ! Dieu ! la belle créature !
Seulement, elle était nu-pieds !

— « Jeune clerc, dites-moi,
« Où allez-vous ou bien où avez-vous été ?

— « C'est de ma noce que je viens,
« Et maintenant c'est à la maison que je vais.

— « Jeune clerc, vous mentez,
« C'est de mon enterrement que vous venez :

« Et je suis venue, moi, de la part de Dieu,
« Te dire de changer de vie ;

« De laisser de côté le vin et les filles,
« D'étudier pour devenir prêtre ;

« Et quand tu te seras fait prêtre,
« Quatre messes tu auras à dire :

« Une pour ton père, une pour ta mère,
« Une pour toi-même ;

« Une autre, devant l'Esprit-pur, (le Saint-Esprit),
« Pour qu'il me délivre de ma peine !

« Et dans le paradis, ou aux alentours,
« Si tu te conduis bien, nous nous reverrons¹ ! ! »

Femme MAO, 1883.

---

¹ Var. : « Durant votre première messe, vous mourrez,
  « Alors, moi, je serai délivrée ! »

PENNHERÈS TI JAK.

Pébeuz glac'har, tristidigès,
A zo en parrez Tregourez !
  Oh ! Jopopo, landadiron,
Landadiron, landadiron, ladiron, ladiron !

Euz a di Jak collet ar c'hi,
Hac ar benherès euz ann ti.

'Zalec al lun bet' ar guener,
N'oa ket bet 'r benherès er gèr.

D'ar zadorn mintin, mintin mad,
Oe rentet 'r benherès d'he zad.

— Dalit, tad-caër, aze ho merc'h !
Me n'ouzon ket hac hi 'zo guerc'h.

Er Gèr-vihan 'm eus hi c'havet,
E-touez eur vanden gilgoked.

Louïzic ar C'hogan, ar c'hoc coz,
A vije gant-hi, 'pad ann noz.

Neuze 'oe casset d'ar gouan,
Da guza euz Louïz ar C'hogan.

  Na d'ar gouan, pa oe casset,
He davanjer oa diverret.

  Ròt tol fouet d'eï da vont d'ar gèr,
Da stagan 'hed he davanger.

  Ar c'houanjou na int ket grèt
Evit ar merc'hed brazezet.

Ha lost ar bic var ann drezenn
Setu achu ma c'hanaouenn. ;

  Ha lost ar bic var ann hent-braz
An hini 'oar a gano c'hoaz.

Mari-Loïz ar Goff. — Novembre 1881
Laomaria-Kemper.

L'HÉRITIÈRE DE CHEZ JACQUES

Quel navrement, quelle tristesse
Il y a dans la paroisse de Trégourez !
　Oh ! Jopopo, landadiron,
Landadiron, landadiron, ladiron, ladiron !

Chez Jacques, on a perdu le chien,
Et l'héritière, de la maison.

A partir du lundi jusqu'au vendredi,
L'héritière n'avait pas mis le pied au logis.

Le samedi matin, de bon matin,
Fut rendue l'héritière à son père.

— Tenez, beau-père, voilà votre fille !
Je ne sais pas si elle est vierge.

A la Petite-ville je l'ai trouvée,
Parmi une bande de polissons.

Louis le Cogant, le vieux coq,
Passait avec elle la nuit.

Alors, on l'envoya au couvent,
Pour la cacher de Louis Le Cogant.

　Au couvent, quand on l'eut envoyée,
(On s'aperçut que) son tablier avait racourci.

On lui donna, pour rentrer chez elle, un coup de fouet,
Qu'elle pût attacher le long de son tablier.

　Les couvents ne sont pas faits
Pour les filles engrossées.

　Et la queue de la pie sur la haie,
Voilà terminée ma chansonnette !

　Et la queue de la pie sur la grand'route,
Celui qui en sait plus long chantera encore !

　　　　Marie Louise LE GOFF, de *Lacmaria-Kemper.*

FRANSOIZIC HA PIERRIC

Dimeuz ar beure, pa zavan,
   Fransoizic ha Pierric,
Dimeuz ar beure, pa zavan,
Chiminal va dous a welan.

Chiminal va mestrezic coant
'Ra d'am c'halon contantamant...

— Hanter cant nozvès ez on bet
Kichen ho tòr, na ouiec'h ket.

Ar muia tra ma c'honsole,
Trouz hoc'h alan, en ho cuele;

Trouz hoc'h alan, ma dousic coant,
'Ra d'am c'halon contantamant.

— Pell 'zo a vijenn dimezet,
Peneverd caout gwal bried.

— Mar ho peus aòn rac gwal bried,
En han' Doue! va c'homerret!

Entre va fikès ha va fe,
Set' touet crac va brassa le.

Setu ann daou-man dimezet,
Hac èt assemblès da gousket...

A dòliou treid, a fassadou,
Ec'h a Fransoizic d'ann treujou;

A dòlion treid hi c'hass e-mès,
Hac hi profès en leanès...

— Mar ho pa aon rac gwal bried,
E-leal! c'hui a zo tapet!

                Gillette Coat. — *Plistin*.

FRANÇOISETTE ET PIERROT

Le matin, quand je me lève,
   Françoisette et Pierrot,
Le matin, quand je me lève,
J'aperçois la cheminée de ma douce.

La cheminée de ma maîtresse jolie
Me rend le cœur joyeux...

— Cinquante nuits j'ai été
Près de votre porte, vous n'en saviez rien.

Ce qui le plus me réjouissait
(C'était) le bruit de votre haleine, dans votre lit ;

Le bruit de votre haleine, ma douce jolie,
Me rend le cœur joyeux.

— Il y a longtemps que je serais mariée,
Si je ne craignais (d'avoir) méchant mari.

— Si vous avez peur (d'avoir) méchant mari,
Au nom de Dieu, prenez-moi.

Par mon *pique* et ma foi [1].
Voilà juré mon plus grand serment.

Voilà ces deux-ci mariés,
Et allés ensemble se coucher...

A coups de pieds, à (coups de) giffles,
On pousse Françoise jusqu'au seuil ;

A coup de pieds, il la chasse dehors,
Et lui fait faire profession de religieuse...

— « Si vous aviez peur (d'avoir) méchant mari,
Ah ! Ah ! vous voilà bien attrapée !

Gillette Coat. — *Plestin-les-Grèves.*

---

[1] Espèce de juron atténué.

DOM VISANT JANIN

Dom Visant Janin a làre,
Deuz he goaze, en Coatanhai :
— Iaouankiz zo caër, cozni 'zo fall !
Chanchet ann amzer, deuet eun all ;

Carget ma c'halon a huanad...
Chanchet ann amzer dit, camarad !

Pa oan-me 'n oad a dric'huec'h vla,
Me oa joaüs, ha lec'h am boa ;

Me oa joaüs, 'bars en peb lec'h,
Na oan ket custum da gaout nec'h.

Breman 'man ma fenn em gouriz,
Ma zreid em daou-dorn, ma barw griz ;

Ha ma daoulagad em godel :
Poënt eo da Dom Visant merwel !

Pa oan me gwech-all en Paris,
Me oa dengentil ha bourc'his :

Dre ma oan-me eun den puissant,
Ann hol re etad a Visant.

Pa zonje d'am zud vijen en Rom,
Me vije 'n *Taillebourg* o chom ;

Ann aour melenn em godello,
Mui 'wit breman a dinero.

Iaouankiz 'zo caër, cozni 'zo fall ;
Chanchet ann amzer, deuet eun all.

Carget ma c'halon a huanad ;
Tremenet è 'n amzer, camarad !

Pa glewfet ar c'hloc'h 'n de ma zervij,
Làret hol peb a *De profundis* ;

Lavaret hol devotamant :
— Benoz Doue war ine Visant !

Dastumet en *Coatgouré* — 2 Gwengolo, 1853.

DOM VINCENT JANIN

Dom Vincent Janin disait,
De son séant, à Coatanhai :

— Jeunesse est belle, vieillesse est mauvaise !
Les temps sont changés, (il en est) venu d'autres ;

Plein (est) mon cœur de soupirs...
Les temps sont changés pour toi, camarade !

Quand j'étais à l'âge de dix-huit ans,
Moi, j'étais joyeux, et j'en avais lieu.

J'étais joyeux, en tout lieu,
Je n'étais pas coutumier d'avoir du chagrin.

A présent, ma tête me tombe à la ceinture,
J'ai les pieds dans les mains, ma barbe (est) grise,

Et mes yeux sont dans ma poche :
Il est temps que Dom Vincent meure !

Quand j'étais, autrefois, à Paris,
J'étais gentilhomme et bourgeois :

Comme j'étais un homme puissant,
Tout le monde faisait état de Vincent.

Quand mes parents me croyaient à Rome,
J'avais à Taillebourg ma résidence ;

(J'avais plus) d'or jaune dans mes poches,
Qu'il n'y a maintenant de deniers.

Jeunesse est belle, vieillesse est mauvaise ;
Tes temps sont changés, il en est venu d'autres.

Plein (est) mon cœur de soupirs,
Ton règne a passé, camarade !

Quand vous entendrez (tinter) la cloche, le jour de ma messe [mortuaire,
Dites tous, chacun un *De profundis* ;

Dites tous, dévotement :
— La bénédiction de Dieu (soit) sur l'âme de Vincent !

Recueilli à *Coatgouré*, en *Trézélan*, — 2 septembre. 1853.

La table des matières
du 1.er volume, oubliée
par le brocheur, se trouve
à la fin du 2.d volume.

www.ingramcontent.com/pod-product-compliance
Lightning Source LLC
Chambersburg PA
CBHW060557170426
43201CB00009B/812